Yes we camp!

Die schönsten Campingziele in Deutschland

Mit Extra-Heft!

Draußen essen

Für Kocher, Grill und Lagerfeuer – die besten Rezepte für unterwegs

Holiday

INHALT

Norden

Mitte

Süden

Liebe Leserinnen und liebe Leser,

das Schöne am Camping ist, dass diese Reiseform so unglaublich variabel ist. Man kann monatelang verreisen, wie die Familien im HOLIDAY Buch »Family on tour«, und man kann die Ferien nutzen, um Europa zu erkunden, wofür wir im HOLIDAY Buch »Yes we camp! Europa« 40 Tourentipps gegeben haben. Man kann aber auch einfach mal für ein Wochenende losdüsen. Das Wetter passt? Keine wichtigen Termine im Kalender? Zelt einpacken, Bus beladen, Caravan anhängen, und ab dafür.

Das Schöne am Reisen in Deutschland wiederum ist, dass das Land so unglaublich vielfältig ist. Es ist nicht übertrieben: Berge und Wasser, fast unberührte Naturschutzgebiete, alte und neue Kulturlandschaften, Städte und Städtchen und Dörfer. Wanderwege und Radstrecken. Sport und Action und jede Menge Spaß. Oft in der Nähe, wo immer man startet.

Und wie sieht das nun in der Kombination aus? Da gibt es Zelt- und Stellplätze direkt am Meer oder mit großartigem Bergblick, mit Lagerfeuer- und Badestellen, unter sensationellem Sternenhimmel oder auch mitten in der Stadt, was erstaunlicherweise sehr gut funktioniert.

»Yes we camp! Deutschland« ist wie sein europäisches Pendant ein Reisebuch für Camper – für Fans ebenso wie für alle, die es schon immer mal ausprobieren wollten. Wir beschreiben 40 Regionen zwischen Waterkant und Alpenrand, die mit einem Wohnmobil, Wohnwagen oder mit Auto und Zelt besonders reizvoll sind. Jedes Kapitel stellt Natur- und Kulturhighlights, Restaurants und Märkte in der Nähe eines Campingplatzes vor und erleichtert so die Reiseplanung.

Wir wünschen viel Spaß beim Lesen und beim nächsten Campingtrip!

Eva Stadler und Wilhelm Klemm

Angaben in diesem Buch

Wir empfehlen in jeder Region einen Campingplatz. Ausgewählt haben wir sie nach unserem Geschmack: eher kleine als große Anlagen, lieber entspannte Atmosphäre als grelle Animationsprogramme – Herzblut schlägt Luxus.

GPS-Daten sind grundsätzlich für alle Campingplätze angegeben und für Parkplätze nur dort, wo man nicht sowieso problemlos parken kann. Während ein Freizeitpark oder ein Erlebnisbad im Allgemeinen auch Wohnmobilen genug Platz bietet, ist es in vielen Städten und Dörfern nicht so einfach oder nicht überall erlaubt, ein großes Fahrzeug abzustellen.

Gut zu wissen!

Gute Dienste bei der Suche nach Camping- und Stellplätzen und teilweise auch beim Buchen leisten diese Anbieter:
- ADAC Campingführer (App und Website): zeigt europaweit Tausende Camping- und Stellplätze an, ganz ähnlich funktionieren ACSI (App und Website), ECC Campingführer (nur Website) und 3in1campen (vom Deutschen Camping-Club, App und Website)
- Camping.info (App und Website): eine große Community, bei der jeder mitkommentiert, bewertet, Fotos hochlädt. Dazu gehören auch Stellplatz.info und Glamping.info. Zugrunde liegt, dass die harten Fakten von den Campingplätzen selbst geliefert werden, die Bewertung aber durch die User vorgenommen wird. Ganz ähnlich: Campercontact (nur Wohnmobilstellplätze, App und Website), womo-stellplatz.eu (App und Website), Promobil (nur Wohnmobilstellplätze, Website, die App heißt Promobil Stellplatz-Radar)
- Camparound (nur App): viele Campingplätze in Europa, teilweise 360-Grad-Ansichten, auch Freizeittipps in der jeweiligen Umgebung. Etliche sind direkt buchbar
- Max Camping ist ein Buchungsportal und offizieller Partner des Bundesverbands der Campingwirtschaft in Deutschland (BVCD)

Vermieter:
- www.paulcamper.de und www.shareacamper.de: vermitteln private Fahrzeuge
- www.campanda.de: vermittelt Fahrzeuge kommerzieller sowie privater Anbieter
- indiecampers.com: vermietet acht Typen von Kastenwägen in zehn europäischen Ländern. Mittlerweile sind nicht mehr alle bunt gestylt. Clou: Abhol- und Rückgabeort sind frei wählbar
- www.dog-camper.de, waumobil.de: Wie der Name schon sagt: Fahrzeuge für Hundebesitzer mit diversen hundespezifischen Extras wie Hundebetten, -näpfen, -decken ...
- Da Camping boomt, gründen sich immer mehr Vermieter wie www.camperboys.de und www.roadsurfer.com. Sie haben meist kleine Flotten mit oft individuell gestylten Fahrzeugen
- www.camperdays.de: Spezialist u. a. für Vermietung in den USA, Kanada, Australien und Neuseeland
- www.rentandtravel.de: sehr engagiertes Vermietunternehmen von Knaus Tabbert mit über 120 Stationen in Deutschland
- www.adac.de/autovermietung: über 2000 Fahrzeuge in Deutschland, 85 Stationen; arbeitet weltweit mit camperboerse.de zusammen, die wiederum Fahrzeuge von mehreren Dutzend Vermietern vermittelt

Sylt 01

03 Halbinsel Angeln

06 Rügen

02
Eiderstedt und Dithmarschen

04 Fehmarn

07 Usedom & Co.

05
Rund um Rostock

08 Mecklenburgische Seen – Teil 1

09 Mecklenburgische Seen – Teil 2

10 Emsland

12
Lüneburger Heide

11
Oldenburger Münsterland

Norden

»Eine Nacht im Grandhotel ist Luxus für den Körper. Eine Nacht unterm Sternenzelt ist Luxus für die Seele.«

Till Eitel

01 Sylt

Verruchte Partys auf Föhr? Promiprozession auf Fehmarn? Austern schlürfen auf Amrum? Gab es nicht, gibt es nicht, zumindest nicht so. Es ist die schlanke Schöne im Norden, die sich zu einem einzigartigen Sehnsuchtsort entwickelt hat – für Prominente, Reiche, Intellektuelle, Künstler, Hippe, Abgefahrene, und in genau der gleichen Weise für jedermann. Denn alle sind hier willkommen, jeder findet »sein« Sylt. Auf die 40 km Sandstrand, nach Westen zur untergehenden Sonne gewandt, können sich alle einigen. Zum Glück ist er so gewaltig, dass sich

immer irgendwo ein ruhiges Plätzchen findet. Wer sich für Geologie, Flora, Fauna oder Geschichte begeistert, findet auf, über und vor der Insel hochinteressante Stellen: gefaltete eiszeitliche Steinformationen, Relikte aus der Jungsteinzeit, Heide und Strandhafer, Schweinswale und Sterntaucher. Surfen, Wandern, Radfahren: lauter sportliche Dauerbrenner mit ungezählten Möglichkeiten. Friesischer Gemütlichkeit lässt sich in den diversen Teestuben frönen, in friesischer Tradition beim Anblick von rosenumrankten Reetdachhäusern schwelgen. Die Gastronomie

ist praktisch ein lebender Organismus: Einerseits richtet sie sich immer stärker auf bio und lokal aus, etwa wenn der Sternekoch Johannes King frühmorgens über die Salzwiesen streift und frische Kräuter erntet. Andererseits ist auf Sylt auch immer die große, weite Welt zu Gast. So ist 2018 der Berliner Tim Raue hier aufgeschlagen und serviert asiatische Küche mit japanischen, chinesischen und thailändischen Einflüssen – »auch Gästen in Flipflops«, wie er selber betont.

www.sylt.de

① Morsum-Kliff

Das Kliff blickt nicht aufs offene Meer, sondern auf das Wattenmeer nördlich des Hindenburgdamms, ist deshalb aber nicht weniger spannend als etwa das Rote Kliff. Besonders an einem sonnigen Morgen beeindruckt dieses Nationale Geotop mit seinem Farbspiel: Zum Rot des Limonitsandsteins gesellen sich das Weiß des Quarzsands, der blauschwarze Ton der Kliffböden und das Gelb der Dünen; dazu kommen grüner Strandhafer, violette Heide und blauer Himmel. Während der letzten Eiszeiten sind die Gesteinsschichten durch den Druck der Gletscher zerbrochen, gefaltet und schräg aufgestellt worden, und so liegen sie nun gut sichtbar nebeneinander. Knapp 2 km ist das Bunte Kliff, so sein zweiter Name, lang und bis zu 23 m hoch.

4 km zu Fuß oder mit dem Rad vom Campingplatz Mühlenhof oder Parkplatz: **GPS: 54.872687, 8.457148**

Gewusst, wann

Während der spektakuläre Kitesurf-Weltcup in Zukunft möglicherweise an Windflaute und fehlender Einigung mit der Gemeinde Westerland scheitert, hat die Kultur auf Sylt zuverlässig Konjunktur. 2018 feierte das Meerkabarett sein 25. Jubiläum. Das größte Kleinkunstfestival Norddeutschlands für Musik, Comedy und Kabarett wird von einem Rock-Festival, dem Klassiksommer und den Literaturtagen flankiert. Mitte Juli–Sept., www.meerkabarett.de

② Keitum

Der ländliche Osten der Insel ist schon seit Jahrtausenden besiedelt, wie man herausgefunden hat. Klar – sich gegen die tobende Nordsee zu behaupten, war viele Menschenzeitalter lang einfach nicht möglich. Hier prägt immer noch Landwirtschaft das Bild, dörfliche Idylle, eine gewisse Entspanntheit. In Keitum muss jeder Sylt-Besucher einmal gewesen sein: »Friesisches Juwel« wird der Ort auch genannt, der mit seinen 200 Jahre alten Kapitänshäusern, grasbewachsenen Friesenwällen und uralten Bäumen ebenso begeistert wie mit einer erstaunlichen Dichte an Boutiquen, Teestuben, Galerien und Kunsthandwerkern. Die hübschesten Häuser stehen in den kleinen Straßen zwischen dem Gurtstig, der Hauptstraße Keitums, und dem Wattenmeer. Nicht verpassen sollte man auch die Kirche St. Severin. Äußerlich etwas unscheinbar, vereinigt sie einige Superlative auf sich: Das Kirchenschiff ist das größte mittelalterliche Bauwerk der Insel, der erst um 1450 errichtete Kirchturm das einzige backsteingotische Baudenkmal und die Kirchenorgel von 1999 ist die größte ihrer Art in Nordfriesland. In der Straße Am Kliff stehen zwei sehenswerte Museen: Das Sylter Heimatmuseum im ehemaligen Kapitänshaus von 1759 blättert die Inselgeschichte von den Anfängen bis zum 20. Jh. auf – da geht es um Seefahrt und Walfang, Sylter Trachten und Brauchtum. Das Altfriesische Haus stammt von 1739 und zeigt, wie der Haushalt eines Walfängers aussah. Sylter Lebensart und Wohnkultur aus dem 18. und 19. Jh. werden mit antiken Möbeln,

1 Morsum-Kliff
2 Keitum
3 Braderuper Heide
4 Großsteingrab Denghoog
5 Rotes Kliff
6 Erlebniszentrum Naturgewalten
▲ Campingplatz Mühlenhof

gefliesten und getäfelten Wänden und diversen Alltagsgegenständen lebendig.

Tourist Info: Gurtstig 23, 25980 Keitum, Tel. 046 51/299 03 97, Mo–Fr 9–13, 13.30 bis

CAMPINGPLATZ MÜHLENHOF

Dünen, Wellen, Sandstrand und Sonnenuntergänge, das ist Sylt ... nicht nur. Zum Glück! Wer schon einmal nachts nicht schlafen konnte, weil der Wind um den Stoff bzw. die Dachluken faucht, oder schon am frühen Morgen von der Sonne »gebraten« wurde, weiß einen geschützten Ort zu schätzen. Voilà, hier ist er: der auf der Ostseite der Insel befindliche, von Bäumen umgebene und sehr lauschige Campingplatz Mühlenhof für insgesamt 60 Wohnwagen und Zelte. Inmitten von Feldern gelegen, bietet er Zelt-, aber auch motorisierten Campern ein ebenes Wiesengelände, einen kleinen Spielplatz und in schickem Terrakotta gehaltene Sanitäranlagen. Gerade mal 1 km ist es zum Morsum-Kliff, ebenso weit in den Ort zum Einkaufen.

Melnstich 7, 25980 Sylt-Ost/Morsum, Tel. 046 51/89 04 44, ganzjährig, www.campingplatz-sylt.de
GPS: 54.866024, 8.420994

Extremer Lebensraum: Tiere und Pflanzen, die in der Braderuper Heide leben, können gut mit Trockenheit und Wind umgehen.

17, Sa 10–13 Uhr, www.insel-sylt.de; Museen: Am Kliff 13 bzw. 19, beide: 25980 Keitum, Tel. 046 51/311 01, Ostern bis Okt. Mo–Fr 10–17, Sa/So 11–17 Uhr, www.insel-sylt.de/museen, Parkplatz:
GPS: 54.895726, 8.363082

Braderuper Heide

Das rund 137 ha große Naturschutzgebiet erstreckt sich am Wattenmeer entlang zwischen Kampen und dem Weißen Kliff östlich von Braderup. Wanderschafherden sorgen als Landschaftspfleger dafür, dass die Pflanzen nicht zu sehr wuchern und die Heide nicht verholzt; was sie nicht schaffen, wird von Menschen gekürzt, damit diese Landschaftsform erhalten bleibt. Vor langer Zeit stand hier ein Wald; nachdem man ihn gerodet hatte, kam es zur Erosion des Bodens, Nährstoffe wurden ausgespült. Nun konnten sich nur noch wenige Pflanzen halten, die Geestheide entstand. Ab April blühen Besenheide, Glockenheide und Krähenbeere. Wanderwege ziehen sich durch die sanft gewellte Landschaft, vom Geestrücken schweift der Blick über den Nationalpark Wattenmeer bis zum Festland.

Zugang über Üp de Hiir oder M.T.-Buchholz-Stig. Wenningstedt/Braderup; organisierte Wanderungen unter www.naturschutzsylt.de/event/heidewanderung, Parkplatz:
GPS: 54.940822, 8.349011

4 Großsteingrab Denghoog

Etwa 5000 Jahre ist dieses Megalithgrab alt. Von außen sieht man einen grünen Hügel mit viereckigem Eingang, interessant wird's im Inneren: Zwölf Findlinge wurden senkrecht aufgestellt und tragen drei Deckensteine, eingefasst ist diese ovale Kammer von zwölf weiteren Randsteinen, die im Erdreich verborgen sind. Unglaublicherweise wiegt jeder Stein um die 18 t. Der Geologe Ferdinand Wibel war 1868 der Erste, der die Anlage unter die Lupe nahm. Er fand die Überreste eines Menschen, der ohne Feuerbestattung beigesetzt worden war, Gefäße, Scherben, Beile, Flach- und Hohlmeißel und Bernsteinperlen. Der Name könnte »Thinghügel« bedeutet haben und darauf hinweisen, dass an dieser Stelle Recht gesprochen wurde. Denghoog ist das größte und besterhaltene Ganggrab Schleswig-Holsteins.

Am Denghoog 1, 25996 Wenningstedt-Braderup, Tel. 046 51/328 05, Mai–Sept. Mo–Fr 10–17, Sa/So 11–17, Okt. Mo–Fr 10–16, Sa/So 11–16 Uhr, www.museen-sh.de, Parkplatz:
GPS: 54.939414, 8.329446

Sylt-Traum: das Rote Kliff, wie es in der Abendsonne leuchtet. Da Sturmfluten immer weiter an ihm nagen, versucht der Küstenschutz, es durch Sandvorspülungen zu bewahren.

 Rotes Kliff

So richtig zur Wirkung kommt die 30 m hohe Abbruchkante, wenn sie im warmen Abendlicht leuchtet. Hier bröckelt ein sog. Geestkern immer weiter ins Meer; verschiedene Gesteine, von Gletschern an dieser Stelle zusammengeschoben und durchsetzt von eisenhaltigen Bestandteilen. Es handelt sich also buchstäblich um Rostrot. Für diese Optik muss man unten, am 4 km langen Strand, entlanglaufen. Auf dem Kliff erstreckt sich eine nicht minder berückende Dünenlandschaft, die man am besten von der 52,5 m hohen Uwe-Düne, dem höchsten »Berg« Sylts, überblickt.

Parkplatz in Wenningstedt:
GPS: 54.938635, 8.318311
Parkplatz näher an der Uwe-Düne:
GPS: 54.962021, 8.332549

 Erlebniszentrum Naturgewalten

Auch ohne Sonne eine Riesenschau: Das Umwelt- und Erlebniszentrum vermittelt erstaunliche Erkenntnisse zu den Elementen – zum Anfassen, Ausprobieren und Mitmachen. Da geht es um Stürme und Flauten, Wind und Fluten, das Leben mit den Gezeiten und die Kräfte der Nordsee. Kinder- und Jugendprogramm, Seetierbecken und Wissensshows sind eine Alternative zum Strand. Tipp: Die Sylter Eismanufaktur ist zu Fuß nur gut 1 km entfernt.

Hafenstr. 37, 25992 List, Tel. 046 51/83 61 90, tgl. 10–18 Uhr, naturgewalten-sylt.de, großer Parkplatz;
Sylter Eismanufaktur: Dünenstr. 3, 25992 List, tgl. 11–19 Uhr, www.sylter-eismanufaktur.de

 Essen & Trinken

Alte Friesenstube

Wer hier an einen traditionellen Dorfkrug denkt, liegt völlig daneben. In Sylts ältestem Haus wird erlesene Tischkultur zelebriert. Das fängt bei der »Bouillabaise vun edlen Fisch« an und hört beim »Filet vun Husumer Ochs op Balsamico-Schalott'-Gemös un Selleriepürre« noch lange nicht auf. Gaadt 4, 25980 Westerland, Tel. 046 51/12 28, Di–So ab 17.30 Uhr, www.altefriesenstube.de

Kleine Teestube

Weiße Holzdecke, mintgrüne Paneele, geblümte Vorhänge und Omas Teeservice auf den dunklen Tischen – hier wohnt echte friesische Gemütlichkeit. Vor 12 gibt's Frühstück, danach herrlich simple Kleinigkeiten wie Blaubeerpfannkuchen oder Krabbenbrot mit Spiegelei. Die hausgemachten Kuchen und Torten sind unvergleichlich lecker. Westerhörn 2, 25980 Keitum, Tel. 04 65/318 62, Fr–Mi 10–18 Uhr, www.kleineteestubesylt.de

 Einkaufen

Hansenhof Sylt

Hauptberuflich werden hier Hühner in großzügiger Freilandhaltung umhegt, der Hofladen bietet neben deren Eiern aber auch selbst gemachte Marmeladen, Lamm-, Rindfleisch, Kartoffeln u. v. m. Terpstig 65, 25980 Morsum, Mo–Fr 9–17.30, Sa 9–14 Uhr, hansenhof-sylt.de

02 Eiderstedt und Dithmarschen

Das Meer zieht sich zurück, und es bleibt ... eine Welt, vielfältig wie ein Urwald! Der graubraune, leicht gewellte »Matschboden« ist nicht nur schön, um darauf herumzulaufen und die Zehen hineinzugraben, er ist eine dynamische Landschaft mit raffinierten Bewohnern und zweimal pro Tag einer radikalen Veränderung unterworfen. Neben den Wattflächen charakterisieren Priele, Dünen, Sände und Salzwiesen diesen vielseitigen Naturraum. Zwischen der Elbmündung und der dänischen Grenze erstreckt er sich auf einer Gesamtfläche von

4367 qkm. 1985 wurde der Nationalpark Schleswig-Holsteinisches Wattenmeer gegründet, seit seiner Erweiterung im Jahr 1999 ist er der größte Nationalpark Deutschlands. Zu beobachten gibt es typische Vogelarten wie Austernfischer, Rotschenkel und Seeschwalben, Meeressäuger wie Seehunde, Kegelrobben und Schweinswale, und auch auf die kleinformatige Fauna der Wattwürmer, Muscheln und Schnecken trifft man zwangsläufig. Ob man dem Watt nun im Multimar-Wattforum in Tönning näherkommt (auch für Schietwettertage, Dithmarscher Str. 6a,

25832 Tönning, April–Okt. 9–18, sonst 10–17 Uhr, www.multimar-wattforum.de) oder sich De Büsumer Wattenlöpers bzw. einem der vielen anderen Wattführer anschließt (www.buesum-fuehrungen.de, watterleben.de) – sowohl Eiderstedt als auch Dithmarschen bieten hier viele Möglichkeiten. Bei einem Urlaub in dieser Gegend im Norden ist eine Beschäftigung mit diesem spannenden Thema schlichtweg ein – willkommenes – Muss.

www.spo-eiderstedt.de,
www.echt-dithmarschen.de

Fühlt sich nicht nur gut an, ist auch hochinteressant: die faszinierende Welt des Wattbodens.

1 Halbinsel Eiderstedt

Südlich von Husum, der Stadt des Schriftstellers Theodor Storm, ragt die Halbinsel Eiderstedt in die Nordsee. Was heute so organisch und geschlossen aussieht, ist in Wirklichkeit von Menschen gemacht: Bereits im Mittelalter wurde das eigentlich aus Inseln bestehende Gebiet eingedeicht, bis die Landzunge entstanden war. Das einstige Schwemmland erweist sich bis heute als sehr fruchtbar, sodass die Landwirtschaft blüht. Besucher interessieren sich vor allem für die Orte St. Peter-Ording, Tönning und Garding und natürlich für den rot-weißen Leuchtturm Westerhever, das Wahrzeichen der Halbinsel. Ein Foto von ihm mit Schaf davor ist ein Muss! Auch wenn St. Peter-Ording

Einer der schönsten Leuchttürme überhaupt und begehrtes Fotomotiv: Westerhever, Wahrzeichen der Halbinsel Eiderstedt.

eine eigene Schwefelquelle besitzt und sich mit dem Prädikat »Nordseeheil- und Schwefelbad« schmücken darf, kommen alle wegen des sensationellen Strands hierher. Mehr als 10 km ist er lang und so geräumig, dass Autos auf ihm fahren dürfen und Sandsegler oder Kite-Buggys ihn entlangflitzen. Genug Strand gesehen? Ein weiteres Merkmal dieser Gegend sind die riesigen historischen Bauernhöfe, Haubarge genannt. Über 40 von ihnen stehen auf der Denkmalliste Schleswig-Holsteins. Besichtigen kann man unter anderem den Roten Haubarg in Witzwort mit Museum und Restaurant (Di–So 11–22 Uhr, www. roter-haubarg.de). Ein wahres Prunkstück ist der Haubarg Hochdorfer Garten. Da er heute Ferienwohnungen beherbergt, sind es die Außenanlagen, die seinen speziellen Reiz ausmachen: ein barocker Garten mit Lindenalleen, alten Obstbäumen, Teich, Brücke und Ruine ... (www.haubarg-hoch dorfer-garten.de).

Tourist Info: Maleens Knoll 2, 25826 St. Peter-Ording, Tel. 048 63/99 90, Mo–Fr 9–17, Sa/So 10–16 Uhr, www.st.peter-ording.de

2 Katinger Watt

Eiderschifffahrt mit Seetierfang. Fliegende Kobolde der Nacht. Die lärmende WG der Lachmöwen. Was im Infozentrum des Katinger Watts angeboten wird, klingt richtig spannend! Wer sich auf diese relativ neue Landschaft und ihre Bewohner einlässt, kann im Urlaub ordentlich was erleben. Doch der Reihe nach: Das Katinger Watt ist kein trockengefallener Meeresboden, sondern entstand nach dem Bau des Eider-

1 Halbinsel Eiderstedt
2 Katinger Watt
3 Eider-Sperrwerk
4 Wesselburen und der Kohl
5 Phänomania und Museum am Meer in Büsum
⚠ Campingplatz Am alten Seedeich

Sperrwerks ab 1973. Wo Ebbe und Flut das Leben prägten, finden sich heute Teiche, Gräben, Grünflächen und Wald. Den hiesigen Vögeln und Pflanzen kann man auf eigenen Erkundungsgängen oder im Rahmen von Führungen näherkommen, darunter selten gewordene Arten wie Haubentaucher und Eisvögel, auch Austernfischer und Säbelschnäbler. Den besten Blick hat man vom 13 m hohen Beobachtungsturm aus, sogar über den Eiderdamm hinweg bis zur Nordsee. Mehrmals im Jahr finden an der Küste Müllsammelaktionen statt. Aus den Fundstücken macht Kathrin Borowski-Prilipp augenzwinkernde Kunstwerke.

NABU Naturzentrum: Katingsiel 14, 25832 Tönning, Tel. 048 62/80 04, Ausstellung vom

Beginn der Osterferien bis Okt. tgl. 10–18 Uhr, www.schleswig-holstein.nabu.de, Parkplatz an der Straße

3 Eider-Sperrwerk

Zu so viel Strand (St. Peter-Ording) und Natur (Katinger Watt) bildet dieses riesige Bauwerk einen spannenden Kontrast. Wo die Eider in die Nordsee mündet, liegt ein gewaltiger Riegel aus Stahl und Beton. Mittels mehrerer sogenannter Doppelhubtore, jedes 40 m breit und 250 t schwer, wird der Wasserdurchlauf kontrolliert, sodass Sturmfluten nie mehr so gewaltige Schäden anrichten können wie die des Jahres 1962. Inklusive der Deiche ist das Eider-Sperrwerk fast 5 km lang und damit das größte Küstenschutzbauwerk in Deutschland und eines der größten in

Europa. Am 20. März 1973 wurde es eingeweiht. Am besten erfassen kann man den Koloss von den Rad- und Fußgängerwegen aus, die oberirdisch verlaufen – der Autoverkehr führt mitten hindurch. Am Südende befindet sich ein Parkplatz mit Aussichtspavillon und Infotafeln.

Wesselburener Koog, www.nordseebucht.de/sehenswertes, Parkplatz:
GPS: 54.267927, 8.846203

4 Wesselburen und der Kohl

Hätte der französische Sci-Fi-Klamauk »Louis und seine außerirdischen Kohlköpfe« auch in Wesselburen spielen können? Auf keinen Fall, denn hier nimmt man das grüne runde Gemüse ernst. Das hübsche Städtchen, das vom weithin sichtbaren

Zwiebelturm der St.-Bartholomäus-Kirche dominiert wird, liegt im größten Kohlanbaugebiet Europas. Der gute Boden und die frische Nordseeluft sind es angeblich, die den hiesigen Varianten ihr besonderes Aroma verleihen. Epizentrum des Kohl-Kults ist der wuchtige Backsteinbau der einstigen

CAMPINGPLATZ AM ALTEN SEEDEICH

Ein Rasen wie dichter Teppichboden, kompakte Hecken als Sichtschutz, Strom und Wasser, dazu 150 qm Platz – nein, das ist nicht die halbe Zeltwiese, das sind die Dimensionen jedes einzelnen Stellplatzes! Egal, ob man mit einem »Schiff« oder einer kleinen Stoffbehausung anreist. Familie Witt kümmert sich rührend um ihren winzigen (reservieren!) Campingplatz und jeden einzelnen Gast. Maritimes Dekor passt zur Umgebung, hier ein Strandkorb, da ein Anker, ein Fischernetz; wettergebleichtes Holz an einem Gebäude, am anderen ranken sich Rosen. Nach Westen hin breitet sich das Nordsee-Inventar in seiner ganzen Zen-Haftigkeit aus: Watt, Wiesen, Wellen, und der endlose Himmel darüber. Windräder im Hintergrund. Ein Ort zum Runterkommen.

Westerkoog 19, 25761 Hedwigenkoog, Tel. 048 34/96 26 23, Mai–Sept., www.alterseedeich.de, **GPS: 54.177730, 8.818980**

Daniel Jarackas, Geschäftsführer der Phänomania, führt ein Experiment vor, veranschaulicht die Prinzipien des Hebelgesetzes, indem er einen Trabi hochhebt. Kann jeder, versprochen!

Wesselburer Sauerkrautfabrik: Das »Kohlosseum« vereint Bauernmarkt, Kohlmuseum, Live-Produktion und Verkostung an einer Adresse (www.kohlosseum.de).

Tourist Info: Am Markt 5, 25764 Wesselburen, Tel. 048 33/41 01, Ende März–Mitte Juni, Ende Sept.–Nov. Mo–Fr 9–12.30, Mo zus. 14.30–16.30, Ende Juni–Ende Sept. Mo–Fr 9–12.30, 14.30–16.30 Uhr, Dez.–Mitte März nur Mo, www.nordseebucht.de

⑤ Phänomania und Museum am Meer in Büsum

Büsum ist ein netter 5000-Einwohner-Ort, in dem man durch die Einkaufsstraßen schlendern, am Hafen flanieren (Krabben! Siehe Tipp im Kasten rechts) oder in der künstlichen, daher gezeitenunabhängigen Perlebucht baden kann. Darüber hinaus lassen sich hier auch Schlechtwettertage gut verbringen. Etwa in der Phänomania – die ehemalige Sturmflutenwelt Blanker Hans wurde umgebaut und erklärt nun physikalische Phänomene an 200 Mitmach-Stationen. Wie friert man seinen Schatten ein? Wie baut man eine Brücke wie die alten Römer? Nicht nur Kinder haben hier Spaß. Das Museum am Meer beschäftigt sich mit dem Leben der Fischer und mit der Entwicklung des Tourismus im Nordseeheilbad: Schon Ende des 19. Jh. wurde z. B. der erste Strandkorb aufgestellt!

Phänomania: Dr.-Martin-Bahr-Str. 7, 25761 Büsum, Tel. 048 34/96 55 17, Mitte März–Ende Okt. tgl. 10–18 Uhr, www.phaenomania-buesum.de; Museum am Meer: Am Fischereihafen 19, 25761 Büsum, Tel. 048 34/67 34, März–Anfang Nov. So–Fr 11–17, Sa 13–17 Uhr, www.museum-am-meer.de; Parkplatz: **GPS 54.128534, 8.868972**

✕ Essen & Trinken

Der Mühlenhof
Windmühle »Margaretha« aus dem Jahr 1845 gilt als Wahrzeichen der ganzen Region. Damit ruhen gewisse Erwartungen auf dem Hotel und Restaurant, die aber durchaus erfüllt werden. Fisch und Fleisch haben nur kurze Wege hinter sich, bis Küchenchef Thorsten Schwartz sie in die Finger bekommt. Eine Reservierung wird empfohlen.
Dorfstr. 22, 25761 Büsum, Tel. 048 34/99 80, Mo/Di und Do–Sa 18–21 Uhr, www.hotel-muehlenhof.com

🛒 Einkaufen

Krabben in Büsum
Am Fischereihafen legen die Krabbenkutter an. Wer direkt kauft, bekommt sie so frisch wie nirgendwo sonst. Pulen muss man allerdings selber. Keine Lust darauf? Einfach ins nächste Restaurant gehen und dort eine der Spezialitäten bestellen.
Am Fischereihafen, 25761 Büsum

Wochenmarkt in Heide
Eine halbe Stunde Fahrt von der Küste entfernt findet samstags von 6–13 Uhr der Heider Wochenmarkt statt. Besonderheit: Es handelt sich um den größten Marktplatz Deutschlands! Kaufen kann man hier allerlei Produkte aus der Region, Essbares, Trinkbares, aber auch Haushaltsgegenstände und Handgemachtes, etwa aus Schafwolle.
Parkplatz, auch für größere Fahrzeuge: **GPS: 54.202521, 9.112687**

03 Halbinsel Angeln

Ende Juni 2018 wurde es entschieden: Das Wikinger Museum Haithabu vor den Toren Schleswigs ist die dritte Unesco-Welterbestätte Schleswig-Holsteins, zusammen mit dem Nationalpark Wattenmeer und der Hansestadt Lübeck. 14 Jahre haben die Verantwortlichen dafür gearbeitet. Haithabu ist so besonders, weil es vom 9. bis zum 11. Jh. eines der wichtigsten Handelszentren Nordeuropas war, dann verlassen und seitdem nie mehr überbaut wurde. Was Archäologen hier entdeckt haben, gab ein so genaues Bild des damaligen Lebens wieder, dass man einen Teil der Stadt und des Hafens rekonstruieren und sehr intensiv erlebbar machen konnte. Die Wikingerhäuser befinden sich einen guten Kilometer vom Ausstellungsgebäude entfernt, in dem man verschiedenste Exponate wie Runensteine, Schmuck, Waffen und Teile von Schiffen bewundern kann. An Wochenenden kommt richtig Leben in die Bude: Dann zeigen Mitarbeiter, wie z. B. Getreide gemahlen und Brot gebacken, wie Kämme aus Geweihen geschnitzt oder Baumstämme zu Planken verarbeitet werden. Auch wenn Busdorf, der Standort des Museums, ganz knapp nicht mehr auf der Halbinsel Angeln liegt, ist es unbedingt einen Besuch wert – auch, weil Haithabu saniert und auf den neuesten Stand gebracht wurde und über ein topmodernes Museumskonzept verfügt.

www.naturparkschlei.de, www.ostsee-schleswig-holstein.de; Wikinger Museum und Wikingerhäuser Haithabu: Am Haddebyer Noor 5, 24866 Busdorf, Tel. 046 21/81 31 22, April bis Okt. tgl. 9–17, Nov.–März Di–So 10 bis 16 Uhr (Wikingerhäuser geschlossen), www.schloss-gottorf.de/haithabu

Endlich Welterbe: Das Wikinger Museum Haithabu wurde im Juni 2018 auf die Unesco-Liste gesetzt.

① Leuchtturm Falshöft

Man muss nicht zwingend heiraten, wenn man den Leuchtturm Falshöft besichtigen möchte. Aber man kann! Gut 24 m ist er hoch, was in dieser Gegend schon einen ordentlichen Rundumblick bedeutet – auf die Flensburger Förde, den Leuchtturm Kalkgrund mitten in der Bucht und bis nach Dänemark. 1910 wurde der rot-weiße, aus Gusseisen gefertigte Turm in Betrieb genommen. 92 Jahre lang sandte er Signale aus, zuletzt warnte er nur noch vor Untiefen. GPS machte ihn arbeitslos, doch so ein farbenfrohes Wahrzeichen wird natürlich nicht etwa demontiert oder sich selbst überlassen. Der örtliche Förderverein kümmert sich um die Erhaltung des denkmalgeschützten Bauwerks und nicht zuletzt um die Außenanlagen, momentan wird an einem Museum gearbeitet.

24395 Pommerby, Tel. 046 43/185 54 80, April–Okt. Di/Do 15–17, Sa/So (1. und 3. Wochenende des Monats) 14.30–17.30 Uhr, www.leuchtturm-falshoeft.de, vom Campingplatz Ostseesonne zu Fuß erreichbar

② Geltinger Birk

»Charlotte« heißt die reetgedeckte Holländermühle an der südwestlichen Ecke des Naturschutzgebiets, die zum Symbol der Geltinger Birk geworden ist. Um 1830 wurde sie errichtet, lange Zeit pumpte sie Wasser aus dem Boden und mahlte Korn. Heute scheint sie Besucher mit ihren grün-weißen Flügeln willkommen zu heißen. Am Ostrand der Birk und gerade mal 3 km vom Campingplatz Ostseesonne

①	Leuchtturm Falshöft	⑤	Kappeln
②	Geltinger Birk	⑥	Schleidörfer
③	Glücksburg	▲	Campingplatz Ostseesonne
④	Maasholm		

entfernt befindet sich ein Aussichtsturm, von dem aus man einen fantastischen Blick genießt. Mehrere Wanderwege führen über die nördlichste Spitze der Halbinsel Angeln, mit dem Fahrrad kommt man nur außenrum. Galloway-Rinder und Wildpferde grasen auf den Heideflächen und halten höheren Bewuchs in Schach; windschiefe Bäume, Salzwiesen, Dünen, Moore und lichte Wälder wechseln sich ab. In der früheren Falshöfter Lotsenstation ist die Integrierte Station Geltinger Birk untergebracht, an der man Informationen einholen kann.

Tourist Info: Nordstr. 1a, 24395 Gelting, Tel. 04 64/37 77, www.ferienlandostsee.de, www.geltinger-birk.de; Parkplatz z. B. am Geltinger Birk Café: **GPS: 54.768820, 9.908235**

③ Glücksburg

Glücksburg besitzt das nördlichste Planetarium Deutschlands, die Fördeland-Therme und den Jachthafen an der Quellentaler Bucht – aber wenn man ehrlich ist, kommen alle wegen des zauberhaften Renaissanceschlosses hierher. Der strahlend wei-

Gewusst, wann

Im Mai rund um den Himmelfahrtstag feiert Kappeln die traditionellen Heringstage – wenn sich die Fische auf dem Weg zu ihren Laichplätzen im 500 Jahre alten »Heringszaun« verfangen. www.heringstage-kappeln.de

CAMPINGPLATZ OSTSEESONNE

Die Lage! Wer gut kirschkernspucken kann, trifft in die Wellen der Ostsee, so nah liegt der Platz am Wasser; vom Meer und dem öffentlichen Kiesweg durch einen Zaun getrennt. In Rot und Weiß ragt der Leuchtturm Falshöft auf, einen halben Kilometer entfernt. Der Untergrund ist etwas hubbelig und eine große Kabeltrommel sollte man dabeihaben, ansonsten wirkt das Gelände auf sympathische Art nicht-durchgestylt. Ein kleiner Laden versorgt Gäste mit dem Wesentlichen, wer nicht selber kochen möchte, geht ins Restaurant Op'n Diek. Man kann direkt vom Platz aus loswandern oder -radeln, runter Richtung Schleimündung oder hoch zur Geltinger Birk …

Gammeldamm 6, 24395 Pommerby, Tel. 046 43/22 23, April–Okt., www.camping-ostseesonne.de
GPS: 54.763250, 9.970770

ße Bau mit dem roten Ziegeldach und den vier Ecktürmen steht direkt im Wasser – bei ruhigem Wetter verdoppelt der Teich diese Pracht. 1583–1587 wurde Glücksburg im Auftrag von Herzog Johann dem Jüngeren von Schleswig-Holstein-Sonderburg erbaut. Bis zur Reformation hatte an dieser Stelle ein Zisterzienserkloster aus dem Mittelalter gestanden. Die namengebenden roten Tapeten des reich ausgestatteten, 30 m langen Roten Saals sind zwar nicht mehr erhalten, die Ornamente des Gewölbes zählen jedoch zu den frühesten Stuckarbeiten Schleswig-Holsteins. Der Raum diente als Salon und Wohnzimmer sowie als Festsaal (Mai–Okt. tgl. 10–18, sonst Sa/So 11–16 Uhr, www.schloss-gluecksburg.de).

Tourist Info: Schinderdam 5 (im Rathaus), 24960 Glücksburg, Tel. 046 31/45 11 00, Mo–Fr 9–17, April bis 18, Mai–Sept. bis 18,

zus. Sa/So 10–14, Okt. zus. Sa/So 10–14 Uhr, www.flensburger-foerde.de, Parkplatz für Wohnmobile 700 m vom Schloss:
GPS: 54.833765, 9.552814

4 Maasholm

In gemütlichen 45 Minuten radelt man vom Campingplatz Ostseesonne nach Maasholm, ein Fischerdorf par excellence. Da es früher eine Insel war, ist es nur über einen Damm zu erreichen. Der Ort bietet sich für einen kleinen Spaziergang »de Maas rund« und ein Fischbrötchen oder auch eine Mittagspause an. Schön ist der Blick hinüber zur Lotseninsel in der Schleimündung, die nur per Schiff von Maasholm oder Kappeln zu erreichen ist. Östlich und nördlich davon erstreckt sich das Seevogelschutzgebiet Oehe-Schlei-

münde – eine ehemalige Raketenstation, die die Gemeinde in den 1980er-Jahren gekauft und unter Schutz gestellt hat. Das Freigelände des Naturerlebniszentrums mit seiner fantastischen Landschaft ist immer zugänglich, einige Bereiche nur mit Vogelwärter. Übrigens begegnet man zur richtigen Jahreszeit hier u. a. der »Gräfin von Paris« – keiner Adligen, sondern einer Birnensorte im Obstgarten, in dem man sich bedienen kann und sogar soll.

Parkplatz im Ort:
GPS: 54.687020, 9.992951
Wanderparktplatz Exhöft, 1,5 km entfernt:
GPS: 54.695343, 9.993745
Naturerlebniszentrum: Exhöft-Seeberg 1, 24404 Maasholm, Tel. 046 42/92 16 80, Ausstellung Ostern–Ende Okt. tgl. 10–17 Uhr, www.naturerlebniszentrum.de, Parkplatz:
GPS: 54.696158, 10.015824

⑤ Kappeln

Viele Städte haben Kirch- und andere Türme als Wahrzeichen – Kappeln hat »Amanda«, eine strahlend weiße, über 130 Jahre alte Holländer-Windmühle. Mit 32 m Höhe ist sie sogar die höchste Windmühle Schleswig-Holsteins! Von oben hat man einen grandiosen Blick auf die Schlei, den 40 km langen, fjordartigen Meeresarm der Ostsee. Im Museumshafen liegen alte Schiffe vor Anker und versprühen historisches Flair. Ist einer der Schiffseigner zugegen, beantwortet er gern Fragen zum Erhalt der bejahrten Schätze. Einmal pro Stunde wird die zentral gelegene Klappbrücke geöffnet, die die Landschaften Schwansen und Angeln miteinander verbindet, um Schiffe durchzulassen. Ganz und gar nicht maritim zeigt sich ein weiterer Superlativ: die nördlichste Museumseisenbahn Deutschlands. Die

Füllt einen ganzen Tag: erst Kappeln anschauen, dann mit dem Ausflugsschiff auf die Schlei.

skandinavischen Fahrzeuge der Angelner Dampfeisenbahn verkehren zwischen Kappeln (Schlei) und Süderbrarup. Im Depot finden sich Dampf- und Dieselloks (www.angelner-dampfeisenbahn.de).

Tourist Info: Schleswiger Str. 1, 24376 Kappeln, Tel. 046 42/40 27, Mo–Fr 10–17, Sa/So 10–14; April, Mai, Okt. So geschl., Nov. bis März Mo–Fr 10–16 Uhr, www.kappeln.de, Platz mit einigen Längsparkplätzen am Rand: **GPS: 54.664007, 9.931331**

⑥ Schleidörfer

Wer diese Gegend so richtig kennenlernen möchte, sollte sich auf eine Erkundung der Schleidörfer begeben. Kleine Orte und stattliche Gutshöfe, Häuser mit traditionellen Reetdächern, Hofläden und Cafés sowie die malerische, an vielen Stellen romantische Natur wollen entdeckt werden, zu Fuß oder mit dem Fahrrad. Ebenso kompakt wie kundig bekommt man das spezielle Flair auf einer geführten Tour vermittelt. Zunächst wird beispielsweise im Café Lindauhof gefrühstückt – Fans erkennen das Gut aus der TV-Serie »Der Landarzt« –, dann geht es per Rad auf einem der Thementörns weiter, später wird ein Picknick ausgepackt ... sehr authentisch und stimmungsvoll. Wer allein losziehen möchte, bekommt in der Tourist Info wetterfeste Karten.

Tourist Info: Königstr. 3, 24392 Süderbrarup, Tel. 046 41/20 47, Ende März–Ende Okt. Mo, Do 10–15, sonst Do 9–13 Uhr, www.ostseefjordschlei.de, Parkplatz: **GPS: 54.636710, 9.780468**

⊗ Essen & Trinken

Landkrog Gelting

Darf es etwas »ut de Supenschöttel« sein, vom »Rindveh« oder doch »Greentüüch«? Wofür man sich auch entscheidet, die Richtung ist gutbürgerlich und keiner geht hungrig nach Hause, auch nicht die »lütten Lüüd«. Süderholm 16, 24395 Gelting, Tel. 046 43/22 18, April–Sept. Di–Sa 17–21.30, So 11–14, 17–21.30 Uhr, www.landkrog-gelting.jimdo.com

Am Schleieck

Fisch mit erweitertem Horizont, so könnte man die Küche dieses Hotelrestaurants beschreiben. Der Dorsch trifft sich mit Mango, der Zander mit Couscous. Nur die Ostsee-Scholle gibt's ganz traditionell nach Finkenwerder Art. Natürlich auch Fleisch und Vegetarisches. Schmiedestr. 140, 24404 Maasholm, Tel. 046 42/60 16, Di–Fr 16.30–21, Sa/So 12–21 Uhr, www.schleieck-maasholm.de

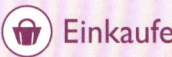 Einkaufen

Jahnkes Ziegenkäse

60 weiße Ziegen springen auf dem Hof der Jahnkes umher – zweimal täglich werden sie gemolken und die Milch direkt weiterverarbeitet: zu Frischkäse und Quark, Butter und Käse. Eine Hofbesichtigung gibt's auf Anfrage. See-Ender-Str. 6, 24966 Sörup, Tel. 046 35/575, Hofladen Di, Fr 13–17, Sa 10–12 und 13–18 Uhr, www.jahnkes-ziegenkaese.de

Besucher des Leuchtturms Flügge müssen 162 Stufen erklimmen, dann haben sie einen superben Rundumblick.

04 Fehmarn

Die zweitgrößte Stadt Schleswig-Holsteins hat gerade mal 12 500 Einwohner. Wie bitte, kann das stimmen? Zugegeben, es handelt sich um eine kleine Spitzfindigkeit: Es ist die flächenmäßig zweitgrößte Stadt – die Insel Fehmarn, 2003 zu einer einzigen Gemeinde zusammengelegt. Dass diese »Stadt« weniger durch urbane Reize als durch vielfältige Natur- und Freizeitgenüsse punktet, versteht sich von selbst. Von oben betrachtet, ist die Insel ein einziger grüner Flickenteppich (außer im Mai, wenn der Raps blüht), Bebauung macht nur einen Bruchteil aus. Wenn man gedanklich hineinzoomt, tun sich Details auf: fünf Leuchttürme, sechs Kirchen, sechs Häfen, dazu Museen, Mühlen, ungezählte Sportmöglichkeiten und natürlich viel, viel Strand. Auf all das scheint über 2000 Stunden im Jahr die Sonne, weshalb zahlreiche Besucher hierherkommen. Eine Buchung ist auf jeden Fall angeraten, zumindest wenn man während der Ferienzeiten anreist.

www.fehmarn.de

1 Leuchtturm Flügge

Fehmarn hat fünf Leuchttürme, doch nur einer ist für Besucher zugänglich – schönerweise ist es der, der unserem gewählten Campingplatz am nächsten liegt. Der Flügger Leuchtturm, ein achteckiger Klinkerbau mit roter Laterne, wurde vor gut 100 Jahren erbaut und ist mit 37 m der höchste der Insel. Eine Stunde vor Sonnenuntergang beginnt er seine Arbeit, etwa 30 km weit scheint dann der Lichtkegel. Da Fehmarn sonst wenige Erhebungen aufweist, schafft man die 162 Stufen bis zur Aussichtsplattform schon. Weil Kinder danach vermutlich immer noch fit sind, gibt es am Fuß des Leuchtfeuers einen Spielplatz und für alle anderen Kaffee und Kuchen.

Flügger Leuchtturm 2, 23769 Fehmarn, Tel. 043 72/961, April–Okt. Di–So 10–17 Uhr, www.leuchtturm-fluegge.de; parken kann man nicht direkt am Leuchtturm, am besten von den nächstgelegenen Campingplätzen oder von Orth aus zu Fuß gehen

1 Leuchtturm Flügge
2 NABU-Wasservogelreservat Wallnau
3 SUP bei Windsurfing Fehmarn
4 Galileo-Wissenswelt
5 Meereszentrum
6 Fischkutterfahrt
7 Adventure-Golf
▲ Campingplatz Flüggerteich

Gewusst, wann

Hier treffen sich Bullibesitzer und solche, die es gern wären, hier weht kalifornisches Flair über die Insel! Beim kostenlosen Midsummer Bulli Festival rund um den 24. Juni wird gegrillt und gefeiert, Busbesitzer stellen ihre Raritäten oder auch neue Glanzstücke aus. Mit »Show & Shine«-Wettbewerb, Mittsommerfeuer, Livemusik und geführtem Konvoi. www.midsummerfestival.de

2 NABU-Wasservogelreservat Wallnau

Wo einst Karpfen gezüchtet wurden, befindet sich heute ein Paradies für Vögel – aktiv von Forschern und Naturschützern geschaffen. Die Teiche, Schilfflächen, Wiesen, Büsche und Bäume der ehemaligen Kulturlandschaft wurden so umgestaltet, dass sie für Pflanzen- und Tierwelt möglichst attraktiv ist. Schon in den 1970er-Jahren wurde damit begonnen, und bis heute gibt es einen Biotopmanager, der mit seinem Team das Gelände im Jahresverlauf für die verschiedenen Vogelarten präpariert, indem er z. B. die Wasserstände anpasst. Die Wiesenflächen werden von Galloway-Rindern und Wildpferden gepflegt. Wer im Frühjahr und Herbst hierherkommt, erlebt große Schwärme von Zugvögeln, aber auch heimische Vogelarten wie Rothalstaucher und Zwergseeschwalbe bei der Brut und Aufzucht ihrer Jungen. Start ist im Informationszentrum, wo man sich erst mal dafür fit macht, was man überhaupt sehen kann. Dann geht es auf verschiedenen Pfaden bis zum Aussichtsturm und wieder zurück zum Ausgangspunkt.

Wallnau 4, 23769 Fehmarn, Tel. 043 72/10 02, Besucherbereich ganzjährig tgl. 10–17 Uhr zugänglich, Infozentrum: März–Okt. 10 bis 17 Uhr, wallnau.nabu.de, Parkplatz: **GPS: 54.478223, 11.013513**

 ### 3 SUP bei Windsurfing Fehmarn

Seit einigen Jahren ist Stand-up-Paddeln die Trendsportart schlechthin. Das Schöne an ihr ist, dass man auch als Anfänger schnell Erfolge erzielt und sich praktisch nicht wehtun kann – außer, man fällt in zu seichtem Wasser vom Brett. Aber das erklären einem die SUP-Lehrer. Inhaber Achim Stuzmann hat sich eigentlich in der Wind- und Kitesurf-Szene einen Namen gemacht – und seine Schule bietet natürlich auch entsprechende Kurse an –, doch auch bei ihm wird nun »geSUPt«. Die Orther Reede dient als Revier. Wer schon ein bisschen geübt ist, macht z. B. bei der Sundownertour mit – erst geht's nach Osten, dann retour in die untergehende Sonne. Großes Kino!

Am Hafen 2, 23769 Orth/Fehmarn, Tel. 043 72/10 52, Mo–Sa 10–18, So 11–18 Uhr, www.windsurfing-fehmarn.de, Parkplatz: **GPS: 54.448843, 11.050216**

 ### 4 Galileo-Wissenswelt

Die Wissenswelt ist in drei Bereiche gegliedert, an diesem Standort werden die Themen Naturkunde & Technik behandelt. Auch bei Regenwetter steigt hier schnell die Laune, etwa wenn man Spiralen, Tentankeln und Zähne von echten und nachgebauten Fossilien anfassen darf oder Skeletten und Modellen gegenübersteht – Dinosaurier, ein Höhlenbär, ein Mammut, Steinzeitmenschen! An einer Stelle wird sogar ein Erdbeben simuliert. Das Technikmuseum besteht aus besonders vielen Mitmach-Stationen, und die optischen Täuschungen aus 100 Jahren bringen nicht nur Kinder zum Staunen.

Mummendorfer Weg 11b, 23769 Burg auf Fehmarn, Tel. 043 71/86 44 46, Ende März–Anfang Nov. tgl. 10–18, sonst Sa/So 10–16, 27. Dez.–Anfang Jan. tgl. 10–17 Uhr, www.galileo-fehmarn.de, Parkplatz: **GPS: 54.443583, 11.175768** Wenn dieser Parkplatz voll ist, gibt es noch den Parkplatz Burg Zentrum, 2 km entfernt: **GPS: 54.437819, 11.200636**

 # CAMPINGPLATZ FLÜGGERTEICH

Fehmarn ist eine beliebte Ferieninsel, wo sich Urlauber 24/7 beschäftigen können, auch auf vielen Campingplätzen: SUP, Surf- und Tauchschulen, Kinderdisco, Yoga schon am frühen Morgen … Am Campingplatz Flüggerteich gibt es das alles nicht. Knapp 100 Plätze zählt die Anlage, hinstellen kann man sich, wo man will – mitten auf dem samtweichen Rasen oder, etwas muckeliger, nah an Büschen und Bäumen. Der Naturstrand ist 300 m entfernt, der namengebende Teich liegt auf dem Gelände. Da gibt es sogar ein Abenteuerfloß für kleine Piraten! Zum Animationsprogramm gehören außerdem die Ziegen im Streichelzoo, ein kleiner Ballsportbereich, Treckerfahren und Lagerfeuer.

23769 Flüggerteich, Tel. 043 72/349, Ende März–Anfang Okt., www.flueggerteich.de **GPS: 54.452876, 11.012138**

Aug in Aug mit dem Schwarzspitzen-Riffhai: Begegnung im Meereszentrum in Burg.

Meereszentrum

Eine Muräne äugt kritisch hinter einem Stein hervor, an dem ein Seestern zu kleben scheint. Bunte Clownfische huschen durchs Wasser, das sanft die Trichter, Röhren und Äste der Korallen schaukeln lässt ... die farbenfrohe Welt der Aquarien erschließt sich Ebene um Ebene, wenn man sich etwas Zeit lässt, sie zu entdecken. Ganz anders die »Exponate« im Wassertunnel: Rochen, Riesenzackenbarsche und ganze Schwärme zischen über die Köpfe der Besucher hinweg! Das Highlight wartet im Ozeanaquarium: ein 3 m langer Sandtigerhai, übrigens ein Mädchen. Zu ihrer Gesellschaft gehören Zitronen-, Ammen- und Schwarzspitzen-Riffhaie. Man kann die großen Meeresjäger aber nicht nur anschauen, sondern erfährt auch allerlei über ihre Sinnesorgane, ihre Lebensweise und ihren Lebensraum.

Gertrudenthaler Str. 12, 23769 Burg auf Fehmarn, Tel. 043 71/44 16, tgl. 11–18 Uhr, www.meereszentrum.de, Parkplatz: **GPS: 54.446398, 11.180993**

Fischkutterfahrt

Im Winter geht der »Tümmler« auf Dorschfang, da hat er keine Zeit. In den übrigen Monaten nimmt der Kutter Gäste mit und zeigt, was er kann: Da wird mit Schleppnetz oder Aalreuse eine große Ladung Meeresgetier eingeholt und auf Deck ausgekippt. Was es da nicht alles gibt! Krabben, Krebse, Seenadeln, Graskarpfen, Schollen ... und nachdem Käpt'n Gunnar alles erklärt hat, geht es zurück in die Ostsee damit.

Hafen Burgstaaken, Fischereisteg, 23769 Burg auf Fehmarn, Tel. 0171/991 68 22, April–Okt. Mo–Sa, Abfahrtzeiten siehe www.gerth-hansen.de, Park- und Wohnmobilstellplatz: **GPS: 54.420220, 11.192609**

7 Adventure-Golf

Hier wird eine Minigolfpartie tatsächlich zum Abenteuer oder zumindest zum großen Spaß. Winzig kleine Brücken müssen getroffen werden, es geht rauf, runter und ins Wasser, sogar auf einem wackeligen Surfbrett oder im Sand muss man abschlagen. Also alles, was »echte« Golfer schreckt.

Meeschendorf 37, 23769 Fehmarn, Tel. 0171/888 85 74, April–Juni, Sep., Okt. Di–So 10–18.30, Juli, Aug. tgl. 9–21 Uhr, www.adventure-golf-fehmarn.de, Parkplatz: **GPS: 54.423032, 11.254725**

 Essen & Trinken

Kap Orth

Manchmal reichen ein Fischbrötchen und ein frisches Flensburger zum Glück. Wenn beides in einem rot-weißen Kiosk mit Blick auf den Hafen serviert wird – was will man mehr? Einen Strandkorb vielleicht. Den gibt es auch! Am Hafen, 23769 Orth, Tel. 01 71/718 02 90, Di–So 11–20 Uhr

Landhausrestaurant Margaretenhof

Gibt es das Gegenteil von Fischbrötchen? Falls ja, wird die Antwort von Sascha Dietrich gegeben. Wer sich auf seiner Speisekarte auf Anhieb auskennt, hat kulinarisch schon über diverse Tellerränder geblickt. Da gibt es Tataki vom US-Flanksteak mit Dashi-Gel, California Rolls und Thailändische Bouillabaisse. Zur Beruhigung: auch Fehmaraner Rehgulasch oder Flugente mit Rotkohl und Klößen. Tipp: etwas schicker kommen. Dorfstr. 7, 23769 Neujellingsdorf, Tel. 043 71/876 70, meist Mi–So ab 18 Uhr, genauere Öffnungszeiten siehe www.restaurant-margaretenhof.com

 Einkaufen

Wochenmarkt in Burg

Immer mittwochs von 7–14 Uhr findet auf dem Marktplatz ein Wochenmarkt statt, auf dem man sich mit regionalen Produkten eindecken kann. Parkplatz Burg Zentrum: **GPS: 54.437819, 11.200636**

05 Rund um Rostock

Graal-Müritz ist ein toller Ausgangspunkt für einen Urlaub mit ganz unterschiedlichen Eindrücken. Da sind die großartigen Naturräume zum Wandern, Radfahren oder Schwimmen: die grüne Rostocker Heide, der Nationalpark Vorpommersche Boddenlandschaft mit seinen Wäldern, Kliffs und Nehrungen. Die Halbinsel Fischland-Darß-Zingst mit ihren Kiefernwäldern, Dörfern und unglaublich schönen Stränden – viele Abschnitte sind romantisch und wild, andere gestaltet und von der DLRG überwacht. Die Wasserqualität ist in der Regel ausgezeichnet. Auch wenn ein Sturm das Campingglück etwas schmälert, hat er etwas für sich: Danach ist die Chance größer, Bernstein im Sand zu finden. Wer ein wenig Abwechslung haben möchte, wendet sich in die andere Richtung: Dort liegt Mecklenburg-Vorpommerns einzige echte Großstadt. Zwar wurde Rostock im Zweiten Weltkrieg fast gänzlich zerstört, man hat viele Häuser im Zentrum jedoch nach historischem Vorbild wieder aufgebaut und eine sehr angenehme Atmosphäre geschaffen. Für ein lässiges und junges Flair sorgen nicht zuletzt die vielen Studenten in der Stadt.

www.graal-mueritz.de, www.fischland-darss-zingst.de, www.rostock.de, www.auf-nach-mv.de

GETREIDE AG

Backsteinrot prägt das Stadtbild Rostocks – auch bei neueren Bauprojekten orientiert man sich daran.

1 Rostocker Heide

Südlich des Ostseecamps Rostocker Heide verläuft ein schnurgerader Weg, die Wiedortschneise, und darunter erstreckt sich der größte Küstenwald Deutschlands. 11 000 Hektar umfasst das Gebiet, das sich Laub- und Nadelbäume teilen. Als Wanderer stößt man immer wieder auf Moore, Schilfgebiete und Wiesen. Zahlreiche Wege führen kreuz und quer hindurch, darunter etwa der Ostseeküstenradweg von Hohe Düne nach Graal-Müritz. Eine 26-km-Runde führt weg von der Küste nach Klockenhagen, zum Jagdschloss Gelbensande (Restaurant Mi/Do 12–18, Fr/Sa 12–22 Uhr, www.jagdschloss-gelbensande. de), nach Wiethagen und zurück nach Graal-Müritz. Das Informationszentrum »Wald und Moor« zeigt sehenswerte Ausstellungen zur Natur, etwa über die Entwicklung des Ribnitzer Großen Moores von der Älteren Tundrazeit bis heute.

Informationszentrum: Ribnitzer Landweg 3, Ribnitz-Damgarten OT Neuheide, Tel. 03 82 06/144 44, Mai–Okt. tgl. 10–17 Uhr, www.moorinfo.ribnitz-damgarten.de

2 Rostock

800 Jahre ist Rostock im Jahr 2018 geworden. In dieser langen Zeit hat man sich so einige Prädikate erworben, und alle sind ziemlich beeindruckend: Hansestadt, Universitätsstadt, Hafenstadt. Der Hanse gehörte die Stadt schon ab 1283 an, was ihr zu kräftigem Aufschwung verhalf. Wer im Stadtbild Bauwerke der Backsteingotik entdeckt: Sie könnten noch aus dieser Zeit

stammen, die Kirche St. Marien gehört dazu. Fast genauso alt ist das Rathaus, das allerdings im 18. Jh. barockisiert wurde. Die Rostocker Hochschule wurde 1419 gegründet und war damit die erste Universität im Ostseeraum überhaupt. Gebäude sind keine mehr erhalten, doch der schmucke Bau aus dem 19. Jh. steht quasi am Originalschauplatz. Auf den weiten Rasenflächen davor trifft sich bei schönem Wetter die halbe Studentenschaft. Und wie war das mit dem Hafen, Rostock liegt ja nicht direkt an der Küste? Schon im 13. Jh. sicherten sich die Stadtherren den Zugang zur 12 km entfernten Ostsee, indem sie den Seehafen bei Warnemünde einfach kauften. Wer wenig Zeit hat, sollte zumindest einmal um den Neuen Markt schlendern und die prächtigen Giebelhäuser bewundern – eines davon beherbergt seit 1789 die Ratsapotheke. Sie hatte im Laufe der Zeit diverse Besitzer, wurde aber immer betrieben.

Tourist Info: Universitätspl. 6 (Barocksaal), 18055 Rostock, Tel. 03 81/381 22 22, Mai bis

Gewusst, wann

Mitte August heißt es in Rostock: Schiffe schauen satt! Bei der Hanse Sail sind bis zu 300 Exemplare in allen Größen und Formen zu bestaunen – Kreuzer und Fähren, Marine- und Containerschiffe, am schönsten sind aber die Traditionssegler mit einem, zwei, drei oder sogar vier Masten. Eine Million Menschen kommen. Es wird voll. Und toll! www.hansesail.com

- **1** Rostocker Heide
- **2** Rostock
- **3** Warnemünde
- **4** Gespensterwald Nienhagen
- **5** Bodden-Therme
- **6** Deutsches Bernsteinmuseum
- **7** Ahrenshoop
- **▲** Ostseecamp Rostocker Heide

Okt. Mo–Fr 10–18, Sa/So 10–15, Nov.–April Mo–Fr 10–17, Sa 10–15 Uhr, www.rostock.de, Parktplatz 1,2 km vom Neuen Markt: **GPS 54.084262, 12.153381**

3 Warnemünde

Wer Warnemünde nur als verlängerten Arm von Rostock betrachtet, tut dem Ostseebad unrecht. Gut, es gehört schon seit

OSTSEECAMP ROSTOCKER HEIDE

An vielen Campingplätzen heißt es mittlerweile: Holzkohlegrills verboten. Aber hier kann man sogar ein Lagerfeuer machen, direkt am Strand! Zwar muss man eine Gebühr dafür zahlen, doch das ist ein romantischer Abend allemal wert. Kilometerweit erstreckt sich der feine Sand, auf dem man tagsüber nach Bernstein oder Muscheln fahnden kann. Und nach Hühnergöttern. Nie gehört? Um Federvieh handelt es sich jedenfalls nicht ... Der lockere Buchenwald bietet Schutz vor Sonne und Wind, das Gelände ist nicht parzelliert. Familien fühlen sich hier ebenso wohl wie Jugendliche, für die ein eigener Bereich vorgesehen ist. Es kann also auch mal munterer werden. Ein Supermarkt und ein Campingshop versorgen Gäste mit mehr als nur dem Nötigen.

Wiedortschneise 1, 18181 Graal-Müritz, Tel. 03 82 06/775 80, Ende März–Okt., www.ostseecamp-ferienpark.de
GPS: 54.244560, 12.211940

fast 700 Jahren zur Hansestadt, hat aber seinen eigenen Charakter bewahrt. Um das Jahr 1820 begannen die ersten Badegäste den Strand zu entdecken, der bis heute groß, feinsandig, gut frequentiert und einfach schön ist. Man muss ja nicht in Richtung des Hotelhochhauses schauen, sondern am besten zur anderen Seite, wo der historische Leuchtturm steht. Zu dem gewagt geformten Gebäude daneben aus den Swinging Sixties sagt der Volksmund »Teepott«, und ebendiesen gibt es hier auch. Oder wie wäre es mit ein bisschen Fernweh am Kreuzfahrtterminal, wo die Ozeanriesen mit großem Hallo auslaufen? Oder einem Spaziergang über die Flaniermeile am Alten Strom mit ihren liebevoll renovierten Fischerhäuschen, Läden und Cafés?

Tourist Info: Am Strom 59, 18119 Warnemünde, Tel. 03 81/381 22 22, Mai–Okt. Mo–Fr 10–18, Sa/So 10–15, Nov.–April Mo bis Fr 10–17, Sa 10–15 Uhr, www.rostock.de, Parkplatz:
GPS: 54.175788, 12.057466

 ### Gespensterwald Nienhagen

Als Camper ist man normalerweise nicht begeistert, wenn Nebelschwaden übers Land ziehen, doch für einen Besuch in diesem Wald wäre das genau das Richtige. Hier wachsen Eichen, Buchen und Eschen in den Himmel, überwiegend kahl, nur ganz oben mit Blätterdach. Darunter: gespenstische Leere und bemooster Boden, nur das Gras wiegt sich an manchen Stellen im Wind. Manche der Stämme sind bizarr verdreht, sodass man sich allerlei Geschichten zu ihnen ausdenken kann.

Stellplatz für Wohnmobile in Elmenhorst, 3 km entfernt:
GPS: 54.152482, 12.016549

 ### Bodden-Therme

Gleich noch ein Schietwettertipp, diesmal indoor: Die Bodden-Therme ist Anlaufstelle für Wasser(spaß)ratten und Wellnessfans. Erstere werden in den Innen- und Außenbecken, im Wellen- und Planschbecken glücklich. Etwas wilder geht es auf der 60-m-Wasserrutsche, im Strömungskanal und unter dem Wasser-

Der Strand von Warnemünde mit dem alten Leuchtturm und dem »Teepott« genannten Café.

fall zu. Relaxt wird in der Saunalandschaft (Sanarium, Dampfbad, Blockhaussauna) und beim Massageangebot, gefuttert in den Therme-eigenen Gastronomien.

Körkwitzer Weg 15, 18311 Ribnitz-Damgarten, Tel. 038 21/390 99 61, Mo–Mi 14 bis 22 (Mo nur Sauna), Do–So 10–22 Uhr, www.bodden-therme.de

6 Deutsches Bernsteinmuseum

Bernstein, das ist doch dieser transparente honiggelbe Stein aus … wie war das noch? Es ist kein Stein, sondern fossiles Baumharz, das keineswegs nur in einer Farbe vorkommt. In diesem Museum glänzt das »Gold des Nordens« in all seinen Varianten – von milchig über braunrot bis zu honiggelb. Ein direkter Blick in die erdgeschichtliche Vergangenheit öffnet sich, wenn im Bernstein Insekten oder Pflanzen eingeschlossen sind. Auch die Geschichte

Früher wie heute pittoresk: Ahrenshoop.

von Mensch und Material ist interessant: Wie wurde Bernstein aufgespürt und verarbeitet, welcher Aberglaube spann sich rund um den geheimnisvollen Stoff? Er ist leicht zu schnitzen, was sich an detailliert gearbeiteten Tierfiguren oder Rosenkränzen, Schiffsmodellen oder Schachfiguren, an Schmuckstücken und ganzen Wandpaneelen zeigt. Das wird hier auch vorgeführt, Besucher dürfen mitmachen.

Im Kloster 1–3, 18311 Ribnitz-Damgarten, Tel. 038 21/46 22, April–Okt. tgl. 9.30–18, Nov.–März Di–So 9.30–17 Uhr, www.deutsches-bernsteinmuseum.de

7 Ahrenshoop

Ende des 19. Jh. war das Dorf mit seinen Matrosen- und Fischerhäusern ebenso abgeschieden wie pittoresk. Eines Tages kam der Maler Paul Müller-Kaempff vorbei und war begeistert – vom Licht, vom Steilufer, den Dünen. Er ließ sich ein Wohnhaus und Atelier bauen, stellte hier seine Werke aus, begründete eine Künstlerkolonie. Im überregional bedeutenden Kunstmuseum werden Arbeiten von ihm und seinen Zeitgenossen gezeigt, aber auch Werke von der klassischen Moderne bis zur Gegenwart.

Tourist Info: Kirchnersgang 2, Ahrenshoop, Tel. 03 82 20/66 66 10, April–Anf. Juni, Mitte Sept.–Okt. Mo–Fr 9–17, Sa 10–15, Mitte Juni–Mitte Sept. Mo–Fr 9–18, Sa/So 10–15, Nov.–März Mo–Fr 9–16, Sa 10–15 Uhr, www.ahrenshoop.de;
Kunstmuseum: Weg zum Hohen Ufer 36, Tel. 03 82 20/667 90, tgl. 11–18, Nov.–März Di–So 10–17 Uhr, www.kunstmuseum-ahrenshoop.de

Essen & Trinken

De Zees

Hinter der schlumpfblauen Fassade verbirgt sich ein hell und hübsch gestaltetes Lokal mit Wintergarten und Sonnenterrasse. Hier wird der Fisch nicht nur mit Kartoffeln oder Pommes, sondern auch mal mit Pestonudeln serviert.
Am See 40, 18311 Ribnitz-Damgarten, Tel. 038 21/89 48 30, tgl. ab 11.30 Uhr, www.fischhafen.de

Haus am Meer

Knapp 3 km ist das Hotel und Restaurant vom Campingplatz Rostocker Heide entfernt. Die Küche bietet Lokales auf überdurchschnittlichem Niveau, z. B. Pommersche Entensülze, auf der Haut gebratenes Fischfilet oder klassisches Hamburger Schnitzel.
Zur Seebrücke 36, 18181 Graal-Müritz, Tel. 03 82 06/73 90, tgl. 12–22 Uhr, www.ham-ostsee.de

Einkaufen

Erlebnisdorf Rövershagen

Hier kann man viel mehr machen als nur einkaufen. Karls Erlebnisdorf ist ein ganzer Freizeitpark mit Fahrgeschäften und Streichelzoo, mit Bäckerei und Kaffeerösterei, mit Schokoladenmanufaktur und Bonbonküche, mit Bauernmarkt und Restaurants … Star ist die Erbeere, die schon Opa Karl angebaut hat.
Purkshof 2, 18182 Rövershagen, Tel. 03 82 02/40 50, tgl. 8–19 Uhr, www.karls.de

06 Rügen

Die drei Türme – kein falsch zitierter Film(unter)titel, sondern das Inventar von Kap Arkona, dem nördlichsten Punkt der Insel. Zu den zwei Leuchttürmen gesellt sich ein ehemaliger Funkpeilturm der Marine aus der Kaiserzeit. Alle stehen Besuchern offen, und wer den höchsten erklimmt, schaut aus 80 m hinunter aufs Meer: 35 m ist der neuere Leuchtturm hoch, 45 m die Steilküste. 1902 wurde er gebaut. Das ältere Exemplar, viereckig und viel niedriger, aber mit Seefahrtsmuseum und dem nördlichsten Standesamt Mecklenburg-Vorpommerns, stammt aus den 1820er-Jahren. Zu DDR-Zeiten wurde ein riesiger unterirdischer Marineführungsbunker in das Kap gebaut, auch er ist zu besichtigen. Dies sind die jüngsten Zeugnisse menschlicher Nutzung, man hat aber noch viel ältere gefunden. Im 6. Jh. errichteten die Ranen, ein slawisches Volk, einen 25 m hohen Wall, der eine Kultstätte für den vierköpfigen Gott Svantovit umgab, außerdem soll hier die Jaromarsburg gestanden haben. Vom Wall sind noch Reste zu erkennen, ein großer Teil ist allerdings im Laufe der Jahrhunderte ins Meer gestürzt. Geblieben sind kleinere archäologische Funde wie Perlen und Pfeilspitzen. Zusammen mit dem unter Denkmalschutz stehenden Fischerdorf Vitte ist das Kap ein guter Einstieg für einen Rügen-Urlaub. Denn die Insel hat deutlich mehr zu bieten als nur Strandfeeling!

Kap Arkona bei Putgarten, Tel. 03 83 91/ 13 0 37, www.kap-arkona.de, Parkplatz, dann 2,5 km zu Fuß: **GPS: 54.669881, 13.408953**

Blick zum Kap Arkona vom denkmalgeschützten Dorf Vitt aus. Das sanfte Licht ist nur frühmorgens zu haben.

1 Nationalpark Jasmund

Weil man wirklich früh dran sein muss, wenn man die Kreidefelsen halbwegs für sich haben und eine tolle Lichtstimmung einfangen will, empfiehlt es sich, am Vorabend auf den Wohnmobilstellplatz beim Großparkplatz Hagen zu fahren (**GPS: 54.562329, 13.626160**). Dann hat man am nächsten Morgen immer noch 3 km vor sich (nur zu Fuß möglich) bis zum Nationalpark-Zentrum bzw. zur Viktoriasicht, einem kleinen Steg mit Blick über die weiße Wand, muss sich den Platz aber nicht mit Mengen von anderen Besuchern teilen. Wer etwas weniger puristisch unterwegs ist oder vielleicht nicht ganz so strahlendes Wetter erwischen sollte, für den lohnt sich ein Besuch im Nationalparkzentrum durchaus. Das höchst innovative Konzept mit Multivisionskino und Erlebnisausstellung macht »Unsichtbares sichtbar«: Jeder Besucher bekommt einen Kopfhörer und wird von einer individuellen Soundwelt umfangen, passend zu Lebensräumen oder Erdzeitaltern, die vorgestellt werden, wie das warme Meer der Kreidezeit, ein Gletscher in der Eiszeit, eine Wiese oder der kleine Kosmos einer uralten Buche, die viel zu erzählen weiß ... Die eigentlichen Stars hier sind nämlich die Bäume, denn der Alte Buchenwald im Nationalpark Jasmund gehört zum Unesco-Weltnaturerbe. Eingehende Informationen und Eindrücke davon gibt es im und um das Welterbeforum, das man ebenfalls nur zu Fuß erreicht (**Parkplatz bei Sassnitz, GPS: 54.521457, 13.651685**).

Nationalpark-Zentrum Königsstuhl: 18546 Sassnitz auf Rügen, Tel. 03 83 92/66 17 66, Ostern–Okt. tgl. 9–19, sonst 10–17 Uhr, www.koenigsstuhl.com; Unesco-Welterbeforum: Waldhalle 1, 18546 Sassnitz, Tel. 03 83 92/64 97 60, tgl. 11–17 Uhr, www.welterbeforum.koenigsstuhl.com

Gewusst, wann

Seit über 25 Jahren wird sie alljährlich gefeiert, die Legende vom Seeräuber Klaus Störtebeker. Ein riesiges Spektabel mit Schiffen, Pferden, Reitern, Aberdutzenden Schauspielern und Stuntleuten, und weil es noch nicht genug ist, auch noch mit Spezialeffekten. Jeden Abend Feuerwerk. Ende Juni–Anfang Sept., stoertebeker.de, Wohnmobilparkplatz: **GPS: 54.474507, 13.438038**

2 Dokumentationszentrum Prora

Ob man fasziniert oder verstört von einem Besuch in Prora kommt, ist Typsache. Tatsache ist, dass der monumentale Betonkoloss das größte verbliebene Bauwerk des Nationalsozialismus ist, so massiv gebaut, dass es noch nicht einmal gesprengt werden konnte. Die Organisation »Kraft durch Freude« baute hier in den 1930er-Jahren einen 4,5 km langen Gebäuderiegel, bestehend aus acht Blöcken. Das »KdF-Seebad Rügen« sollte bis zu 20 000 Menschen organisierte Erholung bieten, in Zimmern von 2,5 mal 5 m Größe, alle mit Meerblick. Die Dauerausstellung »MACHTUrlaub« im

1 Nationalpark Jasmund
2 Dokumentationszentrum Prora
3 Binz
4 Tauchgondel Sellin
5 Mönchgut
△ Campingplatz Banzelvitzer Berge

Dokumentationszentrum Prora widmet sich der Geschichte der baulichen Monstrosität, die zu DDR-Zeiten militärisch genutzt und von der Bundeswehr nach der Wende bald verlassen wurde. Seit 1994 steht der »Koloss von Rügen« unter Denkmalschutz. Wer vom unverwüstlichen und trotz Sanierungsmaßnahmen immer noch sinistren Bauprojekt eine luftige Abwechslung braucht, findet in der Nähe das

Naturerbe-Zentrum mit Baumwipfelpfad und einer 40 m hohen Aussichtsplattform.

Strandstr. 1, 18609 Prora, Tel. 03 83 93 / 139 91, Jan., Nov. tgl. 10–16, Feb. 10–17, März, April, Sept., Okt. 10–18, Mai–Aug. 9.30 bis 19 Uhr, www.proradok.de;
Naturerbe-Zentrum Rügen: Forsthaus Prora 1, 18609 Ostseebad Binz OT Prora, Tel. 03 83 93 / 66 22 00, Mai–Sept. tgl. 9.30–19.30, April u. Okt. bis 17.30 Uhr, sonst bis 16 Uhr, www.nezr.de

 Binz

Alles begann mit den Badekarren, die Fürst Wilhelm Malte 1830 am Strand aufstellen ließ. Darin konnten sich Wasserfreunde umziehen, sodann wurde das fensterlose Gefährt von Pferden ins Wasser gezogen, damit vor allem die Damen geschwind bis zum Hals in den Fluten verschwanden und möglichst wenig von ihnen zu sehen war. Dass der Tourismus

Gemächliche Karriere: Binz entwickelte sich im 19. Jh. peu à peu zum Badort. Damals begann man, standesgemäße Unterkünfte für die Gäste zu bauen – bis heute typisch für den Ort.

in der Folge einen rasanten Aufschwung genommen hätte, kann man nicht behaupten – über 50 Jahre dauerte es, bis 3500 Gäste im Jahr kamen (heute sind es 400 000). Um diese Zeit begann die »Actiengesellschaft Ostseebad Binz«, Villen und Unterkünfte in dem verspielten Bäderarchitekturstil zu bauen, der den Ort bis heute prägt. 1902 wurde die erste Seebrücke gebaut, über einen halben Kilometer ins Meer hinein; sie wurde vom Sturm zerstört, und auch mehrere Nachfolgebauten hielten nicht. Die heutige Brücke wurde 1994 errichtet und ist der Hit unter Binz-Besuchern.

Tourist Info: Heinrich-Heine-Str. 7, 18609 Binz, Tel. 03 83 93 / 14 81 48, Feb.–Okt. Mo–Fr 9–18, Sa/So 10–18, sonst bis 16 Uhr, www.ostseebad-binz.com, Parkplatz nah am Strand, aber 3 km von der Seebrücke: **GPS: 54.416663, 13.590305**

 CAMPINGPLATZ BANZELVITZER BERGE

Schattenplatz unter Kiefern oder nicht ganz so schattiger Platz unter Birken? Die Wahl hängt wahrscheinlich vom Sommer und der Temperatur ab. Was man auch wählt, der Campingplatz liegt ausgesprochen schön an der Ostküste. Vor dem Gelände verläuft die Steilküste, einen Katzensprung südlich erreicht man aber den grasbewachsenen Banzelvitzer Strand, an dem es flach ins Wasser geht. Vor allem Familien mit Kindern freuen sich über Spielhaus, Spielplatz und Hüpfburg, und auch der Streichelzoo verfehlt nie seine Wirkung. Frau Engel und ihr Team stehen Urlaubern mit Rat und Tat zur Seite und organisieren z. B. Kutschenfahrten, Kanu- oder Reittouren.

Am Berg 4, 18528 Rügen OT Groß Banzelvitz,
Ende März–Okt., www.banzelvitz.de
GPS: 54.517000, 13.410750

 Tauchgondel Sellin

Als hätte man ein Stück Requisite von einem Science-Fiction-Film der 1960er

Ab in die Tiefe: Die Tauchgondel Sellin bringt Gäste in die überraschende Unterwasserwelt.

entliehen: Auf dem oberen Teil des Gebildes kleben silbrig schimmernde Blütenblätter, darunter die türkisfarbene Passagierkabine mit ovalen Fenstern. Die umgedrehte »Tulpe« sitzt am Ende der Selliner Seebrücke auf einem Pfahl, an dem sie mit bis zu 30 Gästen an Bord nach unten gleitet, bis in die tiefsten Tiefen der Ostsee, wo Meeresungeheuer mit meterlangen Tentakeln ... Das wäre nun wirklich Science-Fiction. So viel sei verraten: Es geht nur einige Meter hinab, und besonders Kinder stellen sich die Unterwasserwelt meist ganz anders vor. Der Gondelführer beantwortet hinterher gern ihre Fragen.

Wilhelmstr. 25, 18586 Sellin, Tel. 03 83 03/ 927 77, April, Mai, Sept., Okt. 10–19, Nov. bis März 11–16 Uhr, www.tauchgondel.de, Parkplatz, 2 km zur Seebrücke: **GPS: 54.371921, 13.696340**

Mönchgut

Knapp 30 qkm ist die Halbinsel groß und eine kleine Welt für sich, die man gut mit dem Fahrrad erkunden kann. Die Landschaft ist von den Höften (Hügeln), von Heide und Trockenrasen, Salzwiesen und Mischwäldern, Kliffs und Sandstränden geprägt. Das Seebad Baabe mit dem Küstenfischermuseum besitzt einen kilometerlangen Strand, der übergangslos in den der Gemeinde Göhren übergeht. Im Hinterland breitet sich die Baaber Heide aus, ein geschlossenes Waldgebiet mit Kiefern und Birken. In Göhren streckt sich eine Landzunge in die Ostsee: das Kap Nordperd, östlichster Punkt Rügens. Die Südostspitze, das Südperd, liegt nicht weit entfernt in der Gemeinde Thiessow. Die nächstgelegenen Orte gehören zu den schönsten Dörfern der Insel: Klein und Groß Zicker mit ihren reetgedeckten Häusern. Ein Wahrzeichen und besonders hübsch ist das Pfarrwitwenhaus von 1723: Das »Zuckerhuthaus« mit dem spitzen Dach war lange Zeit bescheidene Wohnstatt mittelloser Pfarrwitwen, seit 1988 ist es ein Museum. In Groß Zicker steht das älteste Gebäude der Halbinsel, die gotische Dorfkirche. Noch ein Kuriosum: An der Straße zwischen Baabe und Lobbe steht ein Windrad wie aus dem Wilden Westen. Es ist das sog. Windschöpfwerk, das allerdings keinen Wind geschöpft, sondern Wasser gepumpt hat – um das Gebiet so trocken zu bekommen, dass es landwirtschaftlich genutzt werden konnte.

Tourist Info: Dorfstr. 4, 18586 Mönchgut, Tel. 03 83 08/21 53, Mai, Sept., Okt. Mo–Fr 9–16, Juni–Aug. Mo–Fr 9–17, So 9–13, Nov.–April Mo–Fr 10–14 Uhr, www.middelhagen.de

Essen & Trinken

Riff

Das Restaurant liegt am Segelhafen Ralswiek und richtet den Blick in kulinarische Fernen – zumindest wenn man Scampi oder Sashimi bestellt. Die traditionelleren Gerichte wie Dorschfilet mit Mecklenburger Stampfkartoffeln und Blattspinat sind ausgesprochen fein. Störtebekerweg 56, 18528 Ralswiek, Tel. 038 38/31 54 89, Jan.–Okt. Di–So 11.30–24 Uhr, www.riff-ruegen.de

Fähr-Eck

Im urigen Holzambiente werden große Portionen zu verträglichen Preisen serviert. Besonders die Fischgerichte und das selbst gemachte Eis werden allenthalben gelobt. Dorfstr. 25, 18569 Trent, Tel. 03 83 09/ 13 51, Di–So 10–22 Uhr

 Einkaufen

Hofladen Bobbin

Zum Einkaufen einmal um den Jasmunder Bodden? Die Anfahrt lohnt sich doppelt: Im Laden gibt es Leckeres und Gesundes z. B. aus Sanddorn, dazu Eier, Obst, Gemüse und vieles mehr, 1,5 km entfernt liegt das Dinosaurierland (www.dinosaurierland-ruegen.de) mit fast echten, bewegten und Geräusche machenden Urzeitechsen. Oberdorf 5a, 18551 Glowe, März–April Mo–Sa 10–17, Mai–Sept. Mo–Sa 10–18, Dez.–Febr. Di–Fr 10–16 Uhr, www.hofladen-bobbin.de

07 Usedom & Co.

Bansin, Heringsdorf, Ahlbeck – das ist der Rhythmus, wo man immer mit muss, nein, will! Die berühmten Kaiserbäder sind einfach Pflichtprogramm, wenn man in der Region Urlaub macht. Im 19. Jh. wurden immer mehr Fischerdörfer an Nord- und Ostsee »wachge-küsst«, als Mediziner die Vorteile des Badens erkannten und reiche Bürger sowie Adelige das neumodische Treiben zum Trend machten. Weil die Gäste angemessen wohnen sollten, baute man Unterkünfte in elegantem, prächtigem Stil – die Bäderarchitektur war erfunden. In Bansin findet man die vornehmsten Gebäude in der Berg-straße und der Seestraße. Heringsdorf war der mondänste Ort, hier machte die Kaiserfamilie Station. Für sie und ihre Entourage wurden Villen mit parkähnlichen Gärten errichtet – berühmte Anwesen sind die Villa Oppenheim und die Villa Oechsler in der Delbrückstraße, wo noch etliche andere schöne Gebäude stehen. Die Seebrücke von 1893 ist nicht mehr erhalten; die heutige ist für ihr pyramidenförmiges Gebäude am Ende bekannt und sehr trubelig. Ganz anders ihr Schwesterbauwerk in Ahlbeck: Es ist ein großes Glück, dass die 280 m lange Seebrücke von 1898 noch existiert; das macht sie zur ältesten noch erhaltenen Seebrücke an der Ostsee. Wahrzei-chen der Gemeinde ist der mit vier Ecktürmen verzierte weiße Pavillon. Auf dem Platz vor der Brücke prunkt eine Jugendstiluhr. Komplettiert wird das Ensemble vom Konzertpavillon aus dem Jahr 1900, in dem regelmäßig musiziert wird.

Tourist Infos: An der Seebrücke, 17429 Bansin, Tel. 03 83 78/470 50, Kulmstr. 33, 17424 Heringsdorf, Tel. 03 83 78/24 51, Dünenstr. 45, 17419 Ahlbeck, Tel. 03 83 78/ +49 93 50, www.drei-kaiserbaeder.de

Kilometerlang ist der Strand an der Nordseite Usedoms – im Bild die Seebrücke von Ahlbeck, dem südlichsten »Kaiserdorf«.

NATURCAMPING LASSAN

Es stimmt: Der Campingplatz liegt nicht auf Usedom, sondern quasi im Hinterhof der Insel, am Peenestrom. Er besticht zum einen durch seine entspannte Naturbelassenheit: Der Boden ist relativ wellig, hohe Birken lassen flirrendes Sonnenlicht durch, am kleinen Stichkanal können Boote zu Wasser gelassen werden. Jeder steht, wo er mag und seinen Platz findet. Kinder finden einen Spielplatz vor, man kann Stand-up-paddeln oder Kanu fahren, Fisch räuchern und grillen, saunieren oder angeln. Zum anderen ist die Lage günstig: Man ist fix in Wolgast oder Anklam, in Greifswald oder im Peenetal. Oder an den Stränden Usedoms.

Garthof 5–6, 17440 Lassan, Tel. 03 83 74/55 99 51, Ende März–Ende Okt., www.campingplatz-lassan.de
GPS: 53.947500, 13.857260

❶ Museen in Peenemünde

Der kleine Ort im Norden Usedoms zählt gerade mal um die 300 Einwohner, hat aber gleich mehrere Museen, die sich für Tage mit oder auch ohne Regenwetter anbieten. Los geht's mit etwas Leichtem: Das Spielzeugmuseum zeigt 25 000 Exponate aus drei Jahrhunderten, über die sich so manches Kind wundern und so mancher Erwachsene freuen dürfte: Teddybären und Puppen, Dampfmaschinen und Eisenbahnen, aber auch historische Klassenzimmer. Am Eingang des Haupthafens liegt ein gewaltiges U-Boot: Das sowjetische U 461, Baujahr 1961, fasziniert seit Dezember 1998 Urlauber als Museumsschiff. Der eindrückliche Besichtigungsgang führt durch Schotte und enge Gänge, vom Torpedoraum im Bug über den Turmfahrstand und die verschiedenen Aggregate und Maschinen bis

Gewusst, wann

»Kunst-Offen« heißt eine jährliche Aktion, bei der Hunderte Künstler ihre Ateliers und Werkstätten öffnen bzw. sich zu Ausstellungen zusammentun. Auch der Naturcampingplatz Lassan ist Veranstaltungsort. Man kann Malern, Bildhauern etc. zusehen, Fragen stellen oder ein Stück erwerben. www.auf-nach-mv.de/kunstoffen

zum Heck. Dem dunklen Erbe des Ortes widmet sich das Historisch-Technische Museum. Die Nazis unterhielten hier eine sog. Heeresversuchsanstalt, in der Werner von Braun mit seinen Mitarbeitern automatisch gesteuerte Flüssigkeitsgroßraketen entwickelte. Zwangsarbeiter und KZ-Häftlinge mussten in unterirdischen Stollen die »Vergeltungswaffe 2« der Deutschen Wehrmacht produzieren. Ab 1944 wurde sie auf Ziele in England, Frankreich und Belgien abgefeuert. Im ehemaligen Kraftwerk der Peenemünder Raketenversuchsanstalt ist die hochinteressante Dauerausstellung untergebracht.

Spielzeugmuseum: Museumsstr. 14, 17449 Peenemünde, Tel. 03 83 71/256 57, tgl. 10–16 Uhr, in der Saison auch länger, www.usedom-spielzeugmuseum.de; U 461: Haupthafen, 17449 Peenemünde, Tel. 03 83 71/890 54, Juli–Mitte Sept. 9–19, Mai/Juni 10–17, Mitte Sept.–Mitte Okt. 10–16, Mitte Okt.–April 10–15 Uhr, www.u-461.de; Historisch-Technisches Museum: Im Kraftwerk, 17449 Peenemünde, Tel. 03 83 71/50 50, April–Sept. tgl. 10–18, Okt.–März tgl. 10–16 Uhr, www.museum-peenemuende.de, Parkplatz:
GPS: 54.136454, 13.767733

Lieper Winkel

Nicht die Ostsee, sondern Achterwasser und Peenestrom prägen diesen stillen Teil der Insel. Auf Wiesen und Feldern sind Störche und Graureiher gut zu sehen. Reetgedeckte Fischerhäuschen gibt es in Rankwitz und in Liepe, alte Alleebäume beschatten viele der Straßen. In der Fischgaststätte Zur Alten Räucherei in Rankwitz kann man einkehren oder etwas kaufen. In Liepe sollte man die gotische Kirche St. Johannes auf sich wirken lassen: 1216 erstmals erwähnt, ist sie der älteste urkundlich genannte Kirchenbau auf Usedom. Das bestehende Gebäude wurde im 15. und 16. Jh. aus Feld- und Backstein errichtet. Diverse Rad- und Wanderwege durchziehen den Lieper Winkel und verbinden Rankwitz, Liepe, Grüssow, Warthe und Quilitz.

Zwischen Achterwasser und Peenestrom, www.usedom.de

Otto-Lilienthal-Museum

Die 13 000 Einwohner zählende Stadt ist von den Plattenbauten der DDR-Zeit geprägt und per se wenig sehenswert, doch ein Name ist es, der die meisten Besucher hierherlockt: der Luftfahrtpionier und geborene Anklamer Otto Lilienthal (1848 bis 1896). Das ihm gewidmete, mehrfach preisgekrönte Museum zeichnet seine Lebensgeschichte nach und geht auch allgemein auf die Anfänge der Fliegerei ein. Lilienthals Idee war es, vom Sprung zum Flug zu gelangen. Als erstem Menschen glückte es ihm, Gleitflüge mit einem Flugzeug zu absolvieren. Der Normalsegel-

1 Museen in Peenemünde
2 Lieper Winkel
3 Otto-Lilienthal-Museum
▲ Naturcamping Lassan

apparat von 1893 ging sogar in Serie, Lilienthal korrespondierte mit internationalen Experten, auch Fotos entstanden von seinen Flügen. Ganz plastisch werden Lilienthals Ideen, wenn man die eleganten Flugapparate im Museum betrachtet: Zwar sind die meisten Nachbauten, doch die Raffinesse und Fragilität der Konstruktionen ist gut zu erkennen. Derzeit wird in Anklam am Projekt »Ikareum« gearbeitet, das die Taufkirche Otto Lilienthals, die Nikolaikirche, als Ausstellungsraum einbeziehen soll.

Ellbogenstr. 1, 17389 Anklam, Mai, Okt. Di–Fr 10–17, So 13–17, Juni–Sept. tgl. 10–17, Nov. bis April Mi–Fr 11–15.30, So 13–15.30 Uhr, www.lilienthal-museum.de

⊗ Essen & Trinken

Der Speicher

Die Theke besteht aus einem halben Boot, und auch sonst hängt, steht und liegt in jedem Winkel maritime Deko. In diesem gemütlichen Ambiente gibt es ordentlich Deftiges und Üppiges, etwa gebratene Schollenfilets mit Speck und Zwiebeln oder Käptns Schweinesteak mit Salbei. Reservierung angeraten.
Hafenstr. 22, 17438 Wolgast, Tel. 038 36/ 233 85 50, Mo–Sa 11.30–22, So 11.30 bis 21.30 Uhr, www.speicher-wolgast.de

Koserower Salzhütte

Hier stehen gleich mehrere denkmalgeschützte Salzhütten, in denen früher die Heringe in Salzlake eingelegt wurden. Im Restaurant gibt es nur stilechte Speisen, frisch aus der Ostsee oder geräuchert: Flunder, Steinbutt, Zander, Matjes, Lachs und Aal ...
Am Strande 5, 17459 Koserow, Tel. 03 83 75/206 80, Di–Fr 17–22, Sa/So 12 bis 22 Uhr, www.koserower-salzhuette.de

Einkaufen

Höfeladen Esslust

In der 100 Jahre alten Scheune gibt es eine breite Auswahl an Lebensmitteln von Biobetrieben Vorpommerns: Käse, Wurst, Brot, saisonales Obst und Gemüse, Joghurt, Quark, Tees u. v. m.
Libnow 7a, 17390 Murchin, Tel. 039 71/ 25 89 64, April–Okt. Mo–Fr 9–18, Sa 10–16 Uhr, sonst kürzer, www.hoefeladen-esslust.de

08 Mecklenburgische Seen – Teil 1

Weil das Seenland Mecklenburg-Vorpommerns so wunderbar vielfältig ist, kann man hier gleich mehrere Urlaube verbringen und dabei keine Attraktion zweimal besuchen. In diesem Kapitel geht es zunächst um den nördlichen Teil mit der Mecklenburgischen Schweiz und dem Kummerower See bis hin zum obersten Zipfel der Müritz. Zwischen Güstrow und Waren sind Ruhe und Entspannung zu Hause. In Mitteleuropas größtem zusammenhängenden Fluss- und Seengebiet wechseln sich dünn besiedelte Landstriche mit hübschen kleinen Orten ab, eingesprengt sind Schlösser und Landgüter,

aber auch moderne architektonische Highlights und Museen – das Müritzeum vereint die letztgenannten Aspekte. Dass es hier viele Naturparks, Biosphärenreservate und Unesco-Weltnaturerbestätten gibt, beweist, dass die Natur nicht einfach nur schön anzuschauen, sondern urwüchsig, in ihrer Diversität selten geworden und schützenswert ist. Einen besonderen Reiz versprüht die Gegend übrigens im Herbst, wenn die größeren Besucherscharen des Sommers verschwunden sind, wenn die Alten Buchenwälder (Unesco-Welterbe) zu glühen scheinen, wenn es windstill und sonnig ist

und sich die rot, gelb und orange gefärbten Bäume in den Tausenden von kleinen Seen spiegeln, die Gletscher während der letzten Eiszeit geformt haben. Mancher Urlauber zieht dann mit Korb und Pilzmesser los, ein anderer mit Fahrrad und Fernglas oder mit der Angelrute. Dann kehrt sie wirklich ein, die wunderbare Ruhe, für die die Mecklenburgischen Seen so berühmt sind. Eine Warnung muss man jedoch bei aller Idylle aussprechen: Wer sein Mückenmittel zu Hause vergessen hat, ist verloren. Unbedingt daran denken!

ww.mecklenburgische-seenplatte.de

Ruhe bitte: Auf dem Tiefwarensee sind Motorbootfahren und Windsurfen verboten, Paddeln und Angeln aber erlaubt.

1 Mecklenburgische Schweiz

Plattes Land? Das stimmt so nicht, viel eher ist es ein sanft gewelltes Land, beinahe ein Mittelgebirge: Im Norden der Mecklenburgischen Seenplatte liegt die Mecklenburgische Schweiz mit Erhebungen von bis zu 124 m. Genau diese Höhe erreicht der höchste Gipfel, der den schönen wie rätselhaften Namen Schlanker Berg trägt. Seit 1997 besteht der »Naturpark Mecklenburgische Schweiz und Kummerower See«, der sich mit dem Slogan »Land der Hügel und alten Bäume« schmückt. Davon gibt es also reichlich, doch auch kulturellen Spuren kann man folgen – da gibt es jungsteinzeitliche Großsteingräber, Burgwälle aus der Slawenzeit, mittelalterliche Klosterruinen, Gutshäuser und Schlösser, viele mit fantastischen Parkanlagen. Nicht zu übersehen sind auch die Gebäude aus DDR-Zeiten. Markierte Rad- und Wanderwege führen durch die abwechslungsreiche Landschaft. Auf dem Naturerlebnispfad am Kummerower See beispielsweise kann man Wasservögel beobachten und hat von den Aussichtstürmen einen besonders guten Überblick. Im Herbst und Frühling landen Tausende

1 Mecklenburgische Schweiz
2 Krakow am See
3 Ivenacker Eichen
4 Malchow
5 Wisentreservat Damerower Werder
6 Müritzeum und Müritz-Nationalpark
▲ Campingparadies Dahmen am Malchiner See

von Kranichen und nordischen Wildgänsen auf den Feldern. Übrigens: Auf Schloss Kummerow ist eine der führenden fotografischen Privatsammlungen Deutschlands zu besichtigen, zusammengestellt von Torsten Kunert. Den Schwerpunkt bilden Aufnahmen aus der ehemaligen DDR. Spannende Wechselausstellungen.

Naturpark-Info: Wargentiner Str. 4, 17139 Basedow, Tel. 03 99 57/299 70, www.naturpark-mecklenburgische-schweiz.de; Fotografische Sammlung Schloss Kummerow: Dorfstr. 114, 17139 Kummerow, Tel. 03 99 52/23 51 80, April/Mai Fr–So 11–17, Juni bis Sept. Mi–So 11–17, Okt. Fr–So 11–17 Uhr, schloss-kummerow.de

Gewusst, wann

Die »Mittsommerremise« ist die Nacht der Guts- und Herrenhäuser: Ein Wochenende um den Johannistag Ende Juni öffnen Schlösser und Anwesen ihre Tore, in einigen gibt es Konzerte und kulturelles Programm. www.mittsommer-remise.de

2 Krakow am See

Am Nordwestufer des wild zerklüfteten Krakower Sees liegt der reizvolle, namensgebende Luftkurort. Sehenswert: In der Alten Schule von 1869 sind die »Heimatstube« mit alten Interieurs sowie ein Buchdruckmuseum mit Schauwerkstatt untergebracht. Die jüdische Synagoge von 1866 wird heute für Lesungen und Ausstellungen genutzt. An der Seepromenade lässt es sich flanieren und einkehren. Das Naturschutzgebiet Krakower Obersee gehört zu den ältesten seiner Art in Norddeutschland. In der Nähe der Ortschaft Glave steht ein Beobachtungsturm, der herrliche Blicke auf den See bietet. Schön ist auch der Wanderweg von Dobbin am Obersee entlang über den Wadehäng nach Krakow am See.

Tourist Info: Markt 21, 18292 Krakow am See, Tel. 03 84 57/222 58, Juli/Aug. Mo–Fr 9–12, 13–17.30, Sa 10–14, Mai/Juni, Sept. Mo/Di, Do/Fr 10–12, 13–17.30, Okt.–April Mo/Di, Do/Fr 10–12, 13–17 Uhr, www.krakow-am-see.de, Parkplätze z. B. längs an der Güstrower Straße

Ivenacker Eichen

Sind sie wirklich 1000 Jahre alt? Ganz genau können das nicht einmal die Experten sagen, und so einen ehrwürdigen Baum drangsaliert man natürlich nicht mit invasiven Untersuchungsmethoden. Sicher ist, dass die Ivenacker Eichen den Rang eines Nationalen Naturmonuments besitzen und in ihrer Art absolut einzigartig sind – im Wortsinn und in ihrer Wirkung. Gedeihen konnten die einzelnen Bäume so gut, weil man im Mittelalter Schweine, Rinder, Schafe und andere Tiere zur Futtersuche in die Wälder trieb, die alles kleinere Gesträuch und junge Triebe auffraßen. So konnten die größeren Eichen und Buchen besonders gut gedeihen. Im hübschen, rot und weiß gestrichenen Barockpavillon ist eine interaktive Ausstellung in Form einer Reise durch die Lebenszeit der Eichen zu sehen. Neueste Attraktion ist ein Baumkronenpfad mit 40 m hohem Aussichtsturm. Im hiesigen Wildpark leben Mufflons, Damwild und Turopolje-Schweine.

17153 Ivenack, Tel. 03 99 57/29 80, Tiergarten und Baumkronenpfad April, Okt. tgl. 9.30–17, Mai–Sept. 9.30–19, Nov. Sa/So 9.30–16 Uhr, www.ivenacker-eichen.de, Parkplatz: **GPS: 53.716348, 12.952209**

Malchow

»Perle der Mecklenburgischen Seenplatte« nennt sich Malchow gerne, und das Sahnehäubchen dieses Leckerbissens ist die Altstadtinsel. Von Südosten nähert man sich ihr über den Erddamm, von Westen seit dem 19. Jh. über eine Drehbrücke. Sehenswert sind hier das Rathaus am Alten Markt (18. Jh.), das backsteinrote Amtsgerichtsgebäude (19. Jh.) sowie das Standesamt. Auf dem nördlichen Festland steht der alte Neonschriftzug »Film-Palast« am ehemaligen Kino – heute ist hier das DDR-Alltagsmuseum eingerichtet. Die Ausstellung widmet sich, wie der Name verrät, dem

CAMPINGPARADIES DAHMEN AM MALCHINER SEE

Wer eine ebene, viereckige Parzelle mit Hecke möchte, ist hier falsch. Auf dem sanft zum Wasser hin abfallenden Gelände steht jeder, wo er will, in kommunikativer Sichtweite zum Nachbarn. 80 Zelte und 40 Wohnwagen bzw. Wohnmobile haben Platz. Hohe Bäume spenden Schatten, auf der Wiese am Wasser warten schon die Boote, und wer kein Fahrrad dabeihat, kann sich eins ausleihen – ebenso wie E-Bikes, Kindersitze und sogar Hundeanhänger. Eltern mit Kindern freuen sich über Sandstrand und Spielplatz, Hundebesitzer finden einen eigenen Abschnitt nicht weit entfernt. Im Kiosk kann man frische Brötchen bestellen. Toll: Am Ufer darf man Feuer machen. Gibt es nicht mehr oft!

Am Erlengrund 1, 17166 Dahmen, Tel. 03 99 33/73 37 53, Mai–Okt., www.campingparadies-dahmen.de **GPS: 53.660990, 12.585600**

normalen Leben der Bürger mit Schulanfang, Jugendweihe, Arbeit und Urlaub. Das Kloster Malchow auf dem südlichen Festland wurde 1298 gegründet. Hier beeindrucken sowohl der Kreuzgang und die Klosterkirche als auch das Spezialmuseum, das die Geschichte des mecklenburgischen Orgelbaus erzählt. Elf Instrumente sind zu bestaunen und zu hören.

Tourist Info: Kirchenstr. 11, 17213 Malchow, Tel. 03 99 32/831 86, Mai/Juni, Sept. Mo–Fr 10–18, Sa/So10–14, Juli/Aug. Mo–Fr 10–18, Sa/So 10–16, Okt. Mo–Fr 10–17, Sa/So 10–14, Nov.–April Mo–Fr 10–16 Uhr, www.inselstadt-malchow.de, Parkplatz: **GPS: 53.471991, 12.438093**

 Wisentreservat Damerower Werder

»Tier des Jahres« klingt wie ein Ehrentitel, ist aber keiner: Mit diesem Prädikat wird auf Arten aufmerksam gemacht, die in Deutschland akut bedroht sind. Der Wisent hat es gleich zweimal erhalten, in den Jahren 2008 und 2014. Umso besser, dass es Reservate wie die Halbinsel Damerower Werder im Kölpinsee gibt. Hier leben Wisente seit 1957 und gedeihen recht gut; von bis zu zehn Jungtieren pro Jahr ist die Rede. Jeden Tag um 11 und um 15 Uhr werden sie im Schaugehege gefüttert.

Zum Werder 5b, 17194 Jabel, Tel. 03 99 29/767 11, Ostern–Okt. tgl. 10–18, Nov.–Dez. Sa/So 10–17 Uhr, www.wald-mv.de > Forstämter > Forstamt Nossentiner Heide > Wisentreservat Damerow, Parkplatz: **GPS: 53.527636, 12.547661**

 Müritzeum und Müritz-Nationalpark

Eine schwedische Architektin hat den von oben kreisrunden Bau mit der dunklen Lärchenholzfassade entworfen. Das 2007 eröffnete Gebäude steht zum Teil im Wasser, und das ist auch ganz schlüssig: Als »Haus der 1000 Seen« beherbergt es Museumsflächen sowie ein Naturerlebniszentrum und zeigt in 26 teilweise riesigen Aquarien heimische Süßwasserfische. In einem lebt ein Maränenschwarm aus 500 Tieren! Sehr interessant ist z. B. die Entstehungsgeschichte der faszinierenden Landschaft des Müritz-Nationalparks. Am Ende der letzten Eiszeit, vor 12 000 Jahren, hinterließ zurückweichendes Eis Rinnen und Becken, Findlinge und Toteislöcher. So entstanden Seen, Moore und ausgedehnte (Buchen-)Wälder – eine Landschaft, die in Deutschland kein zweites Mal vorkommt. Kinder amüsieren sich im Außenbereich auf dem Abenteuerspielplatz, schön für alle ist der Herrensee mit dem ihn umgebenden Park und der kurze Fußweg in die Warener Altstadt. Rund um Waren kann man die Natur mit allen Sinnen erleben, gut erschlossen durch Wander- und Fahrradwege, Rastplätze oder Aussichtstürme. In den Nationalpark-Informationshäusern in Boek, Schwarzenhof und Federow werden GPS-Guides mit verschieden Erlebnistouren verliehen, die über Routen und Wissenswertes informieren.

Müritzeum: Zur Steinmole 1, 17192 Waren, Tel. 039 91/63 36 80, April–Okt. tgl. 10–19, Nov.–März bis 18 Uhr, www.mueritzeum.de, Park- und Wohnmobilstellplatz: **GPS: 53.511649, 12.685957**

 Essen & Trinken

Restaurant Am Burggraben
Die stimmungsvolle Gastronomie wurde im ehemaligen Pferdestall von Schloss und Gut Ulrichshusen eingerichtet. Auf der nicht sehr umfangreichen Karte stehen feine Dinge, darunter lokale Spezialitäten wie die Ulrichshusener Fischsuppe, die Ulrichshusener Wildbratwurst und natürlich Fisch. Unbedingt einen Verdauungsspaziergang im wunderschönen Park einplanen. Seestr. 14, 17194 Moltzow, Tel. 03 99 53/79 00, tgl. ab 12 Uhr, www.ulrichshusen.de

Klabautermann
Familie Behrend serviert in erster Linie Fisch aus der Müritz. Früh da sein lohnt sich: Es gibt nur 18 Plätze und keine Reservierungen. Alles wird frisch zubereitet, es kommt also vor, dass man etwas warten muss. Draußen hat man eine schöne Sicht auf den Hafen von Waren. Marktstr. 1, 17192 Waren, Tel. 01 74/925 87 29, Mi–Mo 12–14, 17.30–22 Uhr, www.klabautermann-waren.com

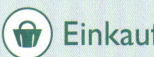 **Einkaufen**

Seenfischerei Dahmen
Frisch gefangen, frisch geräuchert – hier können Camper sich mit dem eindecken, was der See hergibt: Aal und Hecht, Karpfen, Zander und Karausche … Seestr. 29, 17166 Dahmen, Tel. 03 99 33/718 07, Mo–Fr 9–17, Sa 9–12 Uhr, www.seenfischerei.de

Lautstarkes »Gute Nacht«: Von
August bis Oktober kann man
Kraniche dabei beobachten, wie
sie ihre Schlafplätze aufsuchen.

09   Mecklenburgische Seen – Teil 2

Kann man Glück kaufen? Vermutlich nicht, aber man kann sich ein Ticket für ein Rendezvous mit
den »Vögeln des Glücks« besorgen. Im Nationalpark Müritz werden von Mitte August bis Ende
Oktober abendliche Ausflüge zu den Schlafplätzen der Kraniche angeboten – sowohl zu Fuß als auch
per Schiff. Es ist ein ganz besonderes Schauspiel, wenn die bis zu 1,30 m großen Vögel, die tagsüber
zu Tausenden auf den umliegenden Feldern auf Nahrungssuche sind, unter lautem »Trompeten«
an ihren Nachtlagern ankommen. Und während es sich die gefiederten Durchreisenden gemütlich
machen, erklären Ornithologen alles Wissenswerte und Spannende über sie – z. B., dass sie keine
Vegetarier sind. Als Zugvögel passen sie sich den jeweiligen Gegebenheiten an und verspeisen, was
da ist, von der Olive bis zum Frosch. Übrigens ist die Müritz der größte See Norddeutschlands. Rund
um das »Kleine Meer« kann man als Urlauber jeden Tag etwas Neues unternehmen: am Ufer Fahrrad fahren, auf diversen Themenwegen wandern, ein Schiff besteigen oder selbst paddeln, kleine
Orte und Museen besuchen, schwimmen, planschen, baden …

www.mecklenburgische-seenplatte.de, www.mueritz-nationalpark.de;
Information zu den Kranichen unter www.nationalpark-service.de > Touren;
Übersicht über Badestellen und -qualität: www.badewasser-mv.de

1 Bärenwald Müritz

Wer hier unterkommt, hatte es in seinem
früheren Leben nicht leicht: In Westeuropas größtem Bärenschutzzentrum leben
16 Braunbären in einem paradiesischen
Mischwald mit Lichtungen, Wiesen, Hängen und einem natürlichen Wasserlauf
– denn Bären baden gern. Balou, Ben, Clara, Felix und ihre Artgenossen stammen
alle aus schlechter privater Haltung oder
aus Zirkusbetrieben und können nun ein
behütetes Zuhause genießen. Seit 2006
gibt es dieses Projekt der Tierschutzorganisation »Vier Pfoten«. Besucher schauen
nicht einfach nur den Bären zu, sondern
begeben sich auf den Naturentdeckerpfad, erkunden Ausstellungsstationen und
Spielmöglichkeiten, Kinder toben auf dem
Abenteuer-Waldspielplatz. Im Besucherzentrum finden sich die Besucherterrasse,
eine Bären-Bibliothek, die Bären-Akademie und Indoor-Spielmöglichkeiten.

Am Bärenwald 1, 17209 Stuer,
Tel. 03 99 24/791 18, Mitte März–Okt.
tgl. 9–18, Nov.–Mitte März tgl. 10–16 Uhr,
www.baerenwald-mueritz.de

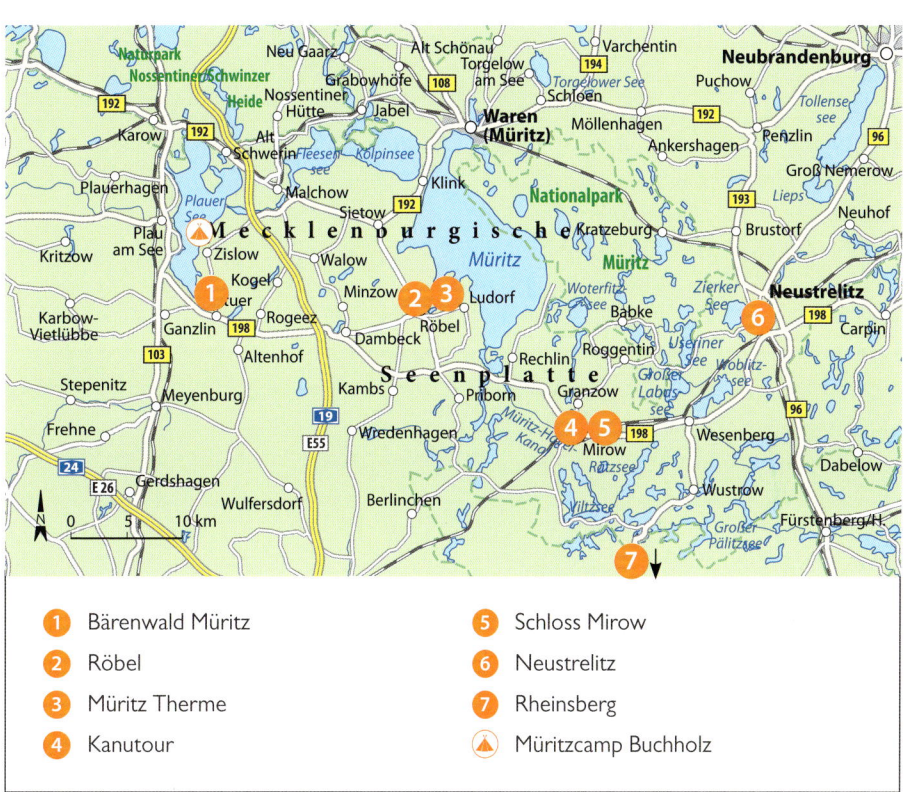

1 Bärenwald Müritz
2 Röbel
3 Müritz Therme
4 Kanutour
5 Schloss Mirow
6 Neustrelitz
7 Rheinsberg
▲ Müritzcamp Buchholz

Gewusst, wann

Klassik mal anders! Im Rahmen der
Festspiele Mecklenburg-Vorpommern
finden zwischen Juni und September
rund 125 Konzerte statt. Musiziert
wird in Schlössern und Gutshäusern,
in Scheunen, Kirchen oder auch mal
unter freiem Himmel.
festspiele-mv.de

2 Röbel

Kommt der Name »Röbel« vom slawischen Gott Rabal? Erwiesen ist es nicht,
aber möglich, denn der erste Kirchenbau
der Stadt wurde über einer Kultstätte für
diese Gottheit errichtet. Heute steht hier
die St.-Marien-Kirche, ein dreischiffiger
Bau aus Backstein. Die Aussichtsplattform
im 58 m hohen Turm bietet einen tollen
Blick (Mai–Okt. 10–18 Uhr). Von dort erkennt man, warum sich die Stadt »bunter
Hafen am kleinen Meer« nennt: Farbige
Fachwerkhäuser zieren die Altstadt, nach
Osten und Nordosten erstreckt sich die
weite Wasserfläche der Müritz. Gut 3 km
südlich des Ortskerns liegt die Scheune Bollewick. Die 1881 erbaute Feldsteinscheune ist die größte ihrer Art in
Deutschland und fungiert heute als lebendiger Marktplatz für mecklenburgische
Naturprodukte mit verschiedenen Läden,
Werkstätten und einem Restaurant.

Tourist Info: Straße der Deutschen Einheit 7,
17207 Röbel, Tel. 03 99 31/801 13, April–Juni
Mo–Fr 9–17, Sa 10–14, Juli/Aug. Mo–Fr 9–18,
Sa 10–16, Sept./Okt. Mo–Fr 9–17, Sa 10–14,
Nov.–März Mo–Fr 10–15 Uhr, www.
stadt-roebel.de, Parkplatz:
GPS: 53.383089, 12.607585
Scheune Bollewick: Dudel 2, 17207 Bollewick,
Tel. 03 99 31/520 09, tgl. 10–18 Uhr,
www.scheune-bollewick.de

Müritz Therme

Manche sagen ja, es gebe kein schlechtes Wetter, nur falsche Kleidung. Das stimmt zwar so weit, aber mehrere patschnasse Outdoorgarnituren in einem Zelt oder Wohnmobil trocknen zu müssen macht einfach keinen Spaß. Darum: Bei Regenwetter nicht um jeden Preis raus, sondern rein, in die wohlig warme Müritz Therme. 3000 qm Spaß-, Sport- und Erholungswelt laden zu hemmungslosem Planschen, Schwimmen und Wellness ein. Im 25-m-Wettkampfbecken können Sportliche ihre Bahnen ziehen, die 57 m lange Wasserrutsche und der Strömungskanal nebst Sprudelliegen und Massagedüsen sowie der Saunabereich machen einfach allen Spaß! Sogar organisierte Kindergeburtstage mit Schnuppertauchen oder Piratenaction sind im Angebot.

Gotthunskamp 14, 17207 Röbel, Tel. 03 99 31/878 19, tgl. 9–21 Uhr, www.mueritztherme.com

Kanutour

Die Seenplatte als einzigartigen Naturraum jedem Gast auf sportliche Weise näherbringen – das ist die Philosophie der SeenLandAgentour. Sie hat drei Verleihstellen für Kanus und Kajaks, eine davon in Mirow, unweit des sehenswerten Schlosses (siehe Punkt **5**). Boote werden tageweise vermietet, wer spontan kommt, kann aber auch noch ein Wasserfahrzeug für ein paar Stunden ergattern. Im Juli und August ist am meisten los, da lohnt sich eine Reservierung. Gepaddelt wird übrigens nicht auf der großen Müritz, weil dort das Wetter umschlagen und schnell ein starker Wellengang entstehen kann. Viel netter ist es sowieso, auf den kleineren Gewässern herumzuschippern. Wer etwas unsicher oder lieber in Gesellschaft unterwegs ist, kann sich einer Tagestour anschließen. Kopfbedeckung nicht vergessen!

An der Clön 2, 17252 Mirow, Tel. 03 99 23/ 71 60, www.kanubasis.de

5 Schloss Mirow

Im 18. Jh. schufen die Herzöge von Mecklenburg-Strelitz auf dieser Insel ein wunderschönes Idyll. Man betritt das Ensemble durch ein Torhaus aus dem 16. Jh. und gelangt in einen barocken Hof, um den sich das Schloss und das sog. Kavaliershaus gruppieren. Im Schloss bezaubern prachtvolle Raumausstattungen in italienischem

MÜRITZCAMP BUCHHOLZ

Im Süden verzweigt sich die Müritz in immer schmälere Wasserwege, und ganz am Ende des Müritzarms liegt dieser Campingplatz. Man kann auf weichem Gras direkt am Wasser zelten und blickt hinüber auf die kleine Marina. Wer erst mal ein paar Tage runterkommen und nicht Auto fahren möchte, hat vor Ort etliche Möglichkeiten: einfach loswandern oder -radeln, ein Boot ausleihen oder die Kinder auf den nahen Abenteuerspielplatz schicken. Proviant sollte man allerdings genügend dabei haben, weil man zum Einkaufen dann doch nach Röbel fahren muss. Die Sanitäranlagen sind nicht die schicksten, aber sauber. Ein Platz für Naturfreunde und Campingpuristen.

Dorfstr. 14, 17209 Buchholz, Tel. 03 99 23/24 57, April–Okt., mueritzcamp-buchholz.de
GPS: 53.277058, 12.650844

Hinreißendes Rokoko: Schloss Rheinsberg
erhielt seine Gestaltung im 18. Jh.

Barock und friderizianischem Rokoko. Eine Ausstellung erzählt vom Schicksal des Bauwerks und seiner adligen Bewohner. Im heute »3-Königinnen-Palais« genannten Kavaliershaus widmet sich eine Multimedia-Ausstellung der Geschichte von drei Herzogstöchtern, die zu Königinnen aufstiegen – darunter Prinzessin Charlotte, die spätere Königin von England. Damit die Themen auch für Kinder greifbar werden, führt sie das Maskottchen »Carl der Frosch« per Audioguide durchs Haus.

Schloss: Schlossinsel 2a, 17252 Mirow, Tel. 03 98 33/27 51 18 76 64, April, Okt. Di–So 10–17, Mai–Aug. tgl. 10–18, Sept. Di–So 10–18 Uhr, www.schlossmirow.de;
3-Königinnen-Palais: Tel. 03 98 33/26 99 55, April–Okt. tgl. 10–18, Nov.–März Fr–Mo 10–16 Uhr, www.3koeniginnen.de

 6 Neustrelitz

Planstadt klingt nicht besonders charmant, doch wenn ein Ort als fürstliche Residenz in der Barockzeit entworfen wurde, sieht die Sache schon ganz anders aus. Eingebettet in schönste Natur und die Gewässer der Feldberger Seenlandschaft liegt Neustrelitz, das bis heute durch seine architektonische Eleganz besticht. Hier ist alles symmetrisch angelegt, wie man es in Barockgärten im Kleinen bewundern kann. Vom Marktplatz gehen acht Straßen sternförmig ab, und auch dem nahen Schlossgartenensemble sieht man sein sorgfältig gestaltetes Erscheinungsbild an, selbst wenn das Schloss selbst nicht mehr existiert.

Tourist Info: Strelitzer Str. 1, 17235 Neustrelitz, Tel. 039 81/25 31 19, Mai–Sept. Mo–Fr 9–18, Sa/So 9.30–13, Okt.–April Mo–Fr 9–12, Mo–Do 13–16 Uhr, www.neustrelitz.de, Park- und Wohnmobilstellplatz:
GPS: 53.357198, 13.071418

7 Schloss Rheinsberg

Wer bedauert, in Neustrelitz kein Schloss besichtigen zu können, der wird hier mehr als entschädigt. Prinz Heinrich von Preußen, Bruder des »Alten Fritz«, hat über 50 Jahre hier gelebt und dem zartrosa Schlösschen seinen Stempel aufgedrückt. Spiegelsaal, Muschelsaal, Bibliothek und Lustgarten erstrahlen in hinreißendem friderizianischem Rokoko.

16831 Rheinsberg, Tel. 03 39 31/72 60, Jan.–März Di–So 10–16, April–Okt. bis 17.30, Nov./Dez. bis 17 Uhr, www.spsg.de

 Essen & Trinken

Restaurant Morizaner
Gutshausbesichtigung und Gastro-Erlebnis in einem: Im Restaurant des Guts Ludorf gibt es feine ländliche Slow-Food-Küche in einer elegant-rustikalen Stube. Mittags eher Hemdsärmliges wie Flammkuchen und Currywurst, abends z. B. Mecklenburger Weidekalb oder Störfilet mit Weißweinschaum.
Romantik Hotel Gutshaus Ludorf, 17207 Ludorf, Tel. 03 99 31/84 00, Di–So 15–22 Uhr, www.gutshaus-ludorf.de

Alte Schlossbrauerei
Der mächtige Eiskeller ist älter als das Schloss Mirow in unmittelbarer Nähe. Drinnen unterm Gewölbe wie draußen im Garten sitzt man ausgesprochen schön. Deftiges Essen, witzige Veranstaltungen im Ritterkeller.
Schlossinsel 3a, 17252 Mirow, Tel. 03 98 33/203 46, tgl. 12–21 Uhr, www.alte-schlossbrauerei.de

 **Einkaufen**

Fischhaus Meyl
Im Geschäft von Kornelia Rudolph und Gerald Meyl gibt es heiß und kalt Geräuchertes, Matjes, Fisch in Aspik, Fischsalate und Marinaden. Fischbrötchen und mehr zum gleich Essen gibt es im Hafen im Verkaufsschiff »Backfisch«.
Straße der Deutschen Einheit 48, 17207 Röbel, Tel. 03 99 31/501 84, Mo/Di, Do–Sa 9–17.30, So 11–17.30 Uhr, www.fischhaus-meyl.de

10 Emsland

Das ist mal eine Karriere: vom bitter-armen Landstrich zu einem der führenden Tourismusziele in Niedersachsen, knapp hinter Ostfriesland. Lange Zeit – Jahrhunderte! – lebten die wenigen Menschen im Emsland vom Torfabbau, Industrie entwickelte sich nicht. Auch die Meyer-Werft, gegründet im 18. Jh., brachte nur lokal Arbeitsplätze. 1951 beschloss die Bundesregierung daher, der Region mit dem sog. Emslandplan auf die Sprünge zu helfen. In dessen Rahmen wurden Moor und Heide urbar gemacht, nach heutigen Umwelt-maßstäben nicht unkritisch zu sehen, doch es brachte die Arbeitswelt voran – erst die Landwirtschaft, später die Industrie. Die Infrastruktur wurde verbessert, Straßen und ganze Orte neu gebaut. Dass Öl gefunden und bis heute gefördert wird, spielte ebenfalls eine Rolle. Gibt es das alte Emsland also gar nicht mehr? Zum Glück schon: 2006 wurde der Internationale Naturpark Bourtanger Moor-Bargerveen gegründet, der sich zum Teil im Emsland erstreckt und in dem es ganz urwüchsig zugeht. Das Gebiet ist spärlich besiedelt und von Mooren, Heideflächen, Seen und Kanälen geprägt. Betrieben werden, wie ehedem, Landwirtschaft und Torfabbau. Den pfannkuchenplatten Naturpark kann man auf 200 km Radwegen und 30 km Wanderpfaden erkunden. 3900 ha sind übrigens ehemalige Torfabbaugebiete, die »wiedervernässt« werden – damit das ursprüngliche Ökosystem des Moors zurückkehren kann.

www.naturpark-moor.eu,
www.emsland.com

Wo die großen Pötte wohnen:
Schiffsbau in der Meyer-Werft.

❶ Emsauenroute

Links oder rechts? Bei dieser Tour startet man in Rhede an einem Ufer der Ems, fährt in Papenburg über die Brücke und nimmt den Weg am anderen Ufer wieder zurück. Insgesamt 19 km ist die ausgesprochen leichte Tour lang, bei der man neben Trinkwasser und Helm auf jeden Fall ein Fernglas dabeihaben sollte: Im Naturschutzgebiet Emsauen ist eine ungewöhnlich vielfältige Vogelwelt zu Hause. Im Frühjahr und Herbst ziehen große Schwärme von Enten und Gänsen durch, nach Brutvögeln oder dem kleinen Kiebitz muss man etwas genauer Ausschau halten.

Von Rhede nach Papenburg und zurück, www.emsland.com/urlaub

❷ Meyer-Werft

Warum baut jemand eine Schiffswerft nicht an der Küste, sondern 40 km entfernt mitten im Emsland? Was wie eine verrückte Idee klingt, hat funktioniert: Wilm Rolf Meyer gründete sein Unternehmen 1795, und was daraus geworden ist, kann man heute in Papenburg bestaunen. Im größten überdachten Trockendock der Welt – 504 m lang, 125 m breit, 75 m hoch – werden die Dreamliner der Weltmeere gefertigt, Kreuzfahrtriesen für mehrere Tausend Passagiere. Im eindrucksvollen Besucherzentrum sieht man, abgesehen von detaillierten Schiffsmodellen, auf einer interaktiven Seekarte, wo die bei Meyer gebauten »Pötte« gerade unterwegs sind. Höhepunkt ist der Blick in die gewaltige Schiffbauhalle 6 und auf die laufende Pro-

duktion. Zu den zweistündigen Führungen (ganzjährig) muss man sich bei Papenburg Tourismus anmelden, in den Sommerferien (Juli) werden sonntags um 10 Uhr auch spezielle Familienführungen angeboten.

Industriegebiet Süd, 26871 Papenburg, www.meyerwerft.de;
Tickets in der Tourist Info: Ölmühlenweg 21, 26871 Papenburg, Tel. 049 61/839 60, Febr.–Okt. Mo–Fr 9.15–17, Sa/So 10–17, Nov.–Jan. Mo–Fr 9.15–17, Sa/So 10–16 Uhr, www.papenburg-marketing.de, Parkplatz: **GPS: 53.076496, 7.392991**

❸ Zeitspeicher

Direkt über der Tourist Info kann man in gespeicherte Zeit eintauchen. Im ersten Stock vermittelt Stadtgründer Dietrich von Velen, wie Papenburg von der armen Moorkolonie zur properen Stadt mit Anschluss an die Weltmeere herangewachsen ist. Man erfährt auch die Geschichte der 1913 in Papenburg gebauten »Graf Goetzen«, die in 5000 Holzkisten verpackt nach Afrika an den Tanganjikasee geschickt wurde, wo sie 1915 vom Stapel lief. Nach einem bewegten Schiffsleben – sie wurde versenkt, wieder gehoben, stillgelegt und wieder in Dienst genommen, diverse Male überholt und umgebaut und hatte mehrere Eigentümer – wartet sie heute unter dem Namen »Liemba« auf ihre Sanierung.

Ölmühlenweg 21, 26871 Papenburg, Tel. 049 61/839 60, April–Okt. Mo–Sa 9–17, So 9–14, Nov.–März Mo–Sa 9–17 Uhr, www.papenburg-tourismus.de, Parkplatz: **GPS: 53.076496, 7.392991**

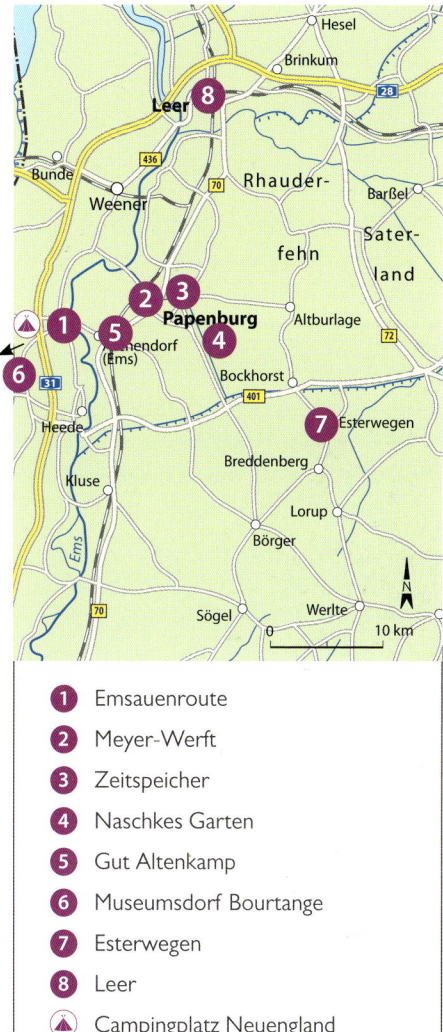

❶ Emsauenroute
❷ Meyer-Werft
❸ Zeitspeicher
❹ Naschkes Garten
❺ Gut Altenkamp
❻ Museumsdorf Bourtange
❼ Esterwegen
❽ Leer
△ Campingplatz Neuengland

❹ Naschkes Garten

Wer nach dem Besuch der monumentalen Technik der Meyer-Werft eine grüne Pause braucht, kann sich im Paradies von Ernst Naschke wunderbar erholen. Mit einer beeindruckenden Ausdauer und Leidenschaft pflegt er seinen privat unterhaltenen, nur durch Spenden finanzierten Garten.

Essen & Trinken

Fischhaus Smutje

Was es im schmucken Backsteinhaus gibt, ist klar: Scholle, Rotbarsch, Zander, Aal und einige mehr, dazu wahlweise Reis, Kartoffeln oder Pommesfrites. Der Gastraum ist mit den blauen und weißen Tischdecken durchaus gemütlich. Hauptkanal links 14, 26871 Papenburg, Tel. 049 61/99 20 28, tgl. 11.30 bis 21.30 Uhr, www.smutje-papenburg.de

Zur Waage und Börse

Eine Institution! Delfter Kacheln drinnen, draußen eine Terrasse mit Hafenblick. Der »Feinschmecker« kürte das Haus in der Saison 2018/2019 zu einem der »Besten Restaurants für jeden Tag«. Scholle Finkenwerder gibt's genauso wie Thunfischpastrami mit Wasabi. Neue Str. 1, 26789 Leer, Tel. 04 91/622 44, Mi–Mo 12–14.30 und 18–23 Uhr, ww.restaurant-zur-waage.de

 **Einkaufen**

Kürbishof Sprengel

Camper werden ja unterschätzt. Sie essen gar nicht siebenmal die Woche Fleisch vom Grill, sondern ernähren sich auch sehr gern von Gemüse. Eine tolle Auswahl davon gibt es auf dem Kürbishof Sprengel, dazu Käse, Essig, Öl, Marmelade, Chutney … und Wurst. Puh! Oldenburger Str. 97, 26871 Papenburg, Tel. 049 68/336, Mo–Fr 9–18, Sa 9–13, Sept./Okt. Mo–Fr 9–18.30, Sa 9 bis 16.30 Uhr, www.kürbishof-sprengel.de

Hier wachsen Bäume und Sträucher, Stauden und Beetpflanzen und es blüht, blüht, blüht. Fast hat man den Eindruck, jede einzelne Pflanze möchte es ihrem Gärtner mit besonderer Pracht danken. Der Garten gewinnt seit Jahren Preise und ist immer mit der Zeit gegangen: So finden sich auch einige Geocaches auf dem Gelände.

Mittelkanal links 63, 26871 Papenburg, Tel. 049 61/710 31, frei zugänglich, www.naturgarten-naschke.de, Parkplätze im Gewerbegebiet Flachsmeerstraße oder am Hotel Hilling, 600 m entfernt: **GPS: 53.078888, 7.439295**

 Gut Altenkamp

Lust auf holländisch-norddeutschen Barock? Das Herrenhaus Altenkamp wurde 1728–1732 als Sitz des emsländischen Drosten erbaut. Seit 1981 gehört es der Stadt Papenburg und dient als Ausstellungszentrum für international bedeutende Künstler. Huscht da etwas Weißes durch den Park? Es ist kein Gespenst, sondern bestimmt eine Braut. Der ausgesprochen schöne Lustgarten wird gern als Kulisse für Hochzeitsshootings genutzt.

Am Altenkamp 1, 26871 Aschendorf, Tel. 049 62/65 05, Di–So 10–17 Uhr, stadt.papenburg.de/kultur-freizeit/gut-altenkamp

 Museumsdorf Bourtange

Aus der Luft betrachtet, hat die Anlage eine beinahe psychedelische Form aus zwei übereinanderliegenden fünfzackigen Sternen. Natürlich hatten die Erbauer anderes im Sinn: Ende des 16. Jh. ließ Wilhelm I. von Oranien die Festung bauen, die bis 1851 mal mehr, mal weniger intensiv militärisch genutzt wurde. Danach verfiel das Festungsdorf, in den 1960er-Jahren war es in desolatem Zustand. Die Gemeinde Vlagtwedde beschloss, es als Museum wieder aufzubauen. Und so kann man heute eine authentische Festungsstadt mit Wällen und Wassergräben, mit Brückenwächterhäuschen und Wohnhäusern des 18. Jh., Zugbrücken und Windmühle entdecken.

W. Lodewijkstraat 33, 9545 Bourtange, Febr.–Okt. Mo–Fr 9.15–17, Sa/So 10–17, Nov.–Jan. Mo–Fr 9.15–17, Sa/So 10–16 Uhr, www.bourtange.nl, Parkplatz: **GPS: 53.009211, 7.189743**

 Esterwegen

Hier muss man einen harten Kontrast aushalten. Die Esterweger Dose ist ein 5000 ha großes Hochmoorgebiet, deutschlandweit einzigartig und seit 2005 unter Naturschutz. Hier finden viele bedrohte Tier- und Pflanzenarten einen Rückzugsort. Der

Gewusst, wann (oder nicht)

Beim NDR 2 Papenburg-Festival Anfang September treten deutsche und internationale Top-Acts wie Jan Delay, James Blunt oder Rea Garvey auf. Etwa 25 000 Gäste kommen an die Ems, es ist also ordentlich was los! www.ndr.de

»MoorInfoPfad« mit 17 Stationen erklärt Details und Besonderheiten. Er beginnt am Besucherzentrum der zentralen Gedenkstätte: 15 »Emslandlager« gab es zur Zeit des Nationalsozialismus, das KZ Esterwegen entstand als eines der ersten.

Hinterm Busch 1, 26897 Esterwegen, Tel. 059 55/98 89 50, April–Okt. Di–So 10–18, Nov.–März Di–So 10–17 Uhr, www.gedenkstaette-esterwegen.de

 8 Leer

Ist Leer etwa mehr »wert« als andere Orte der Region? Eine provokante Aussage der Deutschen Stiftung Denkmalschutz, die unterstreichen soll, dass das historische Zentrum außergewöhnlich gut erhalten ist. In der kleinen Stadt an der Leda sind

Es ist nicht die Blüte, sondern die Frucht: »Wattebäusche« des Wollgrases.

vier Burgen, etliche Bürgerhäuser und Kirchen aus mehreren Jahrhunderten erhalten. Nicht verpassen sollte man das Rathaus mit dem prächtigen Kaisersaal und natürlich eine echte ostfriesische Teezeremonie. Wenn der Abend kommt, ist ein Spaziergang am Hafen besonders romantisch. Und sollte es doch mal regnen, kann man einfach die gesamte Region Ostfriesland auf einmal besuchen – im Miniaturformat auf mehreren Tausend Quadratmetern Fläche. Sogar Otto Waalkes versteckt sich irgendwo!

Tourist Info: Ledastr. 10, 26789 Leer, Tel. 04 91/91 96 96 70, Mitte März–Mai, Sept./Okt. Mo–Fr 9–17, Sa 10–13, Juni–Aug. Mo–Fr 9–18, Sa 10–13, 14–18, sonst Mo–Fr 9 bis 17 Uhr, www.touristik-leer.de, Parkplatz: **GPS: 53.226379, 7.446843**
Leeraner Miniaturland: Konrad-Zuse-Str. 1, 26789 Leer, tgl. 10–18 Uhr, www.leeraner-miniaturland.de

 # CAMPINGPLATZ NEUENGLAND

Einer geht gern angeln, der andere lieber schwimmen, und nie wird man sich einig? Der Campingplatz Neuengland löst dieses Problem. Auf und in den beiden Teichen wird jeder nach seiner Fasson glücklich, auf dem Schwimmteich kann man sogar Stand-up-paddeln und am Strand Sandburgen bauen. Rund 100 Stellplätze sind vorhanden, dazu ein großer Spielplatz, Felder für Fußball und Beach-Volleyball sowie ein Streichelzoo. Natur statt lärmiger Animation ist hier das Motto. Dank des kleinen Kioskes braucht man nicht jeden Tag einkaufen gehen. Ein besonderes Schmankerl ist das ostfriesische Bio-Eis, das aus dem 70 km weiter nördlich gelegenen Greetsiel »importiert« wird.

Neurheder Str. 31, 26899 Rhede/Ems, Tel. 049 64/383, Anfang März–Anfang Nov., www.campingplatz-neuengland.de
GPS: 53.045082, 7.228861

Wie schwer ist es, eine Getreide-
mühle mit Muskelkraft in Gang zu
setzen? Im Museumsdorf Cloppenburg kann man es ausprobieren.

| | Oldenburger Münsterland

Achtung, Verwechslungsgefahr: Die
Region hat weder mit Oldenburg noch
mit Münster etwas tun – diese Städte
liegen nämlich gar nicht im »OM«, wie
sich die Gegend selbst nennt. Während
Erstere immerhin noch in der Nähe ist,
findet sich Münster nicht mal im selben
Bundesland. Kein Wunder also, dass man
die Leute hier richtig verärgern kann,
wenn man sie Oldenburger Münsterlän-
der nennt. Deshalb macht das natürlich
auch niemand, sondern man schaut sich
stattdessen an, was der Landstrich so
zu bieten hat. Ein tolle Idee ist es z. B.,
die Boxenstopp-Route auszuprobieren.

Was nach heißen Reifen und jaulenden
Motoren klingt, ist in Wirklichkeit etwas
völlig anderes: eine 300 km lange Rundtour durch das »OM«, und zwar für
Radfahrer – höchst angenehm zu befah-
ren, auf einsamen, aber fast durchgehend
asphaltierten Landstraßen. Die Radler
kommen dann an allen fünf Urlaubsregio-
nen vorbei: an den waldreichen Dammer
Bergen mit dem Wassersportzentrum
Dümmer sowie an der Schärenzone
Thülsfelder Talsperre mit ihren reichen
Fisch- und Vogelbeständen. Ferner gelangt
man zu ausgedehnten Moorgebieten rund
um Vechta mit den Geestbächen Aue

und Twillbäke und den Wassermühlen
im Naturschutzgebiet der Gemeinde
Visbek sowie in die Flusslandschaft des
Hasetals. Und wenn man nun Camper
und durchaus motorisiert unterwegs ist?
Gute Nachrichten: Die Boxenstopp-Route gibt es ein zweites Mal, räumlich leicht
versetzt und für Autofahrer. Die Attraktionen am Wege sind für alle dieselben:
Hofläden, Bauerngärten, Landgasthöfe,
Cafés und Restaurants, die berückende
Landschaft und viele kulturtouristisch
interessante Stationen.

www.oldenburger-muensterland.de

① Künstlerdorf Dötlingen

Worpswede, Dangast, Dötlingen – das waren die Hotspots der Künstlerszene um Bremen in den ersten Jahrzehnten des 20. Jh. Georg Müller vom Siel (1865 bis 1939) kam ungefähr 1894 hierher und war von der Lage des Dorfs an der Hunte sofort fasziniert. Zunächst bezog er ein einfaches Haus in Dötlingen, später baute er ein eigenes Anwesen und betrieb darin eine Malschule für Mädchen und junge Frauen. Ihm folgten Dutzende weiterer Maler, die ihn entweder besuchten oder einige Zeit vor Ort verbrachten – viele Bilder sind in der Gegend entstanden. Bis heute leben und arbeiten Künstler und Kunsthandwerker hier, deren Galerien, Ateliers und Werkstätten zu einem Besuch einladen. Die Galerie im Heuerhaus zeigt unter dem schmucken reetgedeckten Dach wechselnde Ausstellungen zu Malerei, Grafik, Skulptur und Fotografie.

Gemeinde Dötlingen: Hauptstr. 26, 27801 Neerstedt, Tel. 044 32/95 00, www.doetlingen.de

Gewusst, wann

In der Woche um den 15. August findet in Vechta einer der ältesten Jahrmärkte Deutschlands statt: Beim Stoppelmarkt werden gut 20 große Festzelte und ebenso viele Fahrgeschäfte aufgestellt. Ein großes Spektakel, in das man sich entweder hineinstürzt oder es großräumig umfährt. www.stoppelmarkt.de

① Künstlerdorf Dötlingen
② Wild- und Freizeitpark Ostrittrum
③ Wildeshauser Geest
④ Museumsdorf Cloppenburg
⑤ Museum am Zeughaus
⑥ Haus im Moor
⑦ Horst-Janssen-Museum
▲ Campingplatz Hunte-Camp

② Wild- und Freizeitpark Ostrittrum

Der Pfau schlägt ein Rad. Der Strauß schüttelt seine schwarz-weißen Federn. Die Nutria ... tja, was tut die denn bloß? Wer nicht auf Anhieb weiß, was das für ein Tier ist, sollte dem 18 Hektar großen Park von Familie Riesmeier einen Besuch abstatten. Neben dem Wildpark mit 500 Tieren aus aller Welt gibt es zwei riesige Spiellandschaften und den Märchenwald, in dem Eltern testen können, ob sie die Geschichten um Rotkäppchen, Frau Holle und Rapunzel noch draufhaben.

Rittrumer Kirchweg 29, 27801 Dötlingen, Tel. 044 87/71 66, tgl. 9–19 Uhr, www.freizeitpark-ostrittrum.de

③ Wildeshauser Geest

Ob man nun mit dem Kanu auf der Hunte paddelt oder auf dem Rad an ihrem Ufer entlangrollt: Die Landschaft südlich von Oldenburg verströmt einen leisen Charme, für den man die Sinne öffnen muss. Im größten Naturpark Niedersachsens rauscht der Wind in den Mischwäldern, kleinblütige Pflanzen zieren die Heideflächen, alte Alleen ziehen sich durchs Land. Stattliche Amts- und Gutshöfe zeugen von Wohlstand und Einfluss einer vergangenen Zeit. Noch viel älter ist das Pestruper Gräberfeld, und auch diese optisch eher unauffällige Attraktion muss man auf sich wirken lassen: Die rund 530 kleinen Hügel bilden die größte bronze- und eisenzeitliche Nekropole des nördlichen Mitteleuropas. Hier wurden die Toten verbrannt und in Urnen bestattet (www.steinzeitreise.de).

Zweckverband Naturpark, Delmenhorster Str. 6, 27793 Wildeshausen, Tel. 044 31/ 853 51, www.wildegeest.de

4 Museumsdorf Cloppenburg

Das Museumsdorf Cloppenburg wurde 1934 gegründet und seither immer wieder durch Neuzugänge ergänzt. Aus vergangenen Jahrhunderten stammen Bauernhäuser, Mühlen, ein Herrenhaus, eine Kirche und eine Schule. Aktuell arbeitet man daran, einen Einblick in die jüngere Kulturgeschichte der Region zu geben, und so

wird die ehemalige Landdiskothek »Zum Sonnenstein« – eigentlich zum Abbruch freigegeben – in Harpstedt ab- und hier wieder aufgebaut, so originalgetreu wie möglich, also mit Dancefloor, Mobiliar und Lichtanlagen, DJ-Kammer und ungefähr 1000 Schallplatten.

Bether Str. 6, 49661 Cloppenburg, Tel. 044 71/948 40, März–Okt. 9–18, Nov.–Feb. 9–16.30 Uhr, www.museumsdorf.de, Parkplatz:
GPS: 52.852253, 8.054297

5 Museum am Zeughaus

Wetten, dass Kinder die historischen Zusammenhänge viel besser verstehen, wenn sie eine Ritterrüstung nicht nur anschauen, sondern auch anziehen, mit Ketten rasseln

und Münzen prägen dürfen? Das alte Zeughaus von 1698 versteht sich als Erlebnismuseum, das auf über 1000 qm eine Vielfalt von historischen Inszenierungen und Mitmachaktionen zeigt – von der Steinzeit über das Mittelalter bis hin zur barocken Welt. Weitere Schwerpunkte sind der oft düstere historische Strafvollzug (man darf selbst Zeuge der Inquisition sein) und die Stadtgeschichte Vechtas.

Zitadelle 15, 49377 Vechta, Tel. 044 41/ 930 90, Di–So 14–18 Uhr, www.museum-vechta.de, Parkplatz:
GPS: 52.727044, 8.278960

6 Haus im Moor

Zuerst geht es durch flache Wiesen und an kleinen Wäldchen vorbei. Dann wird aus

 ## CAMPINGPLATZ HUNTE-CAMP

Wiesen, Felder und kleine Wäldchen prägen die Landschaft, und mitten in einem solchen Hain versteckt sich dieser Campingplatz. 60 großzügige Stellplätze verteilen sich auf 14 000 qm Fläche, Kinder können sich auf einem Spielplatz mit hölzernen Türmen, Schaukeln, Wippe und Rutsche austoben und dürfen abends an der Feuerstelle Stockbrot backen. Mitten im Dreieck Oldenburg–Bremen–Cloppenburg beheimatet, stellt der Platz ein optimales Basislager für Ausflüge in die umliegenden Städte, aber auch die Wildeshauser Geest dar. Zum Badesee Westrittrum sind es gerade mal 2 km – und er hat einen Sandstrand! Wer lieber paddelt, leiht sich direkt am Platz ein Kanu und macht die Hunte unsicher.

Hasenberg 5, 26197 Großenkneten OT Amelhausen, Tel. 044 33/968 70 82, 01 74/152 57 38, hunte-camp.de/camping, **GPS: 52.955760, 8.326820**

Schickes Gebäude für den großen Sohn der Stadt: In dem im Jahr 2000 eröffneten Horst-Janssen-Museum in Oldenburg ist das Werk des Zeichners und Grafikers zu sehen.

der Straße ein Sandweg, das Gelände links und rechts wird immer feuchter, die Bäume werden immer kleiner und vom Wetter verformt, oft sind nur noch silbrige Stämme zu sehen ... das Goldenstedter Moor ist eine der ungewöhnlichsten Landschaften Norddeutschlands. Am Informationszentrum »Haus im Moor« (mit Moortunnel!) beginnt der 900 m lange Moorlehrpfad, und hier startet auch die Moorbahn zu ihren Fahrten, vorbei an Torfstichen, an fast unberührten Flächen und solchen, die renaturiert werden.

Arkeburger Str. 22, 49424 Goldenstedt, Tel. 044 44/26 94, Gastronomie März So 11–18, April–Okt. Sa 13–18, So 11–18, Juli/Aug. zusätzlich Mo–Fr ab 14, Nov. So 13–18 Uhr, Moorbahnfahrten ab April, Abfahrten s. Website, www.niz-goldenstedt.de

 Horst-Janssen-Museum

Als die Freunde und Sammler von Horst Janssen (1929–1995) bereit waren, seine wunderbaren Naturbilder, Selbstbefragungen und erotischen Studien mit der Öffentlichkeit zu teilen, waren die Oldenburger zur Stelle und errichteten dem umfangreichen Œuvre des Zeichners und Grafikers im Jahr 2000 ein Museum. Seine windzerzausten Landschaften, die sumpfigen Wiesen und die Blumengebinde stimmen Besucher hervorragend auf einen Urlaub im Oldenburger Münsterland ein – all das lässt sich genau so hier erleben ...

Am Stadtmuseum 4–8, 26121 Oldenburg, Tel. 04 41/235 44 44, Di–So 10–18 Uhr, www.horst-janssen-museum.de, Parkplatz: **GPS: 53.148254, 8.230936**

 Essen & Trinken

Kläner Hof

Wie wäre es einmal mit einem bäuerlichen Sonntagsfrühstück? Im Kläner Hof wird es zelebriert! Das gediegene Kaminambiente passt dazu genauso hervorragend wie der schöne Garten. Achtung: Bitte anrufen und anmelden, es wird nämlich nach Bedarf eingekauft. Auch gut: selbst gemachte Kuchen und Pikantes aus regionalen Produkten. Rittrumer Kirchweg 5, 27801 Dötlingen, Tel. 044 33/446, Mai–Mitte Juni Mi–Sa 12–18, So 9.30–18, Ende Juni–April Mi–Fr 14–18, Sa 13–18, So 9.30–18 Uhr, www.klaenerhof.de

Altes Amtshaus

Topmodernes Gastro-Konzept in einem Gemäuer von 1730: Frank Stauga kocht nicht nur raffiniert international, er bringt es immer wieder montags auch seinen Gästen bei. Etwa zweimal im Monat BBQ-Grillfeste – Termine auf der Internetseite. Herrlichkeit 13, 27793 Wildeshausen, Tel. 044 31/946 38 00, Di–So 11–ca. 22 Uhr, www.amtshaus-wildeshausen.com

 Einkaufen

Spargelhof Ulrich

Neben Spargel gibt es weitere frische Produkte wie Kartoffeln und Erdbeeren – und auf Wunsch eine Hofführung. Walschenkampsweg 3, 27801 Dötlingen, Tel. 044 33/211, tgl. 8–18 Uhr, www.doetlinger-spargel.de

12 Lüneburger Heide

Wenn das Land sich wieder lila zu färben beginnt, irrlichtern Scharen von Touristen in weißer Kleidung über die Felder, um ein möglichst stimmungsvolles Selfie zu machen oder sich für ihren Instagram-Feed fotografieren zu lassen. In China sollen solche Motive (und die dafür nötigen Reisen) bereits zu Statussymbolen avanciert sein. Zum Glück spielen sich solche Szenen in der Provence ab und nicht in der Lüneburger Heide. Deren *signature look* ist natürlich ebenfalls die Farbe Lila,

nur dass es Abertausende winziger Blüten der Besenheide sind, die den Farbton über die sandigen Böden gießen, und nicht der Lavendel. *Calluna vulgaris* blüht im August und September, und viele Gäste sind ganz scharf darauf. Aber genau wie die südfranzösische Region hat auch die Gegend südlich von Hamburg das ganze Jahr über ihren Reiz. Das Pietzmoor beispielsweise lässt sich auf Bohlenstegen erwandern und begeistert im Mai mit der Wollgrasblüte. Das größte historische

Rathaus Norddeutschlands hat immer geöffnet – es steht in Lüneburg. Wilsede ist das Heidedorf schlechthin – im autofreien Naturschutzgebiet gelegen, ist es nur zu Fuß, per Fahrrad oder mit einer Kutsche zu erreichen und auch im Herbst schön, wenn sich die Blätter verfärben. Und sogar im Winter herrscht ein besonderer Zauber, wenn pudriger Schnee auf den Wacholderbüschen liegt. Auf in die Heide!

www.lueneburger-heide.de

Wilde Landschaft, von Menschen gemacht: Den »Teppich« bildet das Heidekraut, aus dem die Wacholderbüsche wie Inventar aufragen.

1 Hundertwasserbahnhof Uelzen

Seit dem Jahr 1888 besaß die Hansestadt Uelzen einen schmucken, vom Berliner Architekten Hubert Stier errichteten Inselbahnhof. Etwa ein Jahrhundert später war das wilhelminische Gebäude nur noch eine klägliche Ruine. Nun trat der Wiener Maler und Architekt Friedensreich Hundertwasser auf den Plan: Zur Expo 2000 in Hannover gestaltete er die Bahnstation zu einem »Umwelt- und Kulturbahnhof« um, für den die Stadt an der Ilmenau seither in der ganzen Welt berühmt geworden ist. Mit den für den Künstler typischen geschwungenen Elementen, unterschiedlichsten Säulen, mit farbenfrohen Mosaiken und goldenen

Kugeln zieht er alle Blicke auf sich. Wer genauer wissen möchte, was Hundertwasser dabei vorschwebte, erfährt bei einer Führung viele Details. Danach spürt man auf dem nicht ganz ebenen Boden »Melodien für die Füße« und streicht mit den Fingern über den »Faltenwurf der Wände«.

Friedensreich-Hundertwasser-Platz 1, 29525 Uelzen, Tel. 05 81/389 04 89, Führungen tgl. 11 Uhr, Gruppen nach Vereinbarung, Nov.–März nach Anmeldung, www.hundertwasserbahnhof.de, Parkplatz: **GPS: 52.968075, 10.550088**

Bunte Säulen, goldene Kugeln: Der Bahnhof Uelzen trägt die unverwechselbare Handschrift Friedensreich Hundertwassers.

2 Kloster Ebstorf

In der Mitte der Welt liegt Jerusalem, und ganz im Osten befindet sich das Paradies – zumindest, wenn man die mittelalterliche Weltkarte betrachtet, die im Kloster Ebstorf gefunden wurde, wo sie vermutlich auch entstanden ist. Forscher gehen davon aus, dass sie vor 1300 geschaffen wurde und dass es dem Schöpfer nicht um eine naturgetreue Darstellung der Welt, sondern um die Visualisierung des historischen, mythologischen und theologischen Wissens seiner Zeit ging. Und so finden sich neben zahlreichen Erklärtexten, Ländern und Städten, Gewässern, Inseln, Gebirgen, Menschen und Tieren auch mehrere Fabelwesen wieder, darunter ein Basilisk. Das Original verbrannte 1943, anhand von alten Faksimileausgaben konnte jedoch eine Nachbildung angefertigt werden, die man heute im Rahmen einer Klosterführung besichtigen kann. Wer sich die Karte im Detail zu Gemüte führen

1 Hundertwasserbahnhof Uelzen
2 Kloster Ebstorf
3 Jod-Sole-Therme Bad Bevensen
4 Lüneburg
5 Heidschnuckenhof Niederohe
6 Klostergarten Isenhagen
△ Uhlenköper-Camp Uelzen

will, findet unter www.uni-lueneburg.de/hyperimage/EbsKart/start.html eine digital aufbereitete und übersetzte Version dieses einzigartigen Zeitdokuments. Das Kloster besitzt weitere wertvolle Kunstschätze, etwa die Buntglasfenster im Kreuzgang aus dem 15. Jh.

Kirchplatz 10, 29574 Ebstorf, Tel. 058 22/23 04, April–Mitte Okt. Di–Sa 10–11, 14–17, So 14–17, Mitte–Ende Okt. Einlass 14 Uhr, www.kloster-ebstorf.de

UHLENKÖPER-CAMP UELZEN

Die Familien Körding und Paul betreiben ihre schöne Anlage als Öko-Campingplatz, d. h., sie nutzen u. a. zertifizierten Öko-Strom, sparen Wasser und bieten im Shop und im Imbiss ausschließlich Lebensmittel aus biologischem Anbau an. Eigentlich ist es fast reizvoller, nicht mit eigenem Gefährt oder Zelt anzureisen, denn dann kann man sich in einer Jurte, einem Öko-Smarthouse, einer Schlummertonne oder einem Tipi einmieten. Die Angebote für Kinder passen ebenfalls zum naturnahen Ansatz und bestehen aus Tiergehege, Kleintierstall, Bogenschießplatz, Bolzplatz und Trampolin. Mit Naturfreibad, Kanu- und Fahrradvermietung.

Festplatzweg 11, 29525 Uelzen, Tel. 05 81/730 44, ganzjährig, www.uhlenkoeper-camp.de
GPS: 53.000060, 10.515800

❸ Jod-Sole-Therme Bad Bevensen

Auch wenn es in der großzügigen Beckenlandschaft hier und da sprudelt, ist die Jod-Sole-Therme Bad Bevensen doch vor allem ein Ort für Ruhe und Entspannung. Neben der Saunalandschaft gibt es die Sole- und Salzwelt, in der man seinen Atemwegen besonders viel Gutes tun kann. Eines der Spa-Angebote ist Floating, bei dem man im körperwarmen Salzwasser im wahrsten Sinne des Wortes schwebt und dabei sämtliche Muskeln entspannt. Diverse weitere Wellnessangebote machen auch den gestresstesten Camper fit für die nächste Reiseetappe.

Dahlenburger Str. 3, 29549 Bad Bevensen, Tel. 058 21/97 68 30, Mo–Sa 9–22, So 9–20 Uhr, www.jod-sole-therme.eu, Parkplatz:
GPS: 53.078865, 10.584511

❹ Lüneburg

Dass das Salz über 1000 Jahre lang großen Reichtum hierherbrachte, sieht man der Stadt bis heute an, denn der mittelalterliche Kern ist fast vollständig erhalten geblieben. Besonderen Charme verströmt das frühneuzeitliche Rathaus, das größte seiner Art in Norddeutschland: Seine barocke

Gewusst, wann

Ende September locken ein Mittelaltermarkt, Musik, Gaukler und ein farbenfroher Festumzug Tausende Besucher in die Lüneburger Innenstadt: Beim Sülfmeisterfest besinnt man sich auf höchst amüsante Weise der alten Tradition des Salzsiedens. www.lueneburg.info

Schaufront, das Glockenspiel aus Meißner Porzellan und die üppig ausgeschmückten Säle erzählen von Macht und Reichtum. Spannend wird es am alten Handelsplatz »Am Sande«: In der einstigen Saline ist das Deutsche Salzmuseum untergebracht – ein Vorreiter moderner Museumskonzepte, bei denen man nicht nur ehrfürchtig die Exponate betrachten darf. Lüneburg ist aber auch eine junge, bunte Universitätsstadt und soll eine Kneipendichte ähnlich wie Madrid haben.

Tourist Info: Rathaus, 21335 Lüneburg, Tel. 0800/220 50 05, Mai–Okt., Dez. Mo–Fr 9.30–18, Sa bis 16, So 10–16, Nov., Jan.–April Mo–Fr 9.30–18, Sa bis 14 Uhr, www.lueneburg.info, Park- und Stellplatz:
GPS: 53.245630, 10.397164
Salzmuseum: Sülfmeisterstr. 1, 21335 Lüneburg, Tel. 041 31/720 65 13, tgl. 10 bis 17 Uhr, www.salzmuseum.de

Heidschnuckenhof Niederohe

So ein Rasenmäher kann richtig hübsch aussehen, wenn er vier Beine und elegant gebogene Hörner hat. Was die Schafrasse der Heidschnucken ausmacht und wie der Mensch mit den Tieren zusammenlebt, erfährt man als Gast auf dem Heidschnuckenhof von Ute und Carl Kuhlmann. Man kann ein Freiluftseminar belegen oder den Schnuckeneintrieb beobachten. Oder man deckt sich einfach im Hofladen mit Schnucken-Leberwurst, -Salami und mit kuscheligen Fellen ein. Letztere machen sich toll auf Campingstühlen.

Niederohe 5, 29328 Faßberg, Tel. 058 27/74 49, www.heidschnuckenhof-niederohe.de

 ### Klostergarten Isenhagen

In Isenhagen ist ein barockes Gartenschmuckstück zu bewundern: Die Anlage wurde nach Plänen aus dem 18. Jh. in ihrer historischen Form als Obst-, Nutz- und Staudengarten gestaltet, mit kleinen Parzellen für die Äbtissin, Altäbtissin und die Stiftsdamen sowie einer großen, gemeinschaftlich genutzten Fläche. Ein duftender Kräutergarten mit Erklärungen zum Nutzen der jeweiligen Pflanzen liegt beim Klosterhofmuseum.

Klosterstr. 2, 29386 Hankensbüttel, Tel. 058 32/313, Klosterbesichtigung nur im Rahmen einer Führung, April–Mitte Okt. Di–So 14.30–17, www.kloster-isenhagen.de

Vor den Giebelhäusern der Lüneburger Altstadt fließt die Ilmenau vorbei. Besonders schön sitzt man hier auf den Terrassen der Restaurants und Cafés.

 ### Essen & Trinken

Restaurant Anno 1825
Zwischen April und September dreht sich im Biergarten der Spanferkelspieß: Das Fleisch – natürlich aus artgerechter Haltung – kommt aus der Region, darauf wird hier Wert gelegt. Weitere Spezialitäten sind Heidschnucken- und Wildgerichte, die auch im gediegenen Gastraum mit dem Fischgrätparkett schmecken. Kirchenstr. 6, 29549 Bad Bevensen, Tel. 058 21/24 55, Mo 17–22, Di–Sa 11–22, So 11–15 Uhr, www.anno1825.de

Sinja's Cafe
Manchmal ist das Einfache genau das Richtige. Wer voller Eindrücke aus dem Kloster Ebstorf (siehe S. 53) kommt, braucht vielleicht ein Stück hausgemachten Kuchen oder eine Tasse Kaffee aus Bohnen von der Rösterei Huth aus Celle, um sich wieder im Hier und Jetzt zu verankern. Lüneburger Str. 14, 29574 Ebstorf, Tel. 058 22/853 40 03, Di–Sa 6–18, So 7.30–18 Uhr, www.cafe-ebstorf.de

Einkaufen

Ratsweinhandlung Uelzen
Weine aus der ganzen Welt, vom Besitzer selbst hergestellte Spirituosen und italienische Feinkost – großartige Mischung in uraltem Gemäuer. Bahnhofstr. 42, 29525 Uelzen, Tel. 05 81/24 83, Di–Fr 10–13, Sa 10–14 Uhr, www.ratsweinhandlung.com

14 Westhavelland

Elbtalaue und Magdeburg 13

15 Potsdam und mittlere Havel

Münsterland 17

18 Teutoburger Wald

19 Harz

Spreewald 16

20 Ruhrgebiet

Rothaargebirge 21

22 Rund um den Edersee

26 Sächsische Schweiz

Thüringer Wald 23

24 Rund um Jena

25 Am Thüringer Meer

28 An der Lahn

An der Mosel 27

30 Rund um Mainz

Hunsrück 29

Mitte

»Ich traue mich, alles auszuprobieren.«

Joanne K. Rowling

13 Elbtalaue und Magdeburg

Der Elberadweg ist über 1200 km lang, beginnt in Tschechien und endet, versteht sich, in Hamburg – oder umgekehrt. Eine seiner Etappen verläuft hier, im Herzen von Sachsen-Anhalt, zwischen Tangermünde und Magdeburg. 75 km ist sie lang und selbst für stramme Radler etwas heftig, wenn man von den Attraktionen am Wegesrand auch etwas haben will. Man kann sich aber auch einfach nur von der Route inspirieren lassen und spannende

Punkte mit dem Auto anfahren, oder man hat ein E-Bike und flitzt sowieso ganz flott durch die Gegend. Los geht's also in Tangermünde, der Stadt mit dem hübschen historischen Zentrum, auf deren Schornsteinen im Sommer die Störche brüten. Ganz anders Hohewarte: Hier fährt man über das 2003 eröffnete gigantische Wasserstraßenkreuz, wo der Mittellandkanal die Elbe kreuzt. Die Kreisstadt Burg hat sich zur Landesgartenschau 2018 schick

herausgeputzt, ist aber schon seit Jahrhunderten für ihre markanten Türme bekannt. In Blumenthal erklärt der NABU-Natur-Erlebnispark, wie Nachhaltigkeit gelingen kann: Biotope, Lehrpfade, Kräutergarten, Streuobstwiesen, Insektenhotels und Nistkästen sollen die Besucher inspirieren. Die Landeshauptstadt Magdeburg kann als krönender Abschluss betrachtet werden.

www.elberadweg.de

Fantastisch erhaltenes Ensemble: die Altstadt von Tangermünde mit der Kirche St. Stefan, der Stadtbefestigung aus Backstein und den beiden Schlosstürmen.

1 Tangermünde

1488 hatte Kurfürst Johann Cicero von Brandenburg genug: Er verlegte die kaiserliche Residenz von Tangermünde nach Cölln. Schuld waren die Bürger selbst, da sie eine Rebellion angezettelt hatten, bei der es um die Biersteuer ging. Von diesem Bedeutungsverlust hat sich die Hansestadt nie ganz erholt, nach einem großen Stadtbrand im 17. Jh. entstanden jedoch jene prächtigen Fachwerkhäuser, für die das historische Zentrum noch heute bekannt ist. Das schon im 15. Jh. begonnene historische Rathaus überstand den Brand; mit seiner 24 m hohen aus Backstein gemauerten Schauwand gehört es zu den schönsten spätmittelalterlichen Bauwerken der Profanbaukunst in Norddeutschland.

Tourist Info: Markt 2, 39590 Tangermünde, Tel. 03 93 22/223 93, Sa/So 10–18, Nov. bis März Mo–Fr 10–17, Sa 10–16, So 13–16 Uhr, www.tourismus-tangermuende.de, Park- und Wohnmobilstellplatz:
GPS: 52.538016, 11.968756

Gewusst, wann

Mittelalterfeste sind schön. Noch viel besser sind historische Großfeste, die den Bogen von der Ritter- bis zur Kaiserzeit aufspannen! Die Magdeburger Festungstage im Mai bieten genau das: historische Vorführungen, farbiges Markttreiben, Konzerte, Kinderprogramm, Workshops, Ausstellungen, Vorträge …
magdeburger-festungstage.weebly.com

1 Tangermünde
2 Kloster Jerichow
3 Schloss Parchen
4 Colbitzer Lindenwald
5 Magdeburg
6 Solequell Bad Salzelmen
▲ Campingplatz + Indianer-Tipi-Dorf Bertingen

2 Kloster Jerichow

Norddeutsche Backsteinarchitektur in Vollendung und in einmaligem Erhaltungszustand: Südöstlich von Tangermünde steht das Prämonstratenserkloster Jerichow. Wer das gewaltige Kirchenschiff oder den Kreuzgang betritt, beide mit den charakteristischen romanischen Bögen, erlebt dieselbe Atmosphäre wie ehedem die mittelalterlichen Geistlichen. Im Backsteinmuseum erfährt man, wie das Baumaterial hergestellt wurde und warum – schließlich gab es in der Gegend auch Feldsteine. Im

Grün ist an der Grünen Zitadelle in Magdeburg vor allem der Bewuchs, die Fassade selbst erstrahlt überwiegend in freundlichem Pink. Friedensreich Hundertwasser schuf das 2005 fertiggestellte Gebäude, das er dem »Meer von rationellen Häusern« entgegensetzen wollte.

 ## CAMPINGPLATZ BERTINGEN

Auf diesem Platz kann man sich richtig unbeliebt machen, wenn man sich an lachenden Kindern stört. Die stehen nämlich hier im Mittelpunkt – was sicher auch daran liegt, dass das Betreiberehepaar selbst fünf Söhne hat. Gecampt und gezeltet wird auf vier von Bäumen eingefassten Wiesen. Eine besondere Attraktion stellen die Indianer-Tipis dar, die der »Häuptling« (unschwer zu erkennen!) eigenhändig gebaut hat. Und weil zum echten Wildwest-Flair auch Lagerfeuer gehören, gibt es dafür mehrere Stellen auf dem Gelände. Noch ein zusätzlicher Schuss Abenteuer stellt sich ein, wenn man das Holz nicht einfach irgendwo kauft, sondern im angrenzenden Wäldchen sucht. Das zum Camp gehörende Bio-Restaurant heißt »Zum Indianer«, ist im Trapperstil gestaltet und hat recht spannende Dinge auf der Karte, z. B. Bisonsteaks und argentinisches Rindfleisch, das gern auch *sous vide* zubereitet und dann in einem amerikanischen »Beefer« verfeinert wird.

Zu den kurzen Enden 1, 39517 Bertingen, Tel. 03 93 66/510 37, Ostern–Ende Okt., www.tipi-dorf.de
GPS: 52.355230, 11.840440

Wirtshaus Klostermahl, in der Geist-Brennerei und im Klosterladen stehen ganz weltliche Genüsse im Vordergrund.

Am Kloster 1, 39319 Jerichow, Tel. 03 93 43/ 285, April–Okt. tgl. 9.30–18, Nov.–März Di–So 10–16 Uhr, www.kloster-jerichow.de, Parkplatz für fünf Wohnmobile:
GPS: 52.502524, 12.017606

 ## Schloss Parchen

Es war einmal ein Rittergut mit englischem Landschaftsgarten, gestaltet nach Plänen des berühmten Peter Joseph Lenné ... und dann kam die DDR-Zeit, und ein Großteil des Geländes wurde planiert. Der Förderverein Historisches Museum der Rittergüter im Jerichower Land nimmt sich der Geschichte der Adelsfamilien an, die während der deutschen Teilung in die Bedeutungslosigkeit gedrängt werden sollten. Das Gebäude (erbaut ab 1780, dann immer wieder umgestaltet) ist heute saniert, und man kann Führungen mit einem »echten« Gutsherrn buchen, der seine Gäste in Frack und Zylinder durch die Räume führt.

Parkstr. 1, 39307 Genthin, Anmeldung erforderlich unter Tel. 039 43/264 38 02 oder 01 51/52 23 75 17, www.foerderverein-schloss-parchen.de

 ## Colbitzer Lindenwald

Fragen Sie mal Ihre Kinder, in welcher Farbe die Linde blüht. Weiß, Rosa, Lila? Sie selbst wissen es natürlich: Es ist ein ganz zartes Gelb, das stark ins Grüne spielt. Im

Colbitzer Lindenwald kann man dieses Schauspiel Ende Juni, Anfang Juli beobachten. Anders als die in vielen Städten als Alleebäume genutzten Linden stehen die Exemplare hier unter Naturschutz und werden seit Jahrzehnten komplett in Ruhe gelassen. Und so wandelt man auf den beiden Rundwegen (1,5 bzw. 4 km) durch einen einzigartigen Urwald, während die Sonne durch das Laub glitzert und die trockenen Blätter am Boden rascheln.

www.elbe-ohre-heide.de/colbitzer-lindenwald, Parkplatz: **GPS: 52.326399, 11.567185**

5 Magdeburg

In der sachsen-anhaltischen Landeshauptstadt lohnen mehrere ganz unterschiedliche Attraktionen einen Besuch. Zum einen wäre da die Grüne Zitadelle, die gar nicht grün, sondern überwiegend rosa ist, aber weil ihr Architekt Friedensreich Hundertwasser heißt, sieht man das gerne nach. Eine »Oase für Menschlichkeit und für die Natur in einem Meer von rationellen Häusern« wollte er schaffen, und ob das mit dem 2005 eröffneten Komplex gelungen ist, kann jeder Besucher selbst herausfinden, etwa im Restaurant, im Café oder im Theater. Der ein paar Jahre ältere Jahrtausendturm (1999) könnte glatt auch von Hundertwasser stammen: Wie ein überdimensionales, leicht schiefes Sahnehäubchen steht er im Elbauenpark, ein Überbleibsel der Bundesgartenschau. Das höchste (60 m) Holzgebäude Deutschlands ist ein Museum und zeigt auf sieben Etagen, was Menschen in den letzten 6000 Jahren so alles erfunden haben. In den Gruson-Gewächshäusern wird's wieder grün, und zwar richtig tropisch: 1896 hatte der Unternehmer Hermann Gruson seine Sammlung exotischer Pflanzen in zehn Gewächshäusern ausgestellt, die 1945 weitgehend zerstört, aber bis 2010 wieder aufgebaut wurden. Im Palmenhaus gibt es sogar einen Baumkronenpfad! Und zu guter Letzt noch der Dom: Die Kathedrale wurde ab 1207 gebaut, 1363 geweiht und ist damit die am frühesten fertiggestellte Kirche der Gotik in Deutschland. Ihre Türme (einen kann man besteigen) ragen als historisches Wahrzeichen über die Stadt.

Grüne Zitadelle: Breiter Weg 10, 39104 Magdeburg, www.gruene-zitadelle.de; Jahrtausendturm: Elbauenpark, 39114 Magdeburg, April–Okt. Di–So 10–18 Uhr, www.jahrtausendturm-magdeburg.de; Gruson-Gewächshäuser: Schönebecker Str. 129b, 39104 Magdeburg, Di–So 9–17 Uhr, www.gruson-gewaechshaeuser.de; Dom: Am Dom 1, 39104 Magdeburg, Mai–Sept. 10–18, April, Okt. 10–17, Nov.–März 10–16 Uhr, www.magdeburgerdom.de, Parkplatz: **GPS: 52.134065, 11.649476**

6 Solequell Bad Salzelmen

Schon 1802 hat man hier die heilende Kraft der Natursole genutzt. Heute genießt man sie in diversen Becken mit Wasserfall, Sprudel- und Massagedüsen, beruhigt die Atemwege im Soledampfbad oder nimmt Schwitzbäder in einer der Saunen.

Dr.-Tolberg-Str. 33, 39218 Schönebeck (Elbe), Tel. 039 28/70 55 66, So–Do 9–21, Fr/Sa bis 22 Uhr, www.solepark.de

Essen & Trinken

Berner & Brown

Wer in Deutschland Urlaub macht, darf kulinarisch auch mal in die Ferne schweifen (so ähnlich wie am Campingplatz). Was der Name nicht verrät: Hier handelt es sich um eine Bar, die Weine aus 14 spanischen Anbaugebieten sowie hausgemachte Tapas, Pinchos und Dips serviert. Legendäres Sherry-Sortiment. Otto-von-Guericke-Str. 61, 39104 Magdeburg, Tel. 03 91/547 62 96, tgl. ab 18 Uhr, www.tapasbar-magdeburg.de

Exempel Gaststuben

Eine Riesengaudi ist es, wenn man am Programm »Feuerzangenbowle« teilnimmt, dabei auf alten Schulbänken sitzt und vom Lehrer Noten für Benehmen und Ordnung bekommt. Bier fließt reichlich, und definitiv auch die Lachtränen ... Auch das restliche Haus ist die reinste Schau, mit Gasträumen wie Bügelzimmer, Wohnstube oder auch Küche. Gekocht wird, »liebe Schöler«, Bodenständig-Deftiges. Kirchstr. 40, 39590 Tangermünde, Tel. 03 93 22/735 40 10, tgl. 11–23 Uhr, www.exempel.de

Einkaufen

Gerberhof

Biomarkt und Café im wunderschönen Fachwerkhof. Selbst kreierte Rosenprodukte wie Gelee, Likör oder Balsamico. Hoock 10, 39576 Stendal, Mo–Fr 10–18, Sa bis 12 Uhr, naturkost-gerberhof.de

14 Westhavelland

Wie findet man eigentlich die Wega im Sternbild der Leier, und wo breitet sich gleich wieder der Schwan wie ein großes Kreuz über den Himmel aus? Gar nicht so einfach zu beantworten, vor allem in unserer heutigen Zeit, wo so viel Licht die Dunkelheit »verschmutzt«. Gut, dass es Regionen gibt, in denen gegengesteuert wird. 2014 erhielt der Naturpark Westhavelland die Auszeichnung »Sternenpark« von der Internationalen Gesellschaft zum Schutz des dunklen Nachthimmels und war damit der erste in Deutschland überhaupt. Allein wegen der dünnen Besiedelung ist es hier außergewöhnlich finster. Wo man am besten in den Nachthimmel schauen kann und wie man als Neuling seinen Blick für die Bilder am Himmel schärft, erfährt man an verschiedenen Orten im Park, auch organisierte Touren werden angeboten.

Naturparkverwaltung Westhavelland: Pereyer Dorfstr. 5, 14715 Havelaue, Tel. 03 38 72/74 30, www.sternenpark-westhavelland.de

Einen so ungewöhnlich prächtigen Nachthimmel sieht man nur da, wo künstliches Licht nicht alles überstrahlt. Zum Beispiel im Westhavelland, seines Zeichens »Sternenpark«.

CAMPINGPARK BUNTSPECHT

Keine Sorge: Auch wenn dieser Campingplatz in Deutschlands erstem »Sternenpark« liegt (siehe vorangegangene Seite), muss hier niemand um 22 Uhr das Licht ausmachen. Man braucht auch keine Sorge haben, dass Kinder sich vor lauter Abgeschiedenheit langweilen könnten, denn es gibt einen großen Abenteuerspielplatz mit Goldwaschanlage, einen Streichelzoo und eine Hüpfburg sowie in der Hauptsaison täglich ein Animationsprogramm. Die sandige Badebucht am Ferchesarer See ist klein, das fjordartige Gewässer umso länger. Familien mit Kindern leihen sich z. B. ein Tretboot mit Wasserrutsche und schippern den See rauf und runter. Mit Restaurant, Shop und Fahrradverleih.

Weg zum Zeltplatz 1, 14715 Stechow-Ferchesar, Tel. 03 38 74/ 900 72, Mitte April–Mitte Okt., www.campingpark-buntspecht.de
GPS: 52.654810, 12.429670

---

1 Straußenhof Großderschau

Heimisch sind die großen Vögel im Rhinower Ländchen nicht gerade, aber bei Enrico Dams fühlen sie sich recht wohl. Weitere Mitbewohner sind Exemplare seltener und bedrohter Haustierrassen, etwa Skuddenschafe, Vorwerkhühner und Meißner Widder, von denen Kenner wissen, dass es Kaninchen sind. Ob der Strauß nun wirklich den Kopf in den Sand steckt, kann man bei spannenden Führungen erfahren. Im Hofladen gibt es Straußenprodukte, im Restaurant schmackhaftes Straußenfleisch.

Kleinderschauer Str. 7, 16845 Großderschau, Tel. 03 38 75/90 01 10, Führungen ab 4 Pers. nach tel. Vereinbarung Sa/So 14 und 15.30, Hofladen, Lokal & Café: April–Okt. Fr–So 11–17, sonst So 11–17 Uhr, www.der-straussenhof.de

2 Lilienthal-Centrum

In Anklam wurde er zwar geboren (siehe auch S. 35), doch hier im Westhavelland führte er in seinen letzten drei Lebensjahren spektakuläre Flüge durch: Karl Wilhelm Otto Lilienthal, Pionier der modernen Luftfahrt. Ihm zu Ehren steht eine Windharfe auf dem Gollenberg und an der Stelle seines tödlichen Absturzes ein Gedenkstein. Das moderne Langstreckenflugzeug vom Typ Iljuschin Il-62 wurde nach Lilienthals Ehefrau »Lady Agnes« getauft und dient heute als Ausstellungsort und Standesamt. In der Nähe informiert das Lilienthal-Centrum über Leben und Werk Otto Lilienthals: Im Aviarium geht es um den Vogelflug und wie er Lilienthal inspirierte. Neben 13 filigranen Flugapparaten werden auch andere Projekte erläutert, von denen der Brüder Montgolfier bis zur Mondmission Apollo 11.

Otto-Lilienthal-Str. 50, 14728 Gollenberg, Tel. 03 38 75/906 90, März Sa/So 11–16, April bis Okt. Di–So 10–17 Uhr, www.otto-lilienthal.de, Parkplatz:
GPS: 52.745918, 12.385612

Gewusst, wann

Beim WestHavelländer AstroTreff (WHAT) Mitte September treffen sich (Hobby-)Astronomen zu interessanten Vorträgen (z. B. zur Sternenfotografie) und zum Fachsimpeln. Auf dem Sportplatz in Gülpe werden 65 Stellplätze mit Strom zur Verfügung gestellt, auch für Wohnmobile. Früh anreisen! www.sternenpark-westhavelland.de

- **1** Straußenhof Großderschau
- **2** Lilienthal-Centrum
- **3** Optikpark Rathenow
- **4** NaturparkZentrum Westhavelland
- **5** Brandenburg an der Havel
- ▲ Campingpark Buntspecht

3 Optikpark Rathenow

Zwei Prismen stehen einander gegenüber und brechen das Licht, das sich in verschiedenfarbige Strahlen auffächert – dieses optische Phänomen wurde in eine Gartenanlage übersetzt, bestehend aus 37 einzelnen Beeten. Pate stand Heinrich August Duncker, der hier vor 200 Jahren den Grundstein für die optische Industrie legte.

Schwedendamm 1, 14712 Rathenow, Tel. 033 85/498 50, www.optikpark-rathenow.de, Parkplatz: **GPS: 52.607777, 12.336438**

4 NaturparkZentrum Westhavelland

Das NaturparkZentrum promotet nicht nur den Sternenpark, sondern bringt Besuchern den Einzugsbereich der Havel mit seiner besonderen Flora und Fauna nahe. Ein Blick auf die Website lohnt sich immer: Mal gibt es geführte Kanutouren durch das Naturschutzgebiet, mal historische oder thematische Rundgänge. Im Besucherzentrum in Milow kann man sich auf die Natur einstimmen: Da geht es um Flussauen und Flussrenaturierung, um Fische und Fischer, Zugvögel und ihre Reisen, um Kirchen und Kaffenkähne.

Stremmestr. 10, 14715 Milower Land OT Milow, Tel. 033 86/21 12 27, April–Okt. Do–Di 10–17, sonst Do–Di 10–16 Uhr, www.nabu-westhavelland.de

5 Brandenburg an der Havel

Lebensader Brandenburgs ist die Havel, die sich hier in allerlei Kanäle und Arme aufgliedert und das ganze Stadtbild prägt. Wichtige Landmarken sind der wuchtige Plauer Torturm in der Stadtmauer, das Altstädtische Rathaus im Stil der Backsteingotik mit der riesigen Rolandstatue und der Dom St. Peter und Paul, das erste vollständig in unverblendetem Backstein ausgeführte Bauwerk der Mark Brandenburg.

Tourist Info: Neustädtischer Markt 3, 14776 Brandenburg a. d. Havel, Tel. 033 81/79 63 60, Mo–Sa 9–20, Mai–Sept. zusätzl. So 10–15 Uhr, erlebnis-brandenburg.de, Parkplatz: **GPS: 52.411539, 12.534544**

✕ Essen & Trinken

Zur alten Schmiede

Warmes Backsteinambiente, viel rustikale Deko, alte Schinken (in diesem Fall: Bücher) und Ritterrüstungen in den Ecken – so sieht Erlebnisgastronomie aus. Die Speisekarte passt natürlich dazu. Vor dem Haveltor, 14712 Rathenow, Tel. 033 85/499 38 70, Do–Di 17–23 Uhr, www.gastro-rathenow.de

Strandgut

Fisch, Fisch, Fisch – hier kommt er mediterran, thailändisch im Curry oder auch ganz klassisch daher. Das Restaurant ist gleichzeitig ein Eiscafé und besitzt eine schöne Terrasse mit Blick über den See. Sehr beliebt, daher ist eine Reservierung empfohlen. Am Hohennauener See 2, 14715 Hohennauen, Tel. 03 38 72/701 34, April–Sept. tgl. 11–22 (Küche bis 20.30), sonst Mi–So 11–22 Uhr, www.fischrestaurant-strandgut.de

🛒 Einkaufen

Hofladen zum Storchennest Damme

Rinder, Schweine, Hühner, Gänse, Enten und Puten leben in artgerechter Tierhaltung, ohne Antibiotika und Wachstumshormone. Die daraus entstandenen Produkte gibt es hier, direkt vom Erzeuger. Dorfstr. 20, 14715 Nennhausen, Tel. 03 38 78/90 83 30, Mi/Do 8–13, Fr 8–18, Sa 8–12 Uhr, www.hofladen-damme.de

15 Potsdam und mittlere Havel

Natürlich steht Potsdam für Unesco und Geschichte und Kultur, für Schlösser und Gärten, für Preußenkönige und Baumeister. Und deren Vermächtnis sollte man auch nicht verpassen, wenn man schon mal da ist. Wer es aber ruhig angehen lassen möchte, kann sich das Ganze erst mal von einem Schiff aus ansehen, denn die Region besteht praktisch überwiegend aus Wasser. Die Weiße Flotte und die Havel Dampfschifffahrt bieten allerlei Rundfahrten mit verschiedenen Schwerpunkten an, von der Schlössertour über den Kulinarikausflug bis hin zur Krimifahrt mit Mord an Bord. Man könnte das kleine

Strandbad Caputh am Schwielowsee ansteuern, das ein vom Großen Kurfürsten erbautes Schloss und das schlichte Haus von Albert Einstein zu bieten hat. Oder Petzow, dessen Schloss, Park und Kirche aus dem 19. Jh. ein bezauberndes Ensemble bilden. Oder man schippert bis Werder, das vor allem während der Baumblüte eine Reise wert ist. In Sacrow kann man das Gutsschloss und die Heilandskirche besichtigen. Oder lieber selbst aktiv werden? In der Gegend gibt es viele Wanderwege, etwa den Panoramaweg durch das Obstanbaugebiet Werder (grünes Schild mit rotem Apfel), der

auf 16 km Länge durch alte Kirsch- und neue Apfelplantagen führt, u. a. vorbei am Ziegeleimuseum in Glindow. Direkt vom Campingplatz aus kann man auf dem 34 km langen Fahrradweg F1 starten, der nach Potsdam hinein sowie rund um Templiner und Schwielowsee führt – eine großartige Verbindung der Welterbestadt und der üppigen Natur rundherum.

www.potsdamtourismus.de,
www.schwielowsee-tourismus.de;
Weiße Flotte und Havel Dampfschifffahrt:
Tel. 03 31/275 92 10,
www.schiffahrt-in-potsdam.de

Freizeitparadies mit einem Hauch Skandinavien: Caputh am Schwielowsee, unweit von Potsdam.

CAMPINGPLATZ HIMMELREICH

Ruckzuck in Potsdam und Berlin – kann man machen, muss man aber nicht. Denn das hier ist wirklich eine Art Paradies. Auf einer Halbinsel gelegen, bietet der Campingplatz viele Stellplätze direkt am Wasser unter lichtem, hohem Baumbestand, etliche Bootsstege, moderne Sanitäranlagen und einen großen Spielplatz. Actionhungrige mieten Tretboote, SUP-Boards, Fahrräder und Kanus. Und jetzt Hunger? Auch kein Problem: Frühstücksbrötchen bestellt man per WhatsApp, mittags gibt es Snacks aus der Ankerplatz-Kombüse, nachmittags Eis und Kuchen, abends Burger vom Grill und in Sommernächten kühle Drinks bei Kerzenschein.

Wentorfinsel 38, 14548 Schwielowsee OT Caputh, Tel. 03 32 09/704 75, www.berlin-potsdam-camping.de
GPS: 52.352620, 12.988860

① Märkisches Ziegeleimuseum

Die Geschichte der hiesigen Ziegelei reicht weit zurück. Schon im 15. Jh. wurde Ton abgebaut, und bis heute werden Tonziegel im Manufakturbetrieb hergestellt. Gebrannt werden sie in einem Ringofen aus dem 19. Jh. Die Handstrichziegel, Terrakotten und Formsteine in vielen Farbvarianten finden vor allem im Denkmalschutz und bei Restaurierungen historischer Gebäude Verwendung. Das Märkische Ziegeleimuseum dokumentiert die Lebens- und Arbeitsbedingungen der Saisonarbeiter sowie die Geschichte der Fabrikeigentümer. Im zweiten Stock werden wechselnde Ausstellungen gezeigt.

Alpenstr. 44, 14542 Werder/Havel OT Glindow, Tel. 033 27/66 93 95, März–Okt. Sa/So 10–16 Uhr, www.ziegeleimuseum-glindow.de

② Biosphäre

Im Jahr 2001 fand im Potsdamer Volkspark die Bundesgartenschau statt. Wie bei jeder Veranstaltung dieser Art blieb auch hier etwas »übrig«: Die Biosphäre versteht sich als Naturerlebniswelt, in der man sich eine volle Dosis Tropen abholen kann. Über 20 000 exotische Pflanzen sind hier zu sehen, dazu kommen Leguane, Schlangen, Frösche, Insekten, Schmetterlinge, Fische

und Vögel. Übrigens lohnt sich unbedingt eine der Führungen, weil man dabei viel mehr begreift, als man mit bloßem Auge sieht. Wer ein paar Tage im Zelt gefroren hat, wärmt sich hier ganz wunderbar wie-

① Märkisches Ziegeleimuseum
② Biosphäre
③ Alexandrowka
④ Schloss Sanssouci
⑤ Holländisches Viertel
⑥ Filmpark Babelsberg
▲ Campingplatz Himmelreich

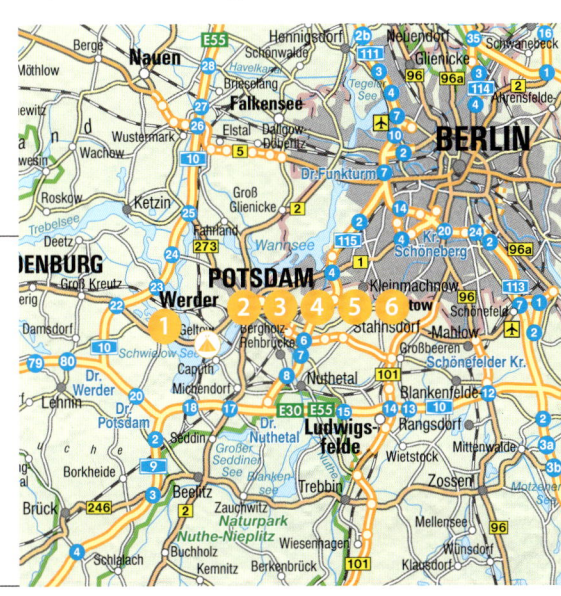

Essen & Trinken

La Maison du Chocolat

Ist es nun eine Konditorei oder ein Restaurant? Zumindest ist es ein Genusstempel par excellence: Es gibt nämlich gar nicht nur Süßes, sondern auch Frühstück, Vorspeisen, Suppen und Pasta. Der Hit sind aber die Pralinés, Tartes und die Trinkschokolade Benkertstr. 20, 14467 Potsdam, Tel. 03 31/237 07 30, tgl. 10–21 Uhr, www.schokoladenhaus-potsdam.de

Speckers Landhaus

Das Konzept von Steffen Specker ist so einfach wie kompromisslos: erstklassige Landhausküche unter Verwendung (vorwiegend) saisonaler Produkte. Auf der Karte stehen beispielsweise Wiener Schnitzel mit warmem Kartoffel-Gurken-Salat oder Ostseekabeljau auf Blumenkohlpüree. Jägerallee 13, 14469 Potsdam, Tel. 03 31/280 43 11, Di–Sa ab 18 Uhr, www.speckers.de

 ## Einkaufen

Wochenmarkt in Burg

Die malerische Kulisse des Holländischen Viertels fördert die Kauflaune: Vor der Kirche St. Peter und Paul werden Leckereien wie frischer Fisch aus der Havel, Teltower Rübchen, Kirschen aus Werder und Beelitzer Spargel verkauft, dazu »normales« Obst und Gemüse. Am Bassin 2, 14467 Potsdam, April–Okt. Mo–Fr 7–16, Sa 7–13 Uhr, sonst kürzer

der auf: Die Temperatur beträgt ganzjährig 23–28 Grad, die Luftfeuchtigkeit 80 Prozent – tropisch eben.

Georg-Hermann-Allee 99, 14469 Potsdam, Tel. 03 31/55 07 40, Mo–Fr 9–18, Sa/So 10–19 Uhr, www.biosphaere-potsdam.de, Park- und Wohnmobilstellplatz: **GPS: 52.419287, 13.049738**

 ## Alexandrowka

Wenn in Ländern wie z. B. China heute Schloss Neuschwanstein nachgebaut wird, dann zeugt das nicht von einer besonderen Verbundenheit mit Bayern. Bei Friedrich Wilhelm III., König von Preußen und Markgraf von Brandenburg, war das anders: Er gründete die russische Siedlung im Jahr 1826 nicht, damit sich die Potsdamer eine Reise sparen konnten, sondern um seine Freundschaft zum verstorbenen Zaren zu würdigen. Und so ließ er 13 Häuser im Blockhausstil mit feinen Schnitzereien errichten und dazu, die Kolonie war schließlich bewohnt, eine Kirche, die neben russischen auch klassizistisch-deutsche Bauelemente aufweist. Heute sind zwei Häuser der Anlage ein Museum, nach dem Desinteresse in der DDR-Zeit liebevoll wiederaufgebaut. Auch die Unesco wusste die Einzigartigkeit von Alexandrowka zu schätzen.

Russische Kolonie 2, 14469 Potsdam, Tel. 03 31/817 02 03, Mo/Di, Do, So 10–18, Fr/Sa 10–mind. 18, bei schönem Wetter bis 22 Uhr, alexandrowka.de, am besten an der Biosphäre parken, von dort 1,2 km zu Fuß

Mit dem Bau des Holländischen Viertels sollten entsprechende Fachkräfte nach Potsdam gelockt werden – funktioniert hat es nicht, aber die Stadt besitzt ein charmantes Quartier.

4 Schloss Sanssouci

Der absolute Besuchermagnet in Potsdam, deshalb ein Tipp gleich vorweg: am besten das Ticket online buchen. Friedrich der Große lebte »ohne Sorge« (frz. *sans souci*) in seiner Sommerresidenz, die von 1745 bis 1769 entstand und als schönstes Beispiel für heitere Rokoko-Architektur in Deutschland gilt. Im Terrassengarten wächst der Wein, und im Schloss selbst lässt sich die original erhaltene Raumausstattung aus dem 18. Jh. bewundern. Besonders beeindruckend sind der runde Marmorsaal und das mit naturalistischen Malereien und Reliefs ausgestattete Voltaire-Zimmer. Durch den 289 Hektar großen Schlosspark ziehen sich fast 70 km Wege, die zu weiteren großen (Neues Palais, Orangerie) und kleinen Gebäuden (Drachenhaus, Chinesisches Teehaus) führen.

Maulbeerallee, 14469 Potsdam, Tel. 03 31/ 969 42 00, Jan.–März Di–So 10–16.30, April–Okt. Di–So 10–17.30, Nov./Dez. 10–17 Uhr, www.spsg.de, Parkplatz: **GPS: 52.405386, 13.033007**

Sieht gefährlich aus: die Stuntshow im Filmpark Babelsberg. Das fast 120 Jahre alte Filmstudio ist immer mit der Zeit gegangen und zeigt Besuchern, wie heute produziert wird.

Gewusst, wann

Bei den Musikfestspielen Potsdam Sanssouci geht es nicht nur um Klassik und nicht nur um traditionelle Formate: Bei Wandelkonzerten, musikalischen Spaziergängen oder dem Fahrradkonzert erlebt man Musik auf ganz neue Weise.
Anfang–Ende Juni, www.musikfestspiele-potsdam.de

5 Holländisches Viertel

Dieses Stadtviertel versprüht einen fantastisch heimeligen Charme. Dabei war es eigentlich ein ziemlicher Misserfolg: Entstanden im 18. Jh., sollte es die in Baukunst, Hofkultur, den Künsten, dem Wasserbau und Armeewesen bestens bewanderten Holländer anziehen, die kamen aber nicht – oder zumindest nur sehr wenige. Dafür siedelten sich Soldatenfamilien, französische und deutsche Künstler und Handwerker an. Zum Glück blieben die über 130 Häuser bestehen, und so erfreuen sich bis heute alle an den roten Backsteinfassaden, den weißen Türen und Fenstern und unzähligen kleinen Cafés und Läden.

www.potsdamtourismus.de, Parkplätze: längs in der Gutenberg- oder Mittelstraße

6 Filmpark Babelsberg

Hier wurden »Metropolis« oder »Nosferatu« gedreht, und viel später auch Streifen mit Tom Cruise oder Brad Pitt. Das größte Filmstudio der Welt wurde 1899 gegründet. Alfred Hitchcock soll gesagt haben: »Alles, was ich über das Filmemachen wissen musste, habe ich in Babelsberg gelernt.« Lernen kann man hier immer noch etwas: Da gibt es Kulissen und Requisiten (es wird ja nicht alles 3D-modelliert), aktuelle Film- und Kameratechnik, und Stuntleute führen atemberaubende Dinge vor. Highlight: die Filmtiershow, nicht nur für Kinder.

Großbeerenstr. 200, 14482 Potsdam, Tel. 03 31/721 27 50, April–Sept. 10–18, Okt. bis 17 Uhr, www.filmpark-babelsberg.de, Parkplatz: **GPS: 52.385239, 13.115703**

Auf dieser Wasserstraße wird nicht gerudert oder gepaddelt, sondern gestakt: Mit dem Spreewaldkahn geht es ganz langsam durch die märchenhafte Landschaft.

16 Spreewald

Wer sich das Spreewald-Mosaik auf einer Landkarte anschaut, sieht gleich, dass das keine natürliche Landschaft sein kann. Die vielen kleinen, schnurgeraden Kanäle wurden im 18. Jh. angelegt, um das Land zu entwässern und Ackerbau zu ermöglichen. Auch davor gab es schon unzählige Wasserarme – nach der letzten Eiszeit floss das Schmelzwasser in lauter einzelnen Bächen über das flache Land, später fächerte sich die Spree an dieser Stelle auf. Diese einzigartige, vom Menschen geprägte Auenlandschaft bietet heute über 18 000 Tier- und Pflanzenarten einen Lebensraum, darunter auch geschützten Arten wie Seeadler, Eisvogel, Fischotter und Biber. 1991 wurde sie von der Unesco als Biosphärenreservat anerkannt. Und so ist ein Urlaub in dieser Gegend auch eher etwas zum Entspannen und Erholen anstatt zum Austoben. Das innere Hamsterrad kommt angesichts der sanften Fließgeschwindigkeit der Gewässer zum Stehen, die Sinne öffnen sich für Temperatur, Licht und Geräusche der Natur.

www.spreewald.de, www.spreewald-info.de

Kanutour Lübbenau

In Lübbenau residiert man im Herzen des Biosphärenreservats und Unesco-Welterbes Spreewald. Die Heimat der gleichnamigen Gurke ist geradezu unfassbar idyllisch, auch wenn sich das, zugegeben, mittlerweile bei ziemlich vielen Gästen herumgesprochen hat. Das Gute ist, dass man den ganz großen Scharen auf einer Individualtour prima aus dem Weg gehen kann. Vier Bootsverleihe gibt es in Lübbenau, der dem Campingplatz am nächsten gelegene ist das Bootshaus Kaupen. Der Veranstalter baut die edlen Kajaks mit dem Holzverdeck selber – bei diesem Anblick kommt ein Hauch von Riva-Feeling auf! Wer beim Blick auf das kleinteilige Wasserwegenetz nasse Füße bekommt, sei beruhigt: Jeder bekommt eine Wasserwanderkarte ausgehändigt und kann sich an vorgefertigten Touren orientieren, etwa der mit gelben Schildern markierten Kleinen Leiper-Tour: 18 km lang, 3,5 Std. Fahrzeit, zwei Schleusen.

Kaupen 1, 03222 Lübbenau, Tel. 035 42/27 50, Nov.–Feb. Winterpause, www.bootshaus kaupen.de, Fahrzeug am Campingplatz lassen

Spreewälder Museen

Was der Städter vor 100 Jahren so alles benötigte, erfährt man im Spreewald-Museum Lübbenau. In dem Museumskaufhaus offerieren Bäcker und Fleischer ihre Produkte, eine Kneipe ist zu besichtigen und auch der Kolonialwarenladen, wo es so unglaubliche Dinge wie Kaffee und Schokolade gab. Eine originale Schuhmacherwerkstatt ist hierherverpflanzt worden, für modische Ausstattung wie die typischen Trachten sorgten das Konfektionsgeschäft und der Kürschner. Auf dem Gelände des Freilandmuseums Lehde dagegen wurden Höfe aus der ganzen Region zusammengetragen. Sie erzählen vom Leben der sorbischen und deutschen Spreewaldbewohner vor 100 Jahren – das fängt beim reetgedeckten Haus an und hört bei der berühmten Gurke noch lange nicht auf.

Spreewald-Museum Lübbenau: Topfmarkt 12, 03222 Lübbenau, Tel. 035 42/24 72, April bis Okt. Di–So 10–18, sonst Di–So 12–16 Uhr; Freilandmuseum Lehde: An der Giglitza 1a, 03222 Lübbenau OT Lehde, Tel. 035 42/87 15 08, April–Sept. tgl. 10–18, Okt. bis 17 Uhr; beide Museen: www.museums-entdecker.de Jeweils einen guten Kilometer zu Fuß vom Campingplatz – Fahrzeug stehen lassen und radeln oder laufen

SPREEWALD-NATUR-CAMPING

Spreewald-Natur-Camping gibt es zweimal – »am See« und »am Schlosspark«. Letzterer liegt am östlichen Ende der Anlage, die am Schloss Lübbenau (Hotel) beginnt und am »Lehder Fließ Süd« endet. Und hier ist man gleich mittendrin in der schönsten Spreewaldromantik. Das Gelände ist in mehrere Bereiche geteilt, umstanden von hohen Bäumen, die lichten Schatten spenden – allerdings nicht auf jedem der 100 Stellplätze. Die in dunklem Holz gehaltenen Ferienhäuschen fügen sich elegant in die Umgebung ein. Die Sanitäranlagen sind ziemlich neu und in modern-kühlen Farben gehalten.

Ein Spielplatz mit Türmen, Stegen und Schaukeln beschäftigt die Kinder – zumindest so lange, bis ihre Eltern entweder eine 4-stündige Fahrt mit dem Tischkahn gebucht haben oder aber ein Kajak, einen Kanadier bzw. ein SUP-Brett. Denn dafür ist man ja hier. Bei der Tischkahnfahrt werden übrigens kleinere Kanäle angefahren und es wird in einem typischen Spreewaldlokal gespeist. Schöner Service!

Schlossbezirk 20, 03222 Lübbenau/ Spreewald, Tel. 035 42/35 33, ganzjährig, www.spreewaldcamping.de **GPS: 51.869750, 13.980080**

Wandern im Biosphärenreservat

In ähnlichem Tempo wie auf dem Wasser lässt sich der Spreewald auch zu Fuß entdecken. Man läuft, immer an Fließen und Schleusen entlang, durch alte Laubwälder und pittoreske Spreewalddörfer. In Lübben beginnen zwei längere Wanderwege: Die Rundtour auf dem Spreedamm (23 km) führt durch den Ort selbst, dann durch den Lübbener Hain und bis zum Hartmannsdorfer Wehr, einem der größten Wasserbauwerke im Spreewald. Die zweite Route ist mit 15 km etwas kürzer. Das Schloss Lübben mit der Schlossinsel wird ebenso gestreift wie die Gurkenmeile in Lübbenau.

1 Kanutour Lübbenau
2 Spreewälder Museen
3 Wandern im Biosphärenreservat
4 Bismarckturm
5 Spreewaldtherme
▲ Spreewald-Natur-Camping

Übrigens: Abkürzen und mit dem Kahn zurückfahren geht immer.

Informationen unter www.spreewald.de

4 Bismarckturm

Eine sensationelle Aussicht bietet sich im Ort Burg vom 28 m hohen Bismarckturm. Schon zu Lebzeiten des Reichskanzlers hatte sich ein regelrechter Kult um seine Person entwickelt, der nach seinem Tod noch intensiver wurde. Insgesamt wurden 240 Bismarcktürme errichtet, von denen 173 noch stehen. Der Turm von Burg wurde 1915 bis 1917 aus 1,5 Mio. Klinkersteinen aus der Calauer Ottilienhütte gebaut.

Byhleguhrer Straße, 03096 Burg, Ende März–Okt. tgl. 10–18, Juli, Aug. ab 9 Uhr, www.spreewald-info.de

Gewusst, wann

Anfang Juli und Anfang August schippern Spreewaldgäste in lauen Nächten mit den Kähnen die Wasserstraßen hinunter, vorbei an von Lichtkünstlern illuminierten Häusern, Bäumen etc. Eine ganz besondere Magie! www.spreewaelder-lichtnacht.de

5 Spreewaldtherme

Supermoderner Badetempel: acht Becken mit unterschiedlichen Solekonzentrationen, Dampfbad und Soleinhalation, Saunen mit Gartenbereich.

Ringchaussee 152, 03096 Burg, Tel. 03 56 03/ 188 50, tgl. 9–22, Fr bis 24 Uhr, www.spreewald-therme.de

Essen & Trinken

Gasthaus Kaupen Nr. 6

Wunderschönes, traditionelles Spreewaldhaus aus dem 19. Jh. Besonderheit ist die »Kochmaschine«: Der Kachelofen dient gleichzeitig als Heizung und als Kochstelle. Beim Verarbeiten der Spreewald-zertifizierten Produkte darf man dem Koch über die Schulter blicken. Kaupen 6, 03222 Lübbenau, Tel. 035 42/ 478 97, Mai–Sept. Di/Mi 11–17, Do–So 12–21, April, Okt. Mi/So 11–17, Do–Sa 12–21 Uhr, www.kaupen6.de

Linari im Schloss Lübbenau

Schicke Location, in der man z. B. den Ausklang eines gelungenen Urlaubs feiern kann. Alle acht Wochen kreiert der Küchenchef eine neue Karte. Regional trifft dabei auf Weltläufigkeit, wie etwa beim Wildbraten aus eigener Jagd, der mit Schoko-Chili-Sauce verfeinert wird. Schloßbezirk 6, 03222 Lübbenau, Tel. 035 42/87 30, tgl. 11.45–14.30, 18 bis 22.30 Uhr, www.schloss-luebbenau.de

Einkaufen

Krügermann

August-Karl Krügermann gründete seine Gurkeneinlegerei im Jahr 1896. Und da steht sie immer noch, geführt von seinen Nachfahren, und produziert die knackige Leckerei, die im Osten Kult ist und jeder Urlauber einmal probiert haben muss. Kampe 5, 03222 Lübbenau, Tel. 035 42/ 23 58, Mo–Fr 6.30–15.30 Uhr, www.kruegermann.de

17 Münsterland

Götz Alsmann sagt, er lebe in der schönsten Stadt der Welt – diese Aussage muss man als Urlauber natürlich gegenchecken. Denn auch wer auf dem Land Richtung Autobahn A31 Urlaub macht (da liegt nämlich der auf Seite 76 empfohlene Campingplatz), wird einmal nach Münster hinüberfahren. Am besten parkt man am Schlossplatz Nord und nimmt gleich die Fahrräder vom Träger, dann fügt man sich nahtlos ins Stadtbild ein. Es wird zum einen von den zahlreichen »Leeze«-Fahrern und zum anderen von Studenten geprägt. Was für eine schöne Stimmung! Münsters gute Stube zum Bummeln und Einkehren ist der kopfsteingepflasterte Prinzipalmarkt. Wahrzeichen ist das gotische Rathaus, in dem der Westfälische Frieden geschlossen und der Dreißigjährige Krieg beendet wurde. Zwischen Stadthausturm und Lambertikirche haben sich Kaufleute in schmucken Patrizierhäusern eingerichtet. Jede Menge Grün gibt's im Botanischen Garten hinter dem Fürstbischöflichen Schloss. Das jüngste Quartier ist der Kreativkai (einst Stadthafen) mit seinem attraktiven Mix aus umgebauten Speicherhäusern und moderner Architektur. Das Areal bietet sich z. B. für einen abendlichen Bummel an, bei dem man die lockere Atmosphäre auf sich wirken lassen kann.

Tourist Info: Heinrich-Brüning-Str. 9, 48143 Münster, Tel. 02 51/492 27 10, Mo–Fr 10–18, Sa 10–13 Uhr, www.stadt-muenster.de, Parkplatz für Wohnmobile: **GPS: 51.964465, 7.616499**

Münster gilt als Stadt der »Leeze«-, also Fahrradfahrer. Da passt man als Camper ganz gut rein.

① Kunstmuseum Pablo Picasso

Es gibt sechs Picasso-Museen auf der Welt und nur ein einziges in Deutschland: Das dem spanischen Maler, Grafiker und Bildhauer gewidmete Museum in Münster wurde 1997 eröffnet. Es besitzt 800 Grafiken des Ausnahmekünstlers, darunter fast alle seiner Lithografien. Gezeigt werden nicht immer alle Werke, sondern unterschiedliche Ausschnitte zu immer neuen Themen. Ebenfalls absolut sehenswert ist die Sammlung von 80 Malerbüchern mit rund 1000 Grafiken aus den Händen von Picasso, Braque, Chagall, Miró und Matisse. Initiiert wurde dieses großartige Projekt vom Ehepaar Jutta und Gert Huizinga, die eine Stiftung gründeten, um das Museum hinter der klassizistischen Fassade des Druffelschen Hofs einzurichten.

Picassopl. 1, 48143 Münster, Tel. 02 51/414 47 10, Di–So 10–18 Uhr, www.kunstmuseum-picasso-muenster.de, Parkplatz: **GPS: 54.437819, 11.200636**

Gewusst, wann

Münster hat drei Sonderjahreszeiten: Frühjahrssend, Sommersend und Herbstsend. Die größte Kirmes des Münsterlands findet auf dem Schlossplatz statt und dauert jeweils etwa eine Woche. Über 200 Schaustellbetriebe melden sich an, von Riesenrad bis Geisterbahn, dazu viele gastronomische Anbieter. www.stadt-muenster.de/send

② Haus Rüschhaus

Es wirkt wie ein Bauernhaus, doch die prächtigen Elemente der Fassade verraten, dass mehr dahintersteckt: Der westfälische Barockbaumeister Johann Conrad Schlaun (1695–1773) gestaltete Haus Rüschhaus auf einer Gräfteninsel und vereinte darin Merkmale bäuerlicher und herrschaftlicher Architektur. Spätestens beim Anblick des symmetrisch gegliederten Barockgartens wird klar, wie raffiniert er das Anwesen durchdachte. 1825 erwarb der Vater von Annette von Droste-Hülshoff das Haus, in dem die Dichterin mit ihrer Mutter und Schwester ab 1838 wohnte. Das Außengelände ist immer zugänglich, das Innere nur im Rahmen einer Führung. Nur 5 km entfernt liegt übrigens die Burg Hülshoff, der Geburtsort der Dichterin.

Am Rüschhaus 81, 48161 Münster, Tel. 025 34/10 52, April, Okt. Di–So 11, 12, 14, 15, Mai–Sept. Di–So zusätzlich 16 Uhr, www.haus-rueschhaus.de

③ Baumberger Sandsteinmuseum

Vor gut 70 Mio. Jahren lagerte sich der Meeresschlamm ab, den wir heute als Baumberger Sandstein kennen. Da er einerseits eine hohe Dichte besitzt, andererseits aber relativ weich ist, eignet er sich hervorragend für Steinmetz- und Bildhauerarbeiten. Um das Jahr 1000 herum wurde das entdeckt, seitdem wird er in der Havixbecker Hügelkette abgebaut. Zu den berühmten Gebäuden, an denen westfälischer Sandstein verbaut wurde, gehören

① Kunstmuseum Pablo Picasso
② Haus Rüschhaus
③ Baumberger Sandsteinmuseum
④ Longinusturm
⑤ Wildpferde erleben
⑥ rock'n'popmuseum
⑦ Naturzoo Rheine
▲ Gutshof Schulze Althoff

der Reichstag in Berlin, der Kölner Dom und das Königsschloss in Amsterdam. In diesem Museum erfahren die Besucher, woher diese Steine kommen, wo in der Welt sie noch »gelandet« sind und wo man das Material heute bekommt. An drei Arbeitsplätzen dürfen sich Kinder wie Erwachsene selbst als Steinmetze versuchen (Werkzeug an der Rezeption), im Sommer finden außerdem Schnupperkurse in Bild-

GUTSHOF SCHULZE ALTHOFF

»Camping auf dem Bauernhof« bedeutet hier eine ganze Menge Geborgenheit und Naturverbundenheit. Eine Privatstraße führt zu dem charmanten jahrhundertealten Gutshof, der von weitläufigen Wiesen und alten Bäumen umgeben ist. Drei Generationen der Familie Schulze Althoff leben auf dem Bauernhof, sie halten Nutztiere und betreiben Ackerbau – bei Interesse kann man auf dem Hof mithelfen und, wenn es passt, auch mal auf dem Traktor mitfahren. Gecampt wird auf geschotterten Flächen oder auf weichen Wiesen. Kinder dürfen sich Bobbycars, Trampeltrecker und Kettcars kostenlos ausleihen, außerdem gibt es ein beheiztes Schwimmbad auf dem Gelände. Schlechtes Wetter? Kein Problem auf dem 100 qm großen Indoor-Spielplatz. Die professionelle Animation übernehmen zwei Haflinger, drei Shetlandponys, Katzen, Kaninchen und Hund »Micos«.

Heven 48, 48624 Schöppingen, Tel. 025 55/938 50, ganzjährig, www.schulzealthoff.de
GPS: 52.073910, 7.223420

Die letzten frei lebenden Wildpferde Europas kann man im Merfelder Bruch erleben.

hauerei statt. Auf dem amüsanten Audioguide ist übrigens die Stimme des Barockbildhauers Johann Rendel zu hören.

Gennerich 9, 48329 Havixbeck, Tel. 025 07/15 96, April–Sept. Di–So 11–18, Okt.–März 13–18 Uhr, www.sandsteinmuseum.de, Parkplatz:
GPS: 51.977626, 7.406794

Longinusturm

Aus dem unter beschriebenen Sandstein wurde auch dieses Wahrzeichen gebaut, und zwar vor über 100 Jahren: Auf dem Westerberg – der höchsten Erhebung des Münsterlands – errichtete der Baumberge-Verein den 32 m hohen Turm, der den Spitznamen »der Lange« erhielt. Der Verein hatte sich die Themen Wandern und Kultur auf die Fahnen geschrieben und wollte wohl einfach eine noch bessere Aussicht ermöglichen. Das ist geglückt, und geglückt ist auch der Start des neuen Cafés »18|97« am Fuß des Bauwerks.

Baumberg 45, 48301 Nottuln, Tel. 025 02/12 70, April–Mitte Okt. Di–Fr 14.30–18, Sa 14–18, So 11–18 Uhr, longinusturm.com

5 Wildpferde erleben

Es gibt keine Wildpferde mehr in Europa – nur diese hier. Überall sonst wurden sie aus ihren Lebensräumen verdrängt. Die Herde bei Dülmen war so groß, dass sie im Jahr 1316 sogar schriftlich erwähnt wurde. Im 19. Jh. schließlich schuf die Familie Herzog von Croÿ im Merfelder Bruch ein Reservat für die Tiere, die sonst auch hier verschwunden wären. Da sich die männlichen Pferde miteinander anlegen würden, werden alljährlich am letzten Samstag im Mai (seit 1907!) die jungen Hengste von Hand herausgefangen und versteigert. Das passiert praktischerweise in einer eigens dafür gebauten Arena, sodass man als Zuschauer live dabei sein kann. Wer zu anderen Zeiten anreist, nimmt sich am besten ein wenig Zeit, um die Herde und ihre Fohlen zu beobachten – dann werden die unterschiedlichen Charaktere erkennbar, und entspannend ist es auch. Noch »schlauer« aus den Tieren wird man, wenn man sich einer naturkundlichen Führung anschließt.

Merfelder Bruch, 48249 Dülmen, Tel. 025 94/96 30, März–Nov. Sa/So 10–18 Uhr, Führungen Mo–Fr nach Voranmeldung, ab 10 Personen, www.wildpferde.de, Parkplatz:
GPS: 51.834148, 7.131791

Gewollte optische Verwirrung: Haus Rüschhaus, im 18. Jh. errichtet, soll wie ein bäuerliches Anwesen wirken, besitzt aber auch Merkmale herrschaftlicher Architektur.

rock'n'popmuseum

Udo Lindenberg hatte die Idee, und das erste und einzige Popmuseum Europas wurde ein voller Erfolg. Nach 13 Jahren Museumsbetrieb war eine Auffrischung fällig, und so wurde es bis Ende 2018 umgebaut. Das Haus hat sich noch nie als reine Devotionaliensammlung verstanden, sondern will Musik erlebbar machen, auch interaktiv. Man kann also nicht nur etwas über Bands und Stars erfahren, sondern auch über die Klanggeschichte, von der Wachswalze bis zur digitalen Klangkunst. Dem viel beschäftigten Udo Lindenberg wird man übrigens jeden Tag begegnen können: im Rahmen einer medialen Installation.

Udo-Lindenberg-Platz 1, 48599 Gronau, Tel. 025 62/814 80,

www.rock-popmuseum.de, Parkplatz: **GPS: 52.214297, 7.024826**

Naturzoo Rheine

Tiere hautnah erleben – das schreibt sich dieser Zoo auf die Fahnen, schränkt es aber bei Sumatra-Tiger, Seehund & Co. zum Glück wieder ein. Man möchte ja in einem Stück wieder herauskommen! Toll ist aber, den Berberaffen und Pinguinen, Lamas und Kängurus zu begegnen, oder den Reihern und Ibissen, die einem in der Voliere über die Köpfe fliegen, und natürlich auch den über 100 Weißstörchen. Achtung: Füttern verboten.

Salinenstr. 150, 48432 Rheine, Tel. 059 71/16 14 80, ganzjährig tgl. ab 9, im Sommer bis 18, im Winter bis 17 Uhr, www.naturzoo.de

 Essen & Trinken

Domschenke

Durch die eleganten Räumlichkeiten weht ein mediterraner Hauch. Gekocht wird »westfälisch geerdet«, sagt Chef Frank Groll selbst, der auch schon mal im Fernsehen zu sehen war. Fein kocht er, z. B. Skrei (Winterkabeljau) mit Schwarzwurzeln und Trüffelsauce.
Markt 6, 48727 Billerbeck, Tel. 025 43/932 00, Mo–So 12–14, 18–22 Uhr, www.domschenke-billerbeck.de

Brauhaus Klute

Bodenständiger geht's kaum: Zum hier gebrauten Bier werden einfache, regionale Speisen serviert, wie etwa Brot mit westfälischem Schinken oder ein »Westfälischer Rosenkranz« (aus Bratwürsten). Praktisch für Camper: Man bekommt das Bier auch zum Mitnehmen.
Poppenbeck 28, 48329 Havixbeck, Tel. 025 07/983 90, Mi/Do 12–21.30, Fr/Sa bis 22, So 9.30–22 Uhr, www.brauhaus-klute.de

Einkaufen

Gärtnerhof Entrup 119

Der »Demonstrationsbetrieb Ökologischer Landbau« verkauft in seinem Hofladen natürlich eigene Produkte, solche von Höfen in der Nähe und führt im Bioladen auch Schokoladen, Weine, Nudeln, Reis und vieles mehr.
Entrup 119, 48341 Altenberge, Tel. 025 05/33 61, Fr 14.30–18.30, Sa 9.30–13 Uhr, www.entrup119.de

18 Teutoburger Wald

Bis auf knapp 500 m Höhe erhebt sich der Teutoburger Wald, freundschaftlich auch »Teuto«, aus dem Flachland. Dort, wo sich der Überlieferung nach Germanen und Römer einst mit großer Begeisterung die Köpfe eingeschlagen haben, sorgen Sole-, Moor- und Mineralheilbäder heute dafür, dass die Menschen wieder zu Kräften kommen. Und neben dem Kur- und Wellnesstourismus gibt es unzählige Möglichkeiten, entweder gemächlich durch die Natur zu spazieren, sich durch Hochseilgärten zu hangeln, Flussläufe entlangzupaddeln oder sich vom E-Bike den Berg hinaufhelfen zu lassen – aber natürlich kann man sich mit dem Mountainbike auch richtig verausgaben. Ziele für solche Touren gibt es mehr als genug: die bizarren Felsformationen der Externsteine, die Stadtschönheiten Bielefeld und Paderborn. Denn der »Teuto« ist nicht etwa ausschließlich Wald, er ist eine Region mit Städten und Dörfern, deren Entdeckung sich unbedingt lohnt.

www.teutoburgerwald.de

Bis der Name von Linguisten und die Entstehung von Geologen geklärt waren, gaben sie jahrhundertelang Rätsel auf: die Externsteine in Horn-Bad Meinberg.

❶ Zoo Safaripark

Wer Tiere liebt, sie aber nicht eingesperrt sehen will, ist hier goldrichtig. Im Safaripark Stukenbrock sind die Tiere frei und der Besucher fährt im eigenen Auto auf asphaltierten Straßen durch eine weitläufige Landschaft. So erlebt man u. a. afrikanische Elefanten, Löwen (auch weiße!), Zebras und Bengaltiger fast wie in freier Wildbahn. Aber auch großzügige Gehege gibt es, hier leben z. B. Berberaffen, Rosaflamingos, ein Breitmaulnashorn und sogar ein Zebroid (Kreuzung zwischen Pferdehengst und Zebrastute). Über den Köpfen der schnellsten Großkatzen der Welt kann man im Klettergarten herumturnen, und im angeschlossenen Freizeitpark gibt es neben vielen tollen Attraktionen die Möglichkeit, eine Berg-und-Tal-Achterbahnfahrt auf einer 360 m langen Strecke zu machen.

Mittweg 16, 33758 Stukenbrock, Tel. 05 207/95 24 25, April–Okt. 10–18 Uhr, www.safaripark.de

Gewusst, wann

Im »Teuto« gibt es neben den Fichtenbeständen große Mischwaldflächen, z. B. an den Externsteinen. Im September, wenn sich die Laubbäume golden färben, ist das ein herrlicher Ort. Wenn dann auch noch die Sonne scheint, spiegeln sich die Bäume vor den Felsen im Wasser geradezu mystisch. Oder wenn sich Nebel frühmorgens aus dem Wasser erhebt ...

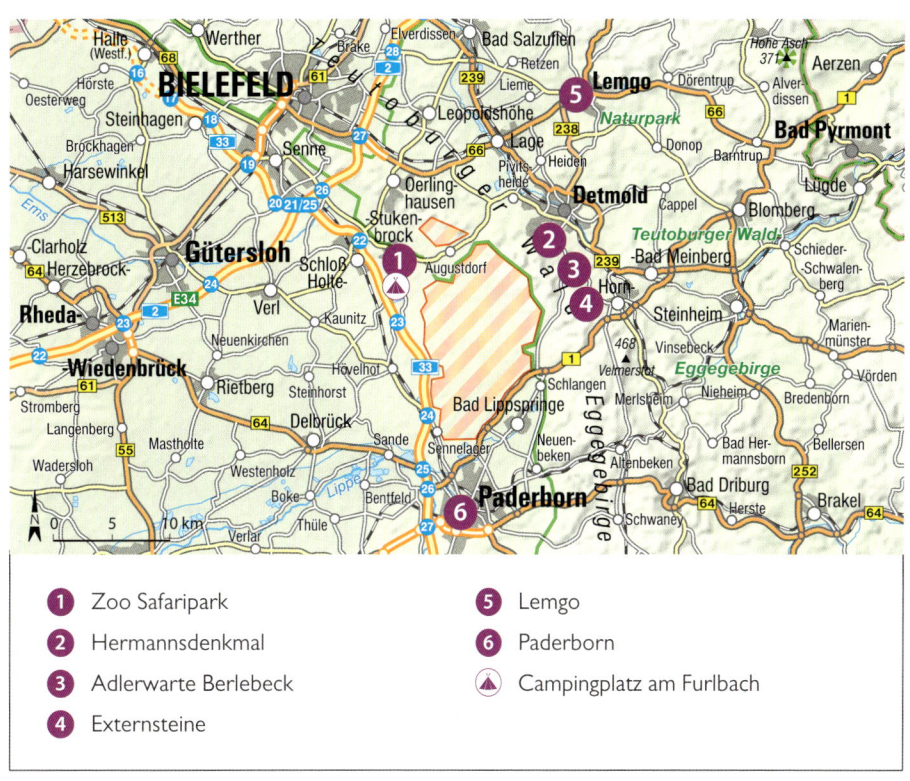

❶ Zoo Safaripark
❷ Hermannsdenkmal
❸ Adlerwarte Berlebeck
❹ Externsteine
❺ Lemgo
❻ Paderborn
🔺 Campingplatz am Furlbach

❷ Hermannsdenkmal

Wer die New Yorker Freiheitsstatue bestaunt, dem ist vielleicht gar nicht bewusst, dass vor ihr das Hermannsdenkmal einmal die höchste Kolossalstatue des Westens war. Fast 54 m hoch, mit einer ca. 27 m hohen Figur, wurde es 1838 bis 1875 als Mahnung an die Deutschen zur Einheit und als Erinnerung an die Varusschlacht errichtet. Beeindruckend sind die nahezu drei Tonnen schwere Eisenrohr- und Kupferplattenkonstruktion Ernst von Bandels (geboren 1800) und das 7 m lange Schwert (gespendet von der Krupp-Familie) des siegreichen Hermann, das steil in den Himmel ragt. Eine der bekanntesten deutschen Sehenswürdigkeiten ist heute ein Veranstaltungs- und Forschungsort (es werden Blitzströme an der Schwertspitze gemessen) vor einer einzigartigen Kulisse, umgeben von prächtigen Wäldern. Musik- und Comedy-Veranstaltungen, Spielplätze, Ess- und Trinkgenuss, das Bandel-Museum und der Kletterpark machen das Areal zu einem unterhaltsamen Ausflugsziel.

Grotenburg 50, 32760 Detmold, Tel. 052 31/ 62 11 65, März–Okt. 9–18.30, Nov.–Febr. 9.30–16 Uhr, www.hermannsdenkmal.de

❸ Adlerwarte Berlebeck

Stolze 200 Exemplare aus 46 verschiedenen Greifvogelarten haben auf einem Det-

Genau hier soll Cheruskerfürst Arminius, »Hermann«, die Römer geschlagen haben. Im 19. Jh. wurde er zur Mythen- und Symbolfigur.

molder Bergrücken eine landschaftlich herrliche Heimat gefunden. Wie geschaffen ist sie für den Freiflug der königlich anmutenden Tiere. Im interaktiven Museum kann man viel Wissenswertes lernen, bevor einem in der Flugshow die Adler um die Köpfe fliegen, um schließlich im Sturzflug auf dem Arm des Falkners zu landen.

Hangsteinstraße, 32760 Detmold, Tel. 05 231/ 471 71, März–Anf. Nov. tgl. 9.30–17.30 Uhr, www.detmold-adlerwarte.de

 Externsteine

Majestätisch ragen die 40 m hohen Felsformationen in den Himmel und faszinieren jährlich rund eine halbe Million Besucher. Um die mittelalterliche sakrale Stätte ran-

ken sich zahlreiche Mythen. Vielen gilt sie bis heute als Kraftort und Kultplatz. Zweifellos beeindruckend ist das Kreuzabnahmerelief, die älteste aus massivem Fels gehauene Großplastik nördlich der Alpen.

Infozentrum: Externsteiner Str. 35, 32805 Horn-Bad Meinberg, Jan./Feb. Sa/So 10–16, März tgl. 10–16, April–Okt. 10–18, Nov./Dez. Di/Do–So 10–16 Uhr, www.externsteine-info.de

5 Lemgo

Lemgo ist eine um 1190 gegründete Planstadt, die wichtige Handelsstraßen miteinander verband. Die Weser begünstigte einen lebhaften Handel mit Bremen, erst der Dreißigjährige Krieg brachte den wirtschaftlichen Aufschwung zum

 CAMPINGPLATZ AM FURLBACH

Auf halbem Weg von Paderborn nach Bielefeld liegt der weitläufige Campingplatz mitten im flachen Land – umgeben von Feldern und einem kleinen Wald; der Furlbach ist nur einen Steinwurf entfernt. Der ideale Ort, um ein paar entspannte Tage im Grünen zu verbringen und für Ausflüge in die Umgebung. Ein Sand- und ein Rasenspielplatz, eine Boulebahn und ein Volleyballnetz sorgen für Abwechslung. Wer möchte, kann sich in einem gemütlichen Schlaffass einmieten und sich fühlen wie weiland Diogenes. Es gibt sogar E-Bikes für ausgedehnte Touren zu leihen, und das ausgesprochen hilfsbereite Team unterstützt gerne bei der Planung.

Am Furlbach 33, 33758 Schloß Holte-Stukenbrock, Tel. 052 57/33 73, Ende März–Okt., www.campingplatzamfurlbach.de
GPS: 51.871260, 8.671950

Das Rathaus von Lemgo, ursprünglich eine gotische Markthalle, gilt als bedeutendes Beispiel der Weserrenaissance.

Erliegen. Im 19. Jh. erholte sich die Hansestadt und ist heute ein blühendes Städtchen mit einem liebevoll und aufwendig restaurierten Stadtkern, voll mit bauwerklichen Zeitzeugen der Renaissance. Berühmt-berüchtigt ist vor allem das Hexenbürgermeisterhaus, in dem der Bürgermeister Hermann Cothmann von 1667 bis 1683 einen blutrünstigen und unbarmherzigen Kampf gegen seine politischen Gegner führte, indem er sie – Hunderte Männer und Frauen – als Hexen diffamierte, verfolgen und verbrennen ließ. Nur einer Bürgerin gelang es, sich zu wehren: Maria Rampendahl überlebte ihren Hexenprozess und strengte ihrerseits einen Rechtsstreit an. Auch wenn er mit einem Vergleich endete, markierte das Verfahren doch das Ende der He-

xenverfolgung. Und nachdem man das wunderschöne Haus mit Gruseln besucht hat, beruhigen das Planetenhaus oder die Marienkirche die Nerven.

Tourist Info: Kramerstr. 1, 32657 Lemgo, Tel. 052 61/988 70, Mo–Fr 9–17, Sa 9–13 Uhr, www.lemgo-marketing.de, Parkplatz: **GPS: 52.024250, 8.907058**
Hexenbürgermeisterhaus: Breite Str. 19, 32657 Lemgo, Tel. 052 61/21 32 76, Di–So 10–17 Uhr, www.hexenbuergermeisterhaus.de

6 Paderborn

Schon im Jahr 777 wurde Paderborn zum ersten Mal urkundlich erwähnt. Und wegen dieser langen Geschichte ist ein Besuch der landschaftlich schön gelegenen Stadt zugleich ein Spaziergang durch alle wichtigen kunstgeschichtlichen Epochen. So sollte man den romanisch-gotischen Dom mit seinem berühmten Dreihasenfenster und den zwölf Kapellen auf keinen Fall verpassen. Auch das Paderborner Rathaus im Stil der Weserrenaissance und die umliegenden Gassen mit ihren vielen historischen Gebäuden sind absolut sehenswert. Übrigens: Die Stadt bietet mit der Actionbound App einen digitalen Stadtführer für das Smartphone, der zu 28 Sehenswürdigkeiten in der Innenstadt führt.

Tourist Info: Marienpl. 2a, 33098 Paderborn, Tel. 052 51/88 29 80, April–Okt. Mo–Fr 10–18, Sa 10–16, Nov.–März Mo–Fr 10–17, Sa 10–14 Uhr, www.paderborn.de, Parkplatz: **GPS: 51.728099, 8.745732**

Essen & Trinken

Historisches Gasthaus Buschkamp

Das Ensemble steht nicht seit Urzeiten an dieser Stelle, auch wenn es so aussehen mag: Die Gebäude wurden an anderen Orten ab- und hier wieder aufgebaut. Heute gibt es echte westfälische Küche mit Spezialitäten wie Kastenpickert mit Leberwurst – selbst gemacht, versteht sich. Buschkampstr. 75, Museumshof Senne, 33659 Bielefeld, Tel. 05 21/49 28 00, Mi–So 12–22 Uhr, www.museumshof-senne.de

Strates Brauhaus

Ein Fachwerkhaus von 1550 mit hellem, freundlichem Interieur, dazu Terrassen zur Fußgängerzone oder in den Innenhof. Eine Karte mit moderner, westfälischer Küche und natürlich frische Biere aus dem Hause Strate. Lange Str. 35, 32756 Detmold, Tel. 052 31/99 99 45, Mo–Do/So 11–23, Fr 11–24, Sa 10–24 Uhr, www.strates-brauhaus.de

Einkaufen

Fleischerei Austermeier

Neben Fleischprodukten gibt es hier das Angebot von Senne Original. Unter diesem Label haben sich Erzeuger aus der Region zusammengeschlossen. Senner Str. 20b, 33758 Schloß Holte-Stukenbrock, Tel. 05 257/32 78, Mo–Fr 7–12.30, 14.30–18.30, Sa 7–13 Uhr, www.austermeier.info

19 Harz

Wenn die preußische Regierung die markanten Steine nicht unter Schutz gestellt hätte, wären sie vermutlich längst in Stücke geklopft und als Baumaterial verwendet worden. Auf 20 km Länge ragt eine gekippte Sandsteinklippe aus der Landschaft hervor, die teilweise bizarre, zweifellos die Fantasie anregende, oft turmartige Formen aufweist. Mitte des 19. Jh. war diese »Teufelsmauer« nicht nur von uralten Mythen und Sagen umrankt (so soll sie, wie der Name sagt, vom Teufel erbaut worden sein), sondern auch geologisch untersucht worden, sodass der Landrat sie als bewahrenswert erachtete. Seit 2006 steht sie außerdem auf der Liste der 77 ausgezeichneten Nationalen Geotope Deutschlands. Trotz seiner vielen Anziehungspunkte ist der Harz ein immer noch recht entspanntes Feriengebiet mit vielen Facetten – von der Unesco-Stadt Quedlinburg über den Gipfel des Brocken bis hin zur 2017 eröffneten Hängebrücke an der Rappbodetalsperre.

ww.harzinfo.de; Parkplatz Teufelsmauer: **GPS: 51.757130, 11.091025**

Im rechten Licht tatsächlich ein wenig unheimlich: die zerklüfteten Felsen der Teufelsmauer.

Mehr Fachwerk war nie: Mit dem geschlossenen Stadtbild und über 1300 Häusern aus acht Jahrhunderten gehört Quedlinburg zum Weltkulturerbe der Unesco.

❶ Quedlinburg

Mehr als 1300 Fachwerkhäuser stehen hier auf engstem Raum – ein solch fantastisches Ensemble gibt es kein zweites Mal, deshalb steht es auf der Welterbeliste der Unesco. Neueste dendrochronologische Untersuchungen haben ergeben, dass noch Gebälk aus dem 13. Jh. erhalten ist, und bis ins 20. Jh. wurde an diesem geschlossenen Stadtkern gebaut. Man kann sich einfach durch verwinkelte Gässchen wie Hölle, Pölle, Klink und Stiege treiben lassen und die aufwendig gestalteten Fassaden bewundern. Oder in die Höhe, auf den Schlossberg? In den Sarkophagen der über 1000 Jahre alten romanischen Stiftskirche werden die Gebeine Heinrichs I. und seiner Frau Mathilde aufbewahrt. Besondere Beachtung verdienen Reliquienschreine aus Gold, Edelsteine und Elfenbeinschnit-

zereien, ein kostbares Evangeliar, Heinrichs Bartkamm aus Elfenbein und ein Fläschchen aus Bergkristall. Wie die Kirche ist auch das sehenswerte Rathaus ein Steingebäude, erbaut ab dem 14. Jh. und mit einer Fassade aus dem frühen 17. Jh. So viele Eindrücke sollte man bei einem

Stück Käsekuchen verdauen. Die einander gegenüberliegenden Cafés Vincent und Finkenherd am Fuß des Schlossbergs sind wahre Institutionen und streiten erbittert, wer die besseren Rezepte hat ...

Tourist Info: Markt 4, 06484 Quedlinburg, Tel. 039 46/90 56 24, April–Okt. Mo–Sa 9.30–18, So 10–15, Nov.–März Mo–Do 9.30–17, Fr/Sa 9.30–18 Uhr, www.quedlinburg.de, Parkplatz:
GPS: 51.786862, 11.134585

❷ Blankenburg

Im Harzvorland gelegen, hat Blankenburg gleich mehrere Schlösser und Schlossruinen zu bieten. Zwar hat die barocke Pracht des großen Schlosses – nach der Wende wurde es zunächst nicht genutzt und verfiel – beträchtlich gelitten, doch es wird nun Stück für Stück restauriert. Sehenswert ist es allemal; zugänglich sind u. a. das Theater, der Kaiser- und Rittersaal. Das Kleine Schloss Blankenburg mit der Tourist-Information wiederum besticht durch seinen

❶ Quedlinburg
❷ Blankenburg
❸ Wernigerode
❹ Fahrt auf den Brocken
❺ Rappbodetalsperre
❻ Pullman City Harz
🔺 Kurcamping Harz

🏕 KURCAMPING HARZ

Weite Teile des Geländes sehen gar nicht aus wie ein Camping-platz, sondern wie ein üppiger Park mit Pavillons, wie ein blühen-der Garten mit Liegestühlen, wie ein kleiner Tierpark mit Zwerg-ziegen, Pfauen und Zwerghühnern ... und genau das ist er auch! Familie Ebeling hat für ihr schönes Gelände sogar einen Garten-Preis bekommen. Es gibt nur zehn Stellplätze, man sollte sich also beizeiten um eine Reservierung kümmern. Spezielles Goodie: Im modernen Sanitärgebäude hat jeder Stellplatz sein eigenes Bad. Mit Spielanlage, Grillstelle und Brötchenservice.

Am Schwedderberg 30B, 06485 Quedlinburg OT Gernrode, Tel. 03 94 85/624 46, Mitte April–Okt., www.kurcamping-harz.de, Anfahrt für Gespanne über den Schwedderberg!
GPS: 51.725000, 11.125833

Im 19. Jh. wurden zahlreiche Schlösser so um-gebaut, wie man sich eine mittelalterliche Burg vorstellte – darunter Schloss Wernigerode.

Barockgarten mit Teehaus. Außerhalb der Stadt erhebt sich auf einem Felssporn das Freilichtmuseum Burg Regenstein. Beein-druckend: 32 in Sandstein gehauene Fels-räume und Gräben der ältesten Felsenburg Deutschlands.

Tourist Info: Schnappelberg 6, 38889 Blanken-burg, Tel. 039 44/36 22 60, Mai–Okt. Mo–Sa 10–17, So 14–17, sonst Mo–Fr 10–17, Sa 10–15 Uhr, www.blankenburg.de, Parkplatz: **GPS: 51.789158, 10.960360**

 Wernigerode

»Neuschwanstein des Nordens« wird Schloss Wernigerode häufig genannt, und das ist nicht unbedingt immer schmeichel-haft gemeint. Architekturpuristen schüt-teln sich angesichts des Stil-Mischmaschs, dessen letzter Akt der historisierende Umbau 1862 bis 1885 war. Von der Ter-rasse hat man einen traumhaften Blick auf die Stadt und die Umgebung, im Schloss-museum sind 250 überwiegend im Stil des späten 19. Jh. ausgestattete Räume zu besichtigen. Wernigerode selbst zeigt sich als romantisches Fachwerkstädtchen. Ein besonders schmuckes Beispiel für diesen Baustil ist das am hübschen Marktplatz ge-legene schiefergedeckte Rathaus mit seinen zwei eleganten Türmen, das ab dem späten 15. Jh. gebaut wurde. 400 m südöstlich steht das »Kleinste Haus« von 1774 in der Kochstr. 43: Es ist gerade mal 2,95 m breit und bis unters Dach 4,2 m hoch.

Tourist Info: Marktpl. 10, 38855 Wernigerode, Tel. 039 43/55 378 35, Mai–Okt. Mo–Fr 9–19, Sa 10–16, So 10–15, Nov.–April Mo–Fr 9–18, Sa 10–16, So 10–15 Uhr, www.wernigerode-tourismus.de, Parkplatz: **GPS: 51.838833, 10.795485**

Schloss: Am Schloß 1, 38855 Wernigerode, Tel. 039 43/55 30 30, März/April Mo–Fr 10–17, Sa/So 10–18, Mai–Okt. tgl. 10–18, Nov./Dez. Di–Fr 10–17, Sa/So 10–18 Uhr, www.schloss-wernigerode.de

④ Fahrt auf den Brocken

Vom Bahnhof Wernigerode geht es mit der Harzquer- und der Brockenbahn zum 1125 m hoch gelegenen Brockenbahnhof – 17 Höhenmeter sind es dann noch bis zum Gipfel. Unterwegs macht die Bahn an einigen der reizvollsten Orte im Harz halt – etwa Drei Annen Hohne oder Schierke, wo sich Wanderungen in die Umgebung anbieten. Von der Station Steinerne Renne geht es am Flüsschen Holtemme entlang durch Lärchenwald zur Wodansklippe. Zu ausgewählten Terminen schnauft auch die historische Dampflok den Berg hinauf.

www.hsb-wr.de, Parkplatz:
GPS: 51.834989, 10.780816

Gewusst, wann

An Ostern und Pfingsten findet in Quedlinburg der Kaiserfrühling statt: Dabei werden immer wieder andere historische Begebenheiten aus der Zeit um das Jahr 1000 nachgespielt, z. B. wie dem Sachsenherzog Heinrich die Königswürde angetragen wurde. Ein Mittelaltermarkt flankiert das Spektakel, das an Ostern einen, an Pfingsten drei Tage dauert. www.kaiserfruehling.de

⑤ Rappbodetalsperre

Eine filigrane Stahlkonstruktion spannt sich über die tief eingekerbte Rappbodetalsperre – definitiv nichts für Leute mit Höhenangst, denn durch den Gitterrost des Laufstegs blickt man 100 m in die Tiefe, und sie ist fast einen halben Kilometer lang. Tiefe ist genau das, was die Wagemutigsten hier wollen, wenn sie sich von der Kabine in der Brückenmitte am Bungee-Seil hinunterstürzen, allein oder zu zweit. Bei Nebel ist zwar der Genuss des Ausblicks geschmälert, es ist aber schön schaurig, quasi ins Nichts hineinzulaufen.

www.titan-rt.de, Parkplatz:
GPS: 51.743195, 10.887690

⑥ Pullman City Harz

Der Wilde Westen liegt östlich der Bundesstraße 81 bei Hasselfelde. Auf fast unglaublichen 20 Hektar hat man hier eine Westernstadt nachgebaut und füllt sie nach Leibeskräften mit Leben. Da fliegen Wurfmesser, Pfeile und Tomahawks durch die Luft, da rauchen die Colts und knallen die Peitschen. Der Hit sind natürlich die vielen tierischen Akteure, von Longhorn-Rindern und Bisons über Pferde bis hin zu den Hunden, die den Trappern wichtige Helfer waren. Mitmachen ist natürlich auch angesagt, ob beim Ponyreiten oder beim Goldwaschen.

Am Rosentale 1, 38899 Hasselfelde, Tel. 03 94 59/73 10, April–Okt. tgl. 10–18 Uhr, www.westernstadt-im-harz.de, Parkplatz:
GPS: 51.701012, 10.865802

 ✕ **Essen & Trinken**

Bückemühle

1700 wurde das Gebäude errichtet, bis 1930 wurde hier Getreide gemahlen. Heute verwöhnt Familie Karger ihre Gäste mit Fischgerichten, aber auch mit anderen bodenständigen Kreationen. Im Sommer speist man draußen auf der Teichterrasse. Eigene Räucherei. Am Bückeberg 3, 06485 Quedlinburg OT Gernrode, Tel. 03 94 85/419, Do bis Mo 11.30–21 Uhr, www.bueckemuehle.de

Waldgasthaus Armeleuteberg

Ein Traditionsgasthof mitten im Wald, der gepflegte Harzer Hausmannskost wie Wildbraten oder heiße Hefeklöße mit Heidelbeeren serviert. Man kann hierher wandern oder von hier aus zu Touren aufbrechen, etwa auf dem Wernigeröder Märchenweg oder zur Talsperre Zillierbach. Eine tolle Aussicht bietet sich vom nah gelegenen Kaiserturm. Armeleuteberg 1, 38855 Wernigerode, Tel. 039 43/63 22 79, Mi–Mo 10–18 Uhr, Nov.–März nur Mi–So, www.armeleuteberg.de

 Einkaufen

Westerhäuser Käsehof

Familiengeführter Biobetrieb mit Rindern und Ziegen – Käse aus deren Milch gibt es hier oder samstags auf dem Wochenmarkt in Quedlinburg. Unter dem Mühlenberg 410, 06502 Thale, Tel. 0173/958 76 89, Verkauf tel. Anmeldung, www.käsehof-am-harz.de

20 Ruhrgebiet

Steht man erst einmal auf der Aussichtsplattform der Zeche Zollverein, bekommt man eine Ahnung davon, in was für eine aufregende Region man hier geraten ist. Monumentale Industriearchitektur ragt aus der Erde, hier reihen sich Städte, Anlagen und – das widerspricht jetzt eindeutig dem verrußten Image – Wäldchen, Hügel und renaturierte Flussläufe aneinander, so weit das Auge reicht. Das Ruhrgebiet ist in erster Linie grün und nicht grau und dabei gänzlich von Menschenhand geformt. Die Täler sind durch den Bergbau abgesackter Boden, die Hügel waren Abraumhalden, die Flüsse ehemalige Kanäle und der Baldeneysee ist die aufgestaute Ruhr. Seit es mit der Montanindustrie bergab geht, geht es mit der Lebensqualität und der Kreativität bergauf. Strukturwandel durch Kultur. Denn wenn die Region eines im Überfluss hat, dann Freiraum zur Entfaltung im urbanen Raum, und den lohnt es sich zu entdecken. Gasometer und Zeche Zollverein bieten neben der atemberaubenden Kulisse Ausstellungen und Veranstaltungen auf höchstem Niveau, Folkwang Museum und Villa Hügel zeugen von einer Zeit, als das Ruhrgebiet noch brummte – und das war jetzt nur Essen und Umgebung. Überall Kontraste und Überraschungen, also ab ins Ruhrgebiet!

www.ruhr-tourismus.de

Die Zeche Zollverein, zusammen mit der monströsen Kokerei, hat sich zum Wahrzeichen Essens gemausert.

1 Villa Hügel

269 Räume, ein 28 Hektar großer Park im Stil eines englischen Gartens, die prunkvolle Architektur und Innenausstattung machen aus der Villa Hügel ein wahrlich imposantes Schloss. Alfred Krupp, der nach dem Tod seines Vaters schon als 14-Jähriger Verantwortung im eigenen Betrieb übernahm und diesen zu einem der bedeutendsten Industrieunternehmen des 19. Jh. ausbaute, ließ das Familienrefugium in den Jahren 1870 bis 1873 erbauen. Die Villa war jedoch – bis 1945 – nicht nur großzügiger Rückzugsort für die Familie, sondern auch Schauplatz für Empfänge und Festlichkeiten. Kaiser und Könige, Regierungschefs, Diktatoren und Unternehmer waren hier

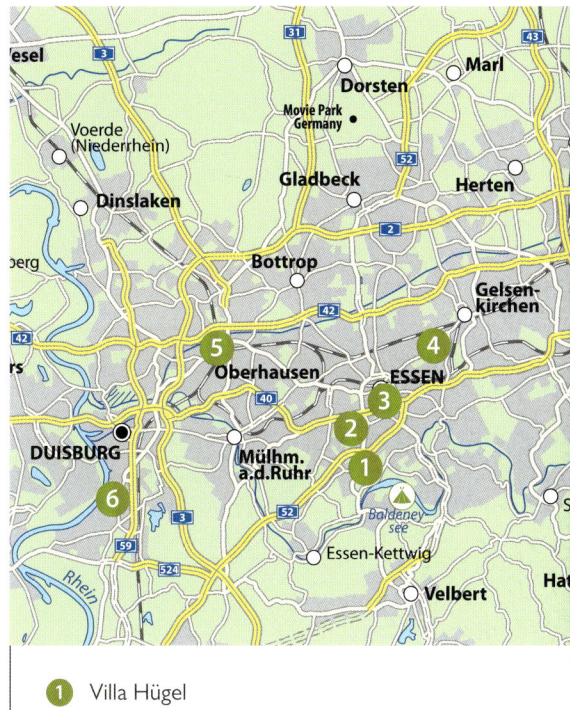

zu Gast. Aber natürlich stets auch hohe Militärs, was die Stellung der Firma als Waffenlieferant spiegelte. In der historischen Ausstellung gewinnt man Einblicke in die Geschichte dieser großen Unternehmerfamilie, auch wechselnde Kunstausstellungen werden inszeniert. Unbedingt empfehlenswert sind lange Spaziergänge durch den Park, von dem aus man wunderbare Ausblicke auf dieses Symbol des Industriewohlstands genießt.

Hügel 1, 45133 Essen, Tel. 02 01/61 62 90, Villa Di–So 10–18, Park tgl. 8–20 Uhr, www.villahuegel.de

- 1 Villa Hügel
- 2 Grugapark-Therme Essen
- 3 Museum Folkwang
- 4 Zeche Zollverein
- 5 Gasometer Oberhausen
- 6 Tiger and Turtle Magic Mountain
- ▲ Campingpark Baldeneysee

2 Grugapark-Therme Essen

Kunst, Kultur, Naturerlebnisse, Industrielandschaften – es gibt so viel zu entdecken und zu erleben, da darf man auch mal nur entspannen. In der Grugapark-Therme kann man es sich im Solebecken, im Strömungskanal, bei Unterwassermassagen oder im Dampfbad gutgehen lassen. Die tolle Saunalandschaft bietet Salz- und Rosenquarzsauna, ein sehr schön gestaltetes Japanhaus, eine Licht- und Duftsauna sowie wohltuende Fußbäder.

Lührmannstr. 70, 45131 Essen, Tel. 02 01/ 85 61 00, Mo–Do 9–22, Fr/Sa 9–23, So 9–19 Uhr, www.grugaparktherme.de

3 Museum Folkwang

Im Jahr 1902 spendierte der Student der Kunstgeschichte, Literatur und Philosophie Karl Ernst Osthaus (1874–1921) eine

Nur der Name »Villa Hügel« ist hier Understatement. Buckingham Palace des Ruhrgebiets wäre die treffendere Bezeichnung.

Erbschaft, um das Museum Folkwang zu gründen – heute eines der wegweisenden Museen für moderne und zeitgenössische Kunst. Die Krupp-Stiftung schließlich ermöglichte einen Neu- und Erweiterungsbau, der 2010 vom britischen Stararchitekten David Chipperfield entworfen wurde. Durch gigantische Fenster kann man schon von weit her international bedeutende Werke, etwa von Caspar David Friedrich, Paul Gauguin, Pablo Picasso,

Dalí oder Miró erblicken. In lichtdurchfluteten Räumen erlebt man bemerkenswert inszenierte Kunst, Spezialsammlungen, Medienkunst und beeindruckende Skulpturen. Eine umfangreiche grafische und eine fotografische Sammlung runden das empfehlenswerte Kulturerlebnis ab. Sympathisch: Bis auf Sonderausstellungen ist der Eintritt frei!

Museumspl. 1, 45128 Essen, Tel. 02 01/884 54 44, Di/Mi, Sa/So 10–18, Do/Fr 10–20 Uhr, www.museum-folkwang.de

Zeche Zollverein

Franz Haniel ließ 1847 den ersten senkrechten Schacht bauen, eine wagnisreiche bergmännische Herausforderung und Start der Steinkohleförderung in Essen. Viele Schachtanlagen folgten, und schon im Jahr 1890 wurde eine Million Tonnen Kohle gefördert. Das beeindruckende Gelände, seit 2001 Unesco-Welterbe, ist heute Prestigeobjekt des Ruhrgebiets und Treffpunkt Kreativer jedweder Art. Die Bauhausarchitektur beherbergt das Ruhrmuseum, das Red Dot Design Museum, das PACT (Performing Arts Choreographisches Zentrum) und das Portal der Industriekultur. Jede Menge Kultur- und Freizeitaktivitäten, wechselnde Ausstellungen und Konzerte aller Stilrichtungen ziehen ein illustres Publikum aus aller Welt an. Während der Sommerferien in Nordrhein-Westfalen kann man zudem in dem wohl skurrilsten Schwimmbad Deutschlands planschen gehen: Das Werksschwimmbad, zwei aneinandergeschweißte Überseecontainer, öffnet für Besucher (freier Eintritt). An einem Tag im August findet der legendäre Arschbomben-Contest statt. Wem das zu wild ist, der genießt einfach den Spaziergang rund um die imposante Kokerei.

Gelsenkirchener Str. 181, 45309 Essen, Tel. 02 01/24 68 10, Besucherzentrum tgl. 10–18 Uhr, www.zollverein.de, Parkplatz:
GPS: 51.484285, 7.042946

CAMPINGPARK BALDENEYSEE

Direkt am Baldeneysee liegt der Campingplatz – sozusagen an der Schwelle zum Ruhrgebiet. So unprätentiös wie Essen und die Region ist auch der Platz. Die Sanitäranlagen sind einfach, aber sauber, genauso wie der See seit einiger Zeit. Die Wasserqualität wird täglich geprüft und je nachdem darf man baden gehen. Keinen Schnickschnack gibt es, kein Restaurant, dafür ist es herrlich grün, Enten watscheln über den Platz, und so hat man einen wunderbaren Natur-Industrie-Kontrast, wenn man ansonsten die Städte erkundet. Die Ausflugsdampfer zur Villa Hügel oder dem neuen Strandbad legen gleich nebenan ab. Bis nach Werden (nächste S-Bahn-Station) sind es 4 km.

Hardenbergufer 369, 45239 Essen, Tel. 02 01/40 20 07, ganzjährig, www.campingpark-baldeneysee.de
GPS: 51.401775, 7.040733

Vollkommen unvermittelt steht die Skulptur »Tiger and Turtle« auf einer alten Abraumhalde – komplett begehbar (bis auf den Looping), bietet sie fantastische Aussichten.

 Gasometer Oberhausen

Muss man mal gesehen haben: Das Industriedenkmal Gasometer ist schon schwer beeindruckend mit seinen 117 m Höhe. Von unten kommt man sich ganz klein vor, vom Dach blickt man majestätisch über das westliche Ruhrgebiet und hinein in den riesigen Ausstellungs- und Veranstaltungsraum. Und wirklich jede Ausstellung lohnt sich, denn der Innenraum bietet Künstlern die Möglichkeit, überdimensional zu präsentieren und so ganz neue Sichtweisen und viel Staunen hervorzurufen. Keine Ausstellungshalle Europas ist höher!

Arenastr. 11, 46047 Oberhausen,
Tel. 02 08/850 37 30, Di–So 10–18 Uhr,
www.gasometer.de

 Tiger and Turtle Magic Mountain

Wo findet man schon eine begehbare Achterbahnskulptur, rund um die Uhr geöffnet, nachts mit unzähligen LED-Lampen beleuchtet? Nur hier! Der Tiger and Turtle Magic Mountain, erschaffen vom Hamburger Künstlerduo Heike Mutter und Ulrich Genth, lässt den Ausblick auf die umliegende Landschaft durch ihre vielen Windungen auf 220 begehbaren Stufen ständig neu erscheinen. Aus 48 m Höhe entdeckt man die Duisburger Innenstadt, den Rhein, bei guter Sicht Düsseldorf und im Dunkeln den beleuchteten Pylon der Rheinkniebrücke.

Ehinger Str. 117, 47249 Duisburg, immer zugänglich, Parkplätze an der Straße

Essen & Trinken

Ampütte

Jeden Moment könnte die Tür aufgehen und Horst Schimanski den Raum betreten. Diese Kneipe auf der Ausgehmeile »Rü« ist echter Pott. Kein Latte Macchiato, sondern Schnitzel und Bier, nicht Retro-Chic, sondern eine richtige, gewachsene Institution. Oft Livemusik.
Rüttenscheider Str. 42 , 45136 Essen, Tel. 02 01/77 55 72, Mo/Di 18–1, Mi/Do 18–2, Fr/Sa 18–4 Uhr, www.ampuette-essen.de

Casino Zollverein

In der ehemaligen Kompressorenhalle hängen Kronleuchter von der Decke und Industriecharme verbindet sich aufs Vortrefflichste mit innovativer Kochkunst. Bei schönem Wetter kann man auf ein Bier und eine Currywurst auf dem Pappteller im Sommergarten Platz nehmen.
Gelsenkirchener Str.181, Schacht XII/Halle A9, 45309 Essen, Tel. 02 01/83 02 40, Di–Fr 17.30–24, Sa 13–24, So 11–24 Uhr (Küche jeweils bis 22 Uhr), www.casino-zollverein.de

Einkaufen

Banneke Feinkost flüssig

Ein Spirituosenhändler mit Leib und Seele. Grob geschätzt gibt es 700 Whisky-Sorten und über 3800 andere hochprozentige Köstlichkeiten.
Kreuzeskirchstr. 37, 45127 Essen, Tel. 02 01/24 77 10, Mo–Fr 9.30–17 Uhr, www.banneke.com

Von NRW bis nach Nordhessen erstreckt sich das Mittelgebirge. Sie kennen es nicht? Höchste Zeit, die *terra incognita* zu erkunden.

21 | Rothaargebirge

Wer oder was hat hier eigentlich rotes Haar? Die vermeintlich poetische Landschaftsbezeichnung leitet sich, davon sind Sprachforscher überzeugt, von »rod hardt« ab, was in etwa »gerodeter Wald« heißen und auf die jahrhundertelang praktizierte Waldweidewirtschaft hinweisen dürfte. Heute treibt niemand mehr Kühe oder Schweine ins Gehölz, wohl aber leben hier freie Wisente, die 2013 ausgewildert wurden. Aber keine Angst: Die Chance, dass man ihnen begegnet, ist nicht sehr groß, auch wenn das Netz der Wanderwege und Radtouren kreuz und quer durch den Naturpark Sauerland-Rothaargebirge führt. Die üppig grüne Mittelgebirgslandschaft, zweitgrößter Naturpark Deutschlands und beliebtes Feriengebiet, ist für Besucher gut erschlossen und bietet mehr als nur Natur: Da gibt es Aussichtstürme mit fantastischen Panoramablicken, Ritterburgen und Ruinen, Höhlen und Heimatmuseen, Kirchen und Kornmühlen ...

www.naturpark-sauerland-rothaargebirge.de

1. In und um Bad Laasphe
2. Schloss Berleburg
3. Wisentwelt
4. Rothaarsteig
5. Erlebnisberg Kappe

 Campingplatz Laasphetal

1 In und um Bad Laasphe

Bad Laasphe punktet mit einer hübschen Fachwerkaltstadt und einer Kirche aus dem 13. Jh. Über der Stadt thront Schloss Wittgenstein, das heute als Internat genutzt wird. Im Zentrum findet man alles, was man als Camper braucht, um sich auf die sportlichen Möglichkeiten der Umgebung zu stürzen: Die Tourist Info versorgt Besucher mit Tipps zu Themenwegen, Märchenpfaden, Radtouren, Baumführungen, Gleitschirmsprüngen, zu örtlichen Museen etc. und verleiht sogar E-Bikes.

Tourist Info: Wilhelmspl. 3, 57334 Bad Laasphe, Tel. 027 52/898, Mo–Fr 9–12.30, 13.30–17.30, Sa 10–12 Uhr, www.tourismus-badlaasphe.de, Park- und Wohnmobilstellplatz: **GPS: 50.924415, 8.411786**

2 Schloss Berleburg

Seit über 750 Jahren ist Schloss Berleburg Stammsitz derer zu Sayn-Wittgenstein-Berleburg. Dass man eine Adelsfamilie in ihrem Zuhause besuchen kann, gibt es nur selten in Deutschland. Doch hier teilt man die spezielle Atmosphäre des Anwesens gerne mit Besuchern: Im Rahmen einer Führung kann man barocke Festsäle und Gästezimmer, die Große Halle und die Kapelle besichtigen. Einige Jahrhunderte diente der Bau als Jagdschloss, wurde aber im 16. Jh. zum Residenzschloss erweitert. Der dreigeschossige Mittelflügel und ein Wohntrakt kamen im 18. Jh. hinzu. Unbedingt besuchenswert sind auch der Schlossgarten und die Schloss-Schänke, die 2008 im ältesten Teil der Anlage eröffnet wurde. Ein Erlebnis sind die sommerlichen Konzerte.

Goethepl. 8, 57319 Bad Berleburg, Tel. 027 51/93 60 10, Führungen Jan.–April Di, Do, Sa/So 14.30, Mai–Okt. tgl. 10.30, 14.30 Uhr, Nov./Dez. auf Anfrage, www.wittgenstein-berleburg.net

3 Wisentwelt

Können im Zoo geborene Wisente in freier Wildbahn überleben? Diese Frage stellten sich Wissenschaftler und Tierfreunde im Jahr 2013, bevor sie acht Wisente auf gut Glück auswilderten. Einst waren die mächtigen Rinder in Europa weit verbreitet, später gänzlich ausgerottet. Den sympathisch-zotteligen Teilnehmern des Experiments gefällt es offenbar recht gut im Rothaargebirge, und so wurden bis heute 19 Tiere in Freiheit geboren. Sie in ihrem natürlichen Habitat zu beobachten ist knifflig, elf Exemplare kann man aber im Schaugehege der Wisentwelt aus nächster Nähe bestaunen.

Weidiger Weg 100, 57319 Bad Berleburg, Tel. 027 51/920 55 35, Ende März–Ende Okt. Di–So 10–17, Nov.–Mitte März 10–15 Uhr, www.wisent-welt.de

CAMPINGPLATZ LAASPHETAL

Auf dem eingewachsenen Gelände an der Laasphe, gegenüber von Schloss Wittgenstein, gibt es gerade mal 30 Stellplätze, aber der Hit ist: Jeder verfügt über ein eigenes kleines Badhäuschen mit WC, Dusche und Waschbecken. Aufenthaltsraum, Koch- und Abwaschgelegenheiten sind für alle da. Es gibt keinen Kiosk oder Kinderspielplatz, aber in 10 Min. ist man zu Fuß in der Stadt und findet alles, was man braucht. Zum Wabach-Freibad sind es nur 2 km. Speziell zum Wandern und Radfahren ein toller Ausgangspunkt, und abends kann man die Muskeln in der Sauna entspannen.

Wasserstr. 66, 57334 Bad Laasphe, Tel. 027 52/61 90, ganzjährig, www.camping-laasphetal.de **GPS: 50.931451, 8.402239**

Am Erlebnisberg Kappe lässt sich durch Baumwipfel und noch höher hinaus klettern.

 Rothaarsteig

Wer den Rothaarsteig in einem Rutsch abwandern wollte, müsste 97 Std. einplanen und fast 3000 Höhenmeter erklettern. Macht natürlich niemand. Deshalb ist die 156 km lange Strecke in acht Etappen unterteilt. Der dritte Abschnitt beispielsweise beginnt in Winterberg und führt u. a. über den Kahlen Asten (842 m): Der bekannte Berg hat eine eigene Wetterstation und bie- tet von oben einen sensationellen Rundumblick bis zum Brocken im Harz (1141 m), dem Großen Feldberg im Taunus (881 m) und der Wasserkuppe in der Rhön (950 m).

Alle Etappen und Informationen: www.rothaarsteig.de

5 Erlebnisberg Kappe

Wenn die Kinder nicht mehr wandern und Blumen bewundern wollen, können sie sich in diesem Freizeitpark mal so richtig austoben – und ihre Eltern ebenfalls. Kletterwald, Sommerrodelbahn, Panoramabrücke in schwindelerregender Höhe, »Kiss the sky«-Trampolin – eine Attraktion jagt die nächste.

Kappe 2c, 59955 Winterberg, Tel. 029 81/ 929 64 33, April–Okt. tgl. 9.30–18, Nov.–März 10–16.30 Uhr, www.erlebnisbergkappe.de

Gewusst, wann

Im Sommer schallt jeden Freitag von 18–22 Uhr Musik durch die Straßen von Bad Laasphe: Die Brauerei Bosch lädt Künstler aus nah und fern ein und macht den Wilhelmsplatz zur Open-Air-Bühne. Der Eintritt ist frei. www.tourismus-badlaasphe.de

 ## Essen & Trinken

Restaurant Zum Hirsch

Naheliegend, dass es hier Wildspezialitäten gibt. Die überzeugen mit ihrer Qualität, ob es nun Rehrücken oder Wildschweinbraten ist. Und Vegetarier bzw. Veganer? Werden z. B. mit getrüffelten Nudeln verwöhnt. Auch sehr fein! Königstr. 54, 57334 Bad Laasphe, Tel. 027 52/509 84 04, Mo, Do–Sa ab 17, So 12–14.30 und ab 17 Uhr, www.zumhirsch.org

Alte Schule

Falls es mal regnen sollte, kann man sich im ungemein schönen Ambiente dieses Hotelrestaurants trösten. Unbehandelte Fachwerkbalken, edle Möbel in dunklem Leder oder Holz, dazu Vitrinen, in denen historische Schulsachen ausgestellt sind, etwa Schiefertafeln oder Griffel – hier sind Vergangenheit und Moderne gekonnt und unterhaltsam kombiniert. Edel kommen auch Burger, Steak und andere deftige Gerichte auf den Tisch. Goetheplatz 1, 57319 Bad Berleburg, Tel. 027 51/920 47-80, Fr–Mi 17–23, Sa/So auch 14–17 Uhr Kaffee und Kuchen, www.hotel-alteschule.de

 ## Einkaufen

Wochenmarkt in Bad Laasphe

Auf dem Wochenmarkt (mittwochs) werden Lebensmittel, aber auch andere nützliche und/oder nette Dinge verkauft. Wilhelmsplatz, 57334 Bad Laasphe, 1 km vom Campingplatz Laasphetal

22 Rund um den Edersee

Die Stauwurzel ist weder ein Verkehrsphänomen noch eine alte Gemüsesorte, sondern der Punkt eines Flusses, an dem man merkt, dass er weiter hinten angestaut wird. Ab hier fließt das Wasser langsamer, der Fluss wird tiefer – alles selbstverständlich mit Auswirkungen auf die natürliche Flora und Fauna. Klingt ein wenig kritisch, hat hier im grünen Norden Hessens jedoch sein Gutes: Die Stauwurzel des Edersees liegt beim Ort Herzhausen, und hier ist so etwas wie eine beinahe authentische Flussaue entstanden – eine Landschaftsform, die in Europa extrem selten geworden ist. Im Spätsommer wird der Wasserstand des seit 1914 gestauten Edersees für die Weserschifffahrt abgesenkt, sodass nach und nach große Bereiche trockenfallen. In diesen Zonen wachsen nun spezielle Pflanzen, die sich entweder jedes Jahr neu ansiedeln oder eine längere bzw. kürzere »Unter-Wasser-Zeit« brauchen. Auch viele Tiere haben sich exakt an diese Flussdynamik angepasst, darunter über 70 Schmetterlingsarten, etliche Libellen und Muscheln, aber auch Schwimm-, Brut- und Greifvögel wie Haubentaucher, Sumpfrohrsänger oder der Milan. Der elegante Eisvogel nistet in der Nähe, sucht aber hier nach Nahrung. Die Vogelwelt lässt sich am besten von der Uferpromenade von Herzhausen beobachten – Fernglas nicht vergessen! Im Herbst kann man in einigen Bereichen richtige »Wattwanderungen« unternehmen, organisiert von den Rangern des Nationalparks Kellerwald-Edersee.

Das Waldecker Land, in das der Edersee eingebettet ist, lohnt aus vielen Gründen eine Reise: ungezählte Wassersportmöglichkeiten, riesige Wälder, idyllische Wiesentäler, hübsche Dörfer, eine Hansestadt und ein Schloss, prächtig wie Versailles, in Bad Arolsen.

www.edersee.de,
www.erlebnisregion-edersee.de,
www.waldecker-land.de

Sicher nicht inflationär: Der Titel Nationalpark wird in Deutschland sehr sparsam vergeben, und unter den 16 Auserwählten ist der Edersee.

1 Nationalpark Kellerwald-Edersee

Wer im Camping- & Ferienpark Teichmann (siehe nächste Seite) wohnt, ist gleich mittendrin – das Nationalparkzentrum liegt nämlich auf der anderen Straßenseite. Hier können sich Kinder wie Erwachsene darauf einstimmen, was sie in der Wildnis sehen und erleben werden, wenn sie wissen, wonach sie Ausschau halten sollten. Um die »Urschätze« dreht sich der erste Teil der Ausstellung, darunter die unter Unesco-Welterbeschutz stehenden »Alten Buchenwälder«. Im interaktiven »WaldWerk« geht es um die tierischen Bewohner wie Luchs und Wolf. Im 4D-Kino erlebt man schließlich einen Streifzug an der Seite eines Rangers – die vierte Di-

Wer zusätzlich zu der Natur noch einen Schuss Adrenalin vertragen kann, findet ihn im Kletterwald neben dem Wildtierpark.

mension gibt es wirklich! Im Restaurant kann man sich noch einmal stärken, bevor es auf eigenen Beinen auf Tour geht. Im Jahr 2004 wurde der Nationalpark Kellerwald-Edersee eingeweiht. 30 Wanderwege und fünf Radrouten durchziehen das rund 57 qkm große Gebiet. Darf's ein bisschen mehr sein? Der Urwaldsteig Edersee führt auf 68 km über Stock und Stein rund um den See. Besonders schön ist das 24 km lange Stück zwischen Hemfurth und Kirchlotheim am Nordufer des Stausees. Gern einmal im Herbst ausprobieren! Wo so viel urwüchsige Natur ist, möchte man auch die dazugehörenden Tiere sehen. Damit das gelingt, macht man am besten einen Ausflug in den Wildtierpark Edersee: Hier leben Vertreter der heimischen Fauna – Wolf, Luchs und Wisent in Gehegen, Rotwild, Damwild und Muffelwild laufen frei herum. Viel Spaß macht die Greifvogel-Flugschau, faszinierend ist die Schaufütterung des Wolfsrudels.

Nationalparkzentrum: Weg zur Wildnis 1, 34516 Vöhl-Herzhausen, Tel. 056 35/ 99 27 81, April–Okt. tgl. 10–18, Nov.–März Di–So 10–16.30 Uhr, www.nationalparkzentrumkellerwald.de; Urwaldsteig Edersee: www.urwaldsteig-edersee.de; Wildtierpark Edersee: Am Bericher Holz 1, 34549 Edertal, Tel. 056 23/97 30 30, Mai bis Okt. tgl. 9–18, Nov.–Feb. 11–16, März/April 10–18 Uhr, www.wildtierpark-edersee.eu

2 Personenschiffahrt Edersee

Wenn man die beiden stattlichen Schiffe der Personenschiffahrt Edersee sieht,

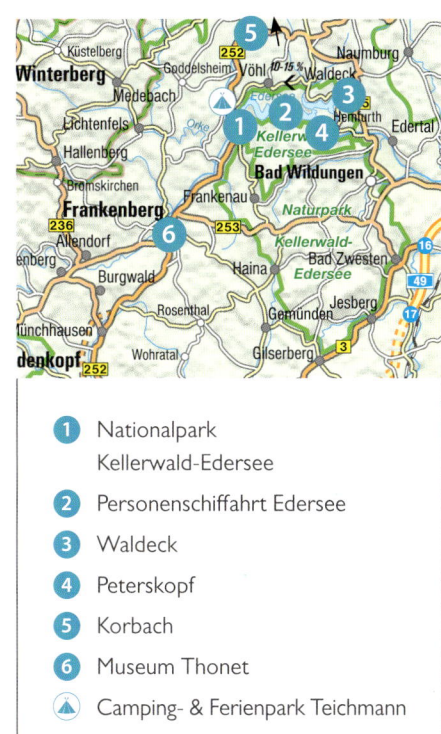

1 Nationalpark Kellerwald-Edersee
2 Personenschiffahrt Edersee
3 Waldeck
4 Peterskopf
5 Korbach
6 Museum Thonet
▲ Camping- & Ferienpark Teichmann

realisiert man erst, wie gewaltig die Staumauer ist. Auf der »Stern von Waldeck« können 300 Passagiere mitfahren, auf der »Edersee Star« 450. Die große Ederseerundfahrt führt von der Edertalsperrmauer Richtung Westen durch den immer schmaler werdenden Fluss bis nach Herzhausen und zurück. 5 Std. dauert das Ganze – eine kleine Reise zum Runterkommen. Zu lang? Es gibt auch kürzere Rundfahrten. Geburtstagskinder dürfen übrigens auf allen Linienfahrten gratis an Bord! Man darf auch Fahrräder mitnehmen, kann sich also eine schöne Kombi-Tour zusammenstellen.

Ederseerandstr. 8b, 34513 Waldeck-West, Tel. 056 23/54 15, Fahrpläne auf der Website, www.personenschifffahrt-edersee.de

CAMPING- & FERIENPARK TEICHMANN

Wer gerne schwimmt, paddelt, rudert und angelt, kann hier Tage verbringen, ohne etwas zweimal zu machen. Dieser Familien- und Jugendcampingplatz (munter!) liegt am Fluss Eder und an einem mittelgroßen See. Am Kiosk werden Kanus, Kajaks, Tretboote und SUP-Bretter verliehen, die Halbinsel für Zelte ragt weit in den See hinein – Wasser satt! Dazu wird auch noch Programm gemacht: Kinder dürfen nach Gold suchen, einmal pro Woche gibt es Lagerfeuer und Musik am Strand, organisierte Geocaching-Touren führen in die Umgebung. Minimarkt, Fahrrad- und Feuerschalenverleih, Restaurant. Reservierung empfohlen! Auf der anderen Straßenseite liegt das Nationalparkhaus mit seiner interessanten Ausstellung. Da kann das Auto auch mal stehen bleiben.

Zum Träumen 1A, 34516 Vöhl-Herzhausen, ganzjährig,
GPS: 51.175079, 8.891837

Gewusst, wann

Im Herbst ist es rund um den Edersee besonders schön. Mitte Oktober wird es in Korbach auch noch besonders wild: Beim seit über 20 Jahren veranstalteten Mittelaltermarkt geben sich Ritter, Minnesänger, Narren und Gaukler die größte Mühe, die Welt von damals zum Leben zu erwecken. www.korbacher-hanse.de

 ### 3 Waldeck

In den schmucken Luftkurort mit der gleichnamigen Burg kann man natürlich mit dem Auto fahren oder, auch sehr nett, mit der Waldecker Bergbahn direkt vom Edersee aus. Fahrräder können ebenfalls transportiert werden. Das Schloss, eigentlich eine Burg mit Wehrfunktion aus dem 11. Jh., ist Hauptattraktion des Ortes und frei zugänglich. Das historische Gemäuer beherbergt nicht nur ein luxuriöses Hotel, sondern auch ein Museum und das Café-Restaurant Altane mit Aussichtsterrasse: Der Blick auf den Edersee, über die Buchenwälder des Kellerwalds und das Waldecker Land ist spektakulär!

Tourist Info: Sachsenhäuser Str. 10, 34513 Waldeck, Tel. 056 23/97 37 82, Mo–Fr 9–15, Fr bis 14, Sa bis 12 Uhr, www.waldeck.de; Schloss Waldeck: Schlossstr. 1, 34513 Waldeck, Tel. 056 23/58 90, Mo–Fr 12–14, Sa/So 12–15, danach bis 18 Uhr Kaffee und Kuchen, So/Mo auch Abendessen, www.schloss-hotel-waldeck.de
Parkplatz Bergbahn-Talstation:
GPS: 51.204803, 9.050301

4 Peterskopf

Gebaut wurde die Standseilbahn auf den Peterskopf nicht der schönen Aussicht wegen, sondern um Material und Mitarbeiter des Pumpspeicherwerks Waldeck rauf und runter zu bringen. Über 50 Jahre diente sie diesem Zweck, doch seit 1983 transportiert sie auch Passagiere, die nun in zehn Minuten 1 km Strecke und knapp 300 Höhenmeter überwinden, immer an den beiden riesigen Druckrohren entlang. Und die Besucher genießen sie nun, die Aussicht, z. B. von der Plattform am Oberbecken Waldeck 2. Manche nehmen auch ihre Fahrräder mit und flitzen auf ihnen wieder zu Tal. Ein Pumpspeicherwerk ist übrigens so etwas wie eine enorme Batterie: Wenn die Stromerzeugung aus Sonne und Wind einmal schwankt, können aus den Oberbecken riesige Wassermengen durch die

Rohre nach unten geschickt werden, wo sie Turbinen antreiben, die wiederum Strom erzeugen. Ist die Flaute vorbei, wird wieder Wasser ins Becken nach oben gepumpt: gespeicherte Energie.

Standseilbahn am Edersee: Kraftwerkstr. 10, 34549 Edertal, Tel. 056 23/94 83 90, Ende März–Anfang Okt. Di–So stdl. 11–17 Uhr, www.uniper.energy/de/waldeck

 ## Korbach

Das Stichwort »Hanse« verbindet man gemeinhin mit Orten um Nord- und Ostsee. Korbach gehörte jedoch auch zum Hansebund und war eines seiner südlichsten Mitglieder. Die Kaufleute handelten mit

Seit 650 Jahren markiert das Rathaus die Grenze von Alt-und Neustadt in Korbach.

Tuchen, Fellen, Bier – und mit Gold, denn hier befand sich die größte Goldlagerstätte Deutschlands. Besucher folgen heute der »Goldspur«, einer im Boden eingelassenen Markierung, die u. a. das Rathaus, das gotische Lagerhaus sowie die Kirchen St. Kilian und St. Nikolai verbindet. Im Wolfgang-Bonhage-Museum lernt man mehr über das Thema Gold und über noch viel ältere Dinge: In der sog. Korbacher Spalte wurden nämlich 250 Mio. Jahre alte Fossilien gefunden. In der Außenstelle des Museums kann man u. a. den »Korbacher Dackel« bewundern, der ganz sicher nichts mit unserem heutigen Vierbeiner zu tun hat.

Tourist Info: Stechbahn 1, 34497 Korbach, Tel. 056 31/530, Mo–Fr 8.30–18, Sa 9.30–13 Uhr, www.korbach.de, Parkplatz: **GPS: 51.269456, 8.856819** Wolfgang-Bonhage-Museum: Kirchpl. 2, Korbach 34497, Tel. 056 31/532 89, Di–So 12–16.30 Uhr, www.museum-korbach.de

 ## Museum Thonet

Kein Camper hat einen Stuhl von Thonet dabei, aber vielleicht zu Hause? Die Möbel aus elegant gebogenem Holz sind zu Ikonen des Wohndesigns geworden, das feine Geflecht kommt auch in modernen Entwürfen zum Einsatz. Dieses Museum befindet sich in der Fabrik, in der seit 1889 produziert wird, und zeigt neben der Marken- und Handwerksgeschichte viele Originalmöbel.

Michael-Thonet-Str. 1, 35066 Frankenberg, Tel. 064 51/50 80, Mo–Fr 9–17, Sa 14–16 Uhr, www.thonet.de

 ## Essen & Trinken

Idylle am Edersee

Das Restaurant und Café hält, was sein Name verspricht: Die Lage, zwei Flussbiegungen vom Campingplatz entfernt, ist einfach traumhaft. Die Karte listet solide Gerichte auf, die Küche ist aber auch flexibel und stellt sich auf Wünsche der Gäste ein.
Seestr. 2, 34516 Vöhl, Tel. 056 35/99 13 66, Mi–Sa ab 15.30, So ab 11.30 Uhr, www.idylleamedersee.de

Fischerhütte

Austern, Hummer und Champagner gibt es hier, doch keine Angst: Das Repertoire dieses Restaurants mit Seeblick reicht bis zur Currywurst, und auch die ist vorzüglich. Wenn Nordseefisch mit Ahler Wurscht kombiniert wird, entsteht die »Hessische Crossover-Küche«. Überwiegend werden in der Region hergestellte Produkte verarbeitet.
Strandweg 9, 34549 Edertal-Rehbach, Tel. 056 23/41 77, Do/Fr 17–21, Sa/So 12–21 Uhr, www.fischerhuette-edersee.de

 ## Einkaufen

Dülfershof

Vier Generationen der Familie Schade leben für die Landwirtschaft, den Hof, die Kühe und den fantastischen Käse, von dem man über 20 Sorten kaufen kann.
Dülfershof 26, 34537 Bad Wildungen, Tel. 064 55/292, März–Nov. Mi 14–18, Sa/So 11.30–17, Dez.–Febr. Mi 14–17, Sa 10–15 Uhr, www.duelfershof.de

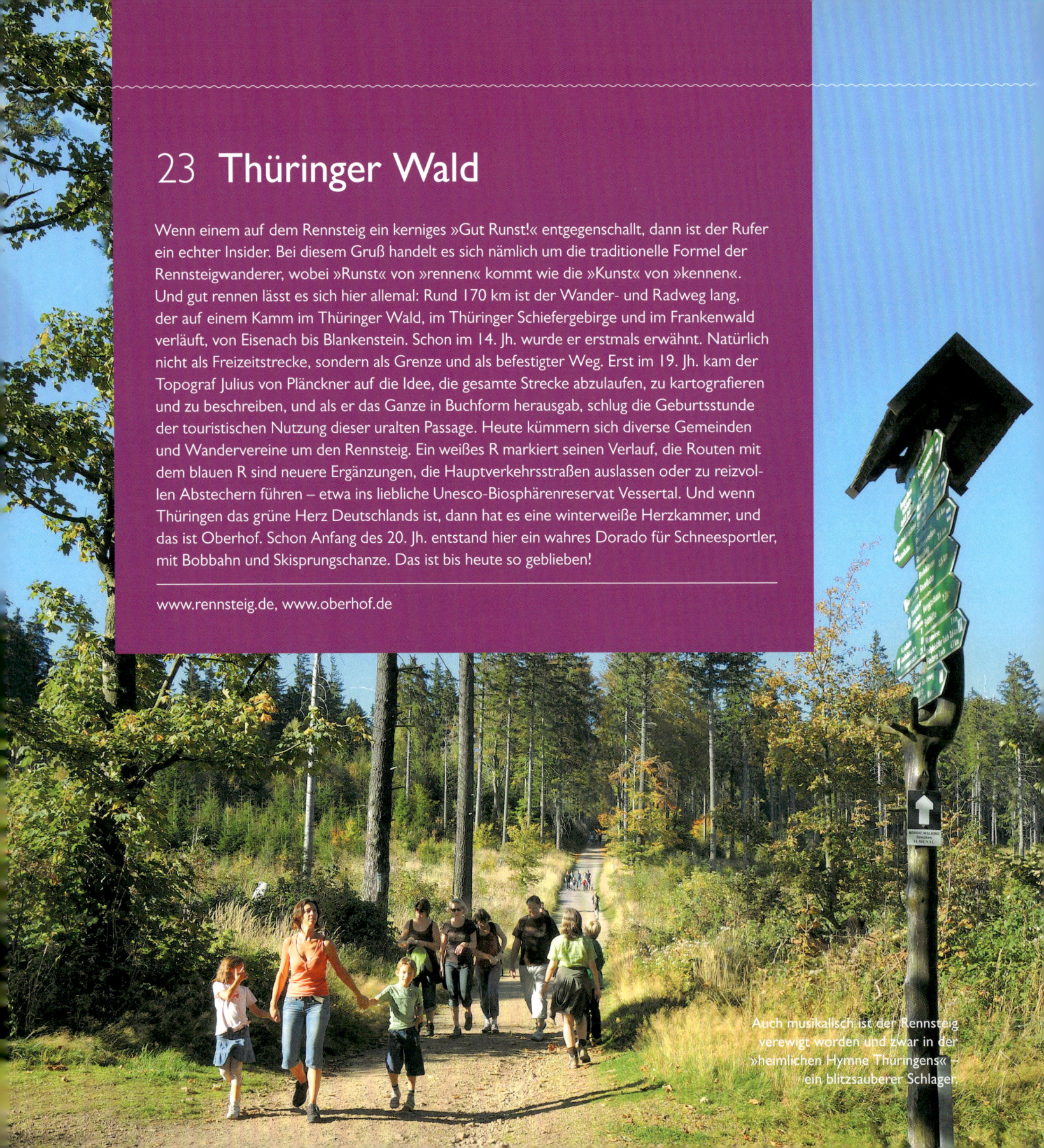

23 Thüringer Wald

Wenn einem auf dem Rennsteig ein kerniges »Gut Runst!« entgegenschallt, dann ist der Rufer ein echter Insider. Bei diesem Gruß handelt es sich nämlich um die traditionelle Formel der Rennsteigwanderer, wobei »Runst« von »rennen« kommt wie die »Kunst« von »kennen«. Und gut rennen lässt es sich hier allemal: Rund 170 km ist der Wander- und Radweg lang, der auf einem Kamm im Thüringer Wald, im Thüringer Schiefergebirge und im Frankenwald verläuft, von Eisenach bis Blankenstein. Schon im 14. Jh. wurde er erstmals erwähnt. Natürlich nicht als Freizeitstrecke, sondern als Grenze und als befestigter Weg. Erst im 19. Jh. kam der Topograf Julius von Plänckner auf die Idee, die gesamte Strecke abzulaufen, zu kartografieren und zu beschreiben, und als er das Ganze in Buchform herausgab, schlug die Geburtsstunde der touristischen Nutzung dieser uralten Passage. Heute kümmern sich diverse Gemeinden und Wandervereine um den Rennsteig. Ein weißes R markiert seinen Verlauf, die Routen mit dem blauen R sind neuere Ergänzungen, die Hauptverkehrsstraßen auslassen oder zu reizvollen Abstechern führen – etwa ins liebliche Unesco-Biosphärenreservat Vessertal. Und wenn Thüringen das grüne Herz Deutschlands ist, dann hat es eine winterweiße Herzkammer, und das ist Oberhof. Schon Anfang des 20. Jh. entstand hier ein wahres Dorado für Schneesportler, mit Bobbahn und Skisprungschanze. Das ist bis heute so geblieben!

www.rennsteig.de, www.oberhof.de

Auch musikalisch ist der Rennsteig verewigt worden und zwar in der »heimlichen Hymne Thüringens« – ein blitzsauberer Schlager.

1 Oberhof

Wer als Camper nach Oberhof kommt und gerade keinen Wintermonat erwischt, braucht auf die Faszination von Schnee, Eis und Sport nicht zu verzichten, denn die Tourist Info bietet geführte Wanderungen zu den Sportstätten an. Auf etwa 10 km Strecke kommt man an den historischen Jugendschanzen am Wadeberg vorbei, besucht die Rennschlitten- und Bobbahn, wirft einen Blick in die Skisporthalle, die das ganze Jahr auf –4 Grad gekühlt wird, bewundert die Dimensionen des Biathlonstadions und der modernen Schanzenanlage im Kanzlersgrund. Auf der Rennschlitten- und Bobbahn dürfen sich Besucher schließlich selbst in die Tiefe stürzen – im Sommer im Sommerbob, im Winter sogar im echten Viererbob, im Ice-Rafting-Boot oder auf dem Ice-Tubing-Reifen. Adrenalin marsch!

Tourist Info: Crawinkler Str. 2, 98559 Oberhof, Tel. 03 68 42/26 90, tgl. 9–18 Uhr, www. oberhof.de, Wohnmobilstellplatz im Zentrum: **GPS: 50.702691, 10.727666**

Gewusst, wann

Auf dem Rennsteig gibt es immer wieder Sportevents, etwa den GutsMuths-Rennsteiglauf im Mai oder Etappenläufe auf den Spuren Julius von Plänckners. In diesen Zeiten ist auf den Straßen mehr los als sonst. Wer mitmachen oder die wilden Wochen lieber meiden möchte, findet Informationen unter: www.rennsteiglauf.de

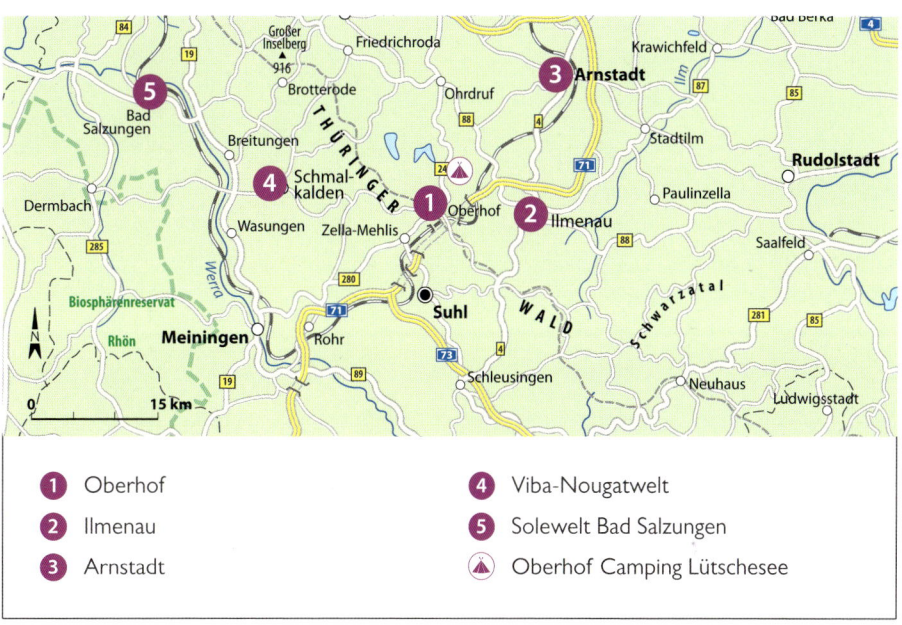

1 Oberhof
2 Ilmenau
3 Arnstadt
4 Viba-Nougatwelt
5 Solewelt Bad Salzungen
▲ Oberhof Camping Lütschesee

2 Ilmenau

Stadtrundgang oder Wanderung? Warum nicht beides: In Ilmenau bietet sich die hübsche Innenstadt für einen Bummel an – prächtig ist z. B. das zweigeschossige, weiß gestrichene Rathaus aus dem 18. Jh. mit seinem Glockenturm. Im Südviertel stehen sehenswerte Gründerzeitbauten – errichtet im 19. Jh., als die Stadt noch für ihre Kur- und Badebetriebe bekannt war; auch die Promenaden und Kurpfade stammen aus dieser Zeit. Johann Wolfgang von Goethe wurde über 20-mal als sachsen-weimarischer Staatsbeamter hierhergeschickt, um das Finanz- und Steuerwesen zu prüfen und die Ilmenauer Bergwerke wieder in Schwung zu bringen. Das zentral gelegene GoetheStadtMuseum folgt nicht nur den Spuren des berühmten Dichters, sondern legt auch dar, wie sich verschiedene Industriezweige in Ilmenau

entwickelten, darunter der einst florierende Kupfer- und Silberbergbau, die Porzellanherstellung und die technische Glasindustrie. Und nun zum Wandern, auch das mit Goethe: Er hat nämlich in Briefen von dieser wunderschönen Gegend geschwärmt und, wie man heute sagen würde, auf den Anhöhen des Thüringer Walds wunderbar »entschleunigt«. So könnte man zumindest die Verse deuten, die er im September 1780 mit Bleistift an die Wand der Jagdaufseherhütte auf dem Kickelhahn schrieb: »Ueber allen Gipfeln / Ist Ruh', In allen Wipfeln / Spürest Du / Kaum einen Hauch ...« Der 20 km lange Goethewanderweg beginnt am genannten Museum und führt von Ilmenau nach Stützerbach an zahlreichen schönen Ausblicken vorbei. Dabei gelangt man auf den Berg Kickelhahn mit seinem Aussichtsturm und zu zwei weiteren Gebäuden, in denen sich Goethe aufhielt und die heute naturwissenschaftliche Studien, Zeichnungen, Briefe und Gedichte ausstellen, die er hier geschaffen hat.

Tourist Info: Am Markt 1, 98693 Ilmenau, Tel. 036 77/60 03 00, Di–Fr 10–18, Sa/So 10–17 Uhr, www.ilmenau.de, Parkplatz: **GPS: 50.681389, 10.905000**
GoetheStadtMuseum: Am Markt 1, 98693 Ilmenau, Tel. 036 77/60 03 21, Di–So 10–17 Uhr, www.ilmenau.de

 3 **Arnstadt**

Und hier grüßt auch schon der nächste berühmte Name: Arnstadt ist eng mit dem Namen Johann Sebastian Bachs verbunden. Er hatte hier weder seine wichtigste noch seine längste Schaffensphase, aber vielleicht seine »wildeste«: Gerade einmal

Die Straße des Friedens in Ilmenau – hervorragend, um sich nach dem geballten Input aus dem GoetheStadtMuseum mit profaneren Dingen zu beschäftigen: Kaffee trinken, einkaufen.

 ## OBERHOF CAMPING LÜTSCHESEE

5 km nördlich von Oberhof liegt dieser geräumige Campingplatz an der Lütschetalsperre, idyllisch am tiefblauen Wasser zwischen bewaldeten Hängen. Die Ausstattung ist auf eine nette Weise altmodisch: Kinderspielplatz, Volleyballplatz und Tischtennisplatten bilden das ganze Entertainmentprogramm, hier werden also v. a. Natur- und Wanderfreunde glücklich, auch solche mit Hund. Die Stellplätze bekommen allesamt viel Sonne ab, nur hier und da stehen höhere Bäume auf dem nicht in Parzellen unterteilten Gelände. Im Hauptgebäude gibt es einen Imbiss und einen kleinen Shop, in nächster Nähe kann man Boote und Fahrräder ausleihen, tauchen und angeln, wandern und reiten. Im Sommer kann es auch mal voll werden, deshalb lieber vorher anrufen und nach der Situation fragen. Im Herbst leuchtet der Thüringer Wald in den allerschönsten Farben, im Winter verwandelt sich die Gegend rund um den Campingplatz in ein glitzerndes Wunderland – wenn Schnee liegt.

Am Stausee 9, 99330 Frankenhain, Tel. 03 62 05/765 18, ganzjährig, www.oberhofcamping.de
GPS: 50.733498, 10.756761

18 Jahre war er im Jahr 1703 alt, als er zum Organisten der Neuen Kirche gemacht wurde, seine erste Anstellung überhaupt. Diversen Briefen und Notizen seiner Zeitgenossen und Vorgesetzten ist zu entnehmen, dass der junge Musiker sich nicht so recht einfügen wollte. Mal spielte er zu lang und kompliziert, mal zu kurz, seine Chorschüler fielen durch Disziplinlosigkeit auf, und auch er selbst leistete sich einiges – zettelte Handgemenge an oder brachte eine »fremde Jungfer« auf die Orgelempore. Skandalös! Einmal beantragte er vier Wochen Urlaub und blieb mehrere Monate weg, was ihm nur verziehen wurde, weil er einen fähigen Vertreter eingesetzt hatte. Bach verliebte sich und heiratete in Arnstadt. Diesen Geschichten und denen seiner vielen Verwandten kann man im

Den Orgeln verdankt die Bachkirche in Arnstadt ihre Berühmtheit.

Schlossmuseum Arnstadt nachspüren: Die Dauerausstellung schlägt mittels moderner Multimediatechnik eine Brücke zwischen Musik- und Sozialgeschichte, und natürlich gibt es Bachs Musik auch zu hören.

Tourist Info: Markt 1, 99310 Arnstadt, Tel. 036 28/60 20 49, Mo–Fr 10–18, Sa 10–15.30, So 10–17 Uhr, www.arnstadt.de, Parkplatz: **GPS: 50.834344, 10.954102**
Schlossmuseum Arnstadt: Schlosspl. 1, 99310 Arnstadt, Tel. 036 28/60 29 32, Di–So 9.30 bis 16.30 Uhr, www.kulturbetrieb-arnstadt.de

4 Viba-Nougatwelt

Wer einmal dabei zuschauen möchte, wie Nougat »dressiert« wird, sollte nach Schmalkalden reisen. Dort erfährt man alles über die verschlungenen Wege, die eine Haselnuss nehmen muss, bevor sie zu einer cremigen Köstlichkeit wird. Ein Dompteur ist übrigens nicht anwesend, aber den Confiseurinnen darf man durch eine Glasscheibe bei der professionellen Herstellung und Verzierung von Pralinen zusehen. In Kursen lernt man selbst, wie es geht. Und im Shop kann man nach Herzenslust zuschlagen und alles kaufen, was man unterwegs entdeckt hat. Im Restaurant gibt es auch pikante Gerichte, nur Zucker geht ja auch nicht, sagen Erwachsene.

Nougat-Allee 1, 98574 Schmalkalden, Tel. 036 83/692 16 00, tgl. 10–18 Uhr, viba-schmalkalden.de

5 Solewelt Bad Salzungen

Kein Spaßbad mit bunten Attraktionen, sondern ein Erlebnis mit hohem Wellnessfaktor: Die Becken des Aktivbads haben unterschiedliche Solekonzentrationen. Bei 2 Prozent im großen Becken merkt man nur einen leichten Auftrieb, der beim Schwimmen unterstützt. Im Sole-Schwebebecken mit 15 Prozent fühlt man sich wie im Toten Meer! Sieben Saunen stehen zur Auswahl, dazu kommt die Totes-Meer-Salzgrotte: Erwachsene entspannen im Liegestuhl, Kinder spielen mit dem Salz wie mit Sand. Die feuchte, jodhaltige Luft tut den Atemwegen und der Haut gut.

Am Flößrasen 1, 36433 Bad Salzungen, Tel. 036 95/693 40, Mo–Sa 10.30–22, So 9.30–21 Uhr, www.solewelt.de, mit Wohnmobilstellplatz

Essen & Trinken

Luisensitz

Schweiz trifft Thüringen! Weil der Besitzer lange in der Eidgenossenschaft gearbeitet hat, gibt es hier Gerichte mit Raclettekäse oder Bündnerfleisch. Und weil man hier zu Hause ist, wird das Ganze mit Thüringer Bratwürsten oder Klößen abgerundet. Urige Kaminstube, im Sommer schöne Terrasse.
Dr.-Theodor-Neubauer-Str. 25, 98559 Oberhof, Tel. 03 68 42/221 96, So–Di ab 17, So auch 12–14.30 Uhr, www.luisensitz-oberhof.de

Tanya Harding

Die kanadische Köchin und Naturpädagogin hat mitten in Arnstadts Altstadt ein Restaurant eröffnet, das man hier nicht erwarten würde. Die Karte reicht von Frühlingsrollen und Quesadilla bis hin zu Burgern und Feinem vom Thüringer Durocschwein – alles frisch und auf hohem Niveau zubereitet.
Schulgasse 1, 99310 Arnstadt, Tel. 036 28/661 70 99, Di–Fr 11.45–14.30 und 18–21, Sa nur abends bis 22 Uhr, www.tanyaharding.de

Einkaufen

Wochenmarkt in Suhl

Auf dem historischen Marktplatz werden Obst, Gemüse, Back- und Fleischwaren, Käse und Honig und natürlich Thüringer Bratwurst verkauft.
Di, Do/Fr 9–14 Uhr, Parkplatz: **GPS: 50.609076, 10.698016**

24 Rund um Jena

Sieben Wunder verspricht Jena, dabei sind es in Wirklichkeit nur fünf. Das verzeiht man aber gern, weil die Stadt abgesehen von ihren historischen Kuriositäten noch viel mehr zu bieten hat. Wer hier seinen Urlaub verbringt, braucht keine langen Wege auf sich nehmen, um richtig tolle Sachen zu erleben! Doch zunächst zu den besagten Sieben: Bis heute erhalten ist ein Gotteshaus mit Durchfahrt – unter dem Altar der Stadtkirche führt ein Weg hindurch, den die Nonnen des benachbarten Zisterzienserinnenklosters einst für liturgische Umzüge nutzten. Nummer zwei ist die Uhr am Rathaus: Zu jeder vollen Stunde reißt der Schnapphans den Mund auf und will in eine goldene Kugel beißen, die ihm ein Pilger vor die Nase hält. Wenn er diesen Thüringer Kloß je erwischt, wird Jena untergehen, so die Legende. Das dritte »Wunder« hat im 17. Jh. sicherlich die Gemüter erregt: Jenaer Studenten bauten zum Spaß ein Monster mit sieben gehörnten Köpfen, sechs Klauen und zwei Schwänzen. Der »Drache« aus Tierknochen, Draht und Pappmaché sieht beklemmend realistisch aus und ist heute im Stadtmuseum zu sehen. Der Berg Jenzig gehört ebenso zu den »Big Five« wie der 30 m hohe Bergfried auf dem Hausberg. Die alte Camsdorfer Brücke dagegen stand vom Ende des 15. bis Anfang des 20. Jh., und das Weigelsche Haus wurde 1898 abgerissen – wirklich schade, denn schon 200 Jahr zuvor hatte es der Mathematikprofessor Erhard Weigel mit topmodernen Einbauten versehen, u. a. einer Weinleitung aus dem Keller und einem Aufzug.

ww.visit-jena.de

Wenn eine Stadt ihren wichtigsten Bahnhof »Paradies« nennt, dann kann man eigentlich gar nicht anders und muss aussteigen, um die Gegend zu entdecken.

① Jenzig und Hufeisen

Der Campingplatz Jena liegt direkt am Fuß des Bergs Jenzig, der eigentlich gar keiner ist. Hier haben sich nämlich die Saale und ihre Nebenflüsse jahrtausendelang ins Gelände gegraben und einige Höhenzüge »stehen gelassen«. Ein solcher beginnt praktisch am Jenzig und zieht sich in einem weiten Bogen nach Osten, Norden und wieder nach Westen und bildet das sogenannte Hufeisen. Sowohl das Jenzighaus (Di–So ab 11 Uhr geöffnet) als auch die Ruine der Kunitzburg bieten tolle Ausblicke. Beide lassen sich auf einer ca. 15 km langen Rundwanderung verbinden. Steiler Aufstieg, dann wird's gemütlicher.

Geführte Touren bei der Tourist Information: Markt 16, 07743 Jena, Tel. 036 41/49 80 50, Jan.–März Mo–Fr 10–18, Sa 10–15, sonst Mo–Fr 10–19, Sa/So 10–16 Uhr, www.visit-jena.de

① Jenzig und Hufeisen
② Jena
③ Weimar
④ DDR-Museum
⑤ Toskana-Therme
⑥ Naumburg
⚠ Campingplatz Jena

② Jena

Die Landeshauptstadt Erfurt, das berühmte Weimar und die Wartburg sind Thüringens am hellsten strahlende Ziele. Und Jena? Ist eine oft unterschätzte Perle! Ob man sich nun für Goethes und Schillers Spuren, Technik, Kunst oder Kulinarik interessiert, man findet etliche Andockstellen. Friedrich Schiller lebte einige Jahre in einem Gartenhaus an der Leutra, das heute als Museum dient. Der Steintisch, an dem er abends mit Goethe disputierte, steht heute noch im Garten! Mit dem Zeiss-Planetarium besitzt Jena die dienstälteste Sternwarte der Welt, die gleichzeitig hochmodern ist: Mittels Laser-Ganzkuppelprojektion sind nicht nur Reisen ins Weltall möglich, sondern auch in die Welt des Meeres und der (Rock-) Musik. Wer Carl Zeiss sagt, muss natürlich auch Optik sagen. Schon 1922 wurde das Deutsche Optische Museum gegründet, das Elektronenmikroskop, Prunkfernrohre und Hologramme zeigt – und lustigerweise auch über 700 Brillen. Die Kunstsammlung der Stadt zeigt weniger witzige, dafür umso wichtigere Werke: Den Schwerpunkt bildet die Kunst des 20. Jh. von der klassischen Moderne über Kunst der DDR bis hin zu internationalen Gegenwartskünstlern. Und zu guter Letzt die Kulinarik: Die Wagnergasse wird auch Kneipengässchen genannt, und damit ist eigentlich schon alles gesagt. Einfach ins abendliche Treiben stürzen, ein Jenaer Bier bestellen und mitreißen lassen!

Schillers Gartenhaus: Schillergässchen 2, 07743 Jena, Tel. 036 41/93 11 88, April–Okt. Di–So 11–17 Uhr, www.uni-jena.de/Gartenhaus; Zeiss-Planetarium: Am Planetarium 5, 07743 Jena, Tel. 036 41/88 54 88, Öffnungs- und Kassenzeiten siehe www.planetarium-jena.de;

CAMPINGPLATZ JENA

Stadtcamping hat ja durchaus etwas für sich. Noch toller ist es, wenn der Platz zusätzlich inmitten schöner Natur und direkt neben einem Freibad liegt! In 20 Min. ist man vom Campingplatz Jena aus zu Fuß in der Altstadt. Wanderwege auf den Jenzig beginnen quasi vor der Haustür, Radwege ebenfalls. Die Rezeption befindet sich in einem charmanten alten Trambahnwaggon, der Imbiss in einer kleinen Holzhütte; zweimal pro Woche werden Thüringer Spezialitäten auf den Holzkohlegrill gelegt. Wer außerhalb der Öffnungszeiten kommt, sucht sich einfach einen Platz und meldet sich später an, die Stimmung ist sehr relaxt. Optisches Schmankerl sind die vier original Airstream-Caravans, die man mieten kann.

Am Erlkönig 3, 07749 Jena,
Tel. 036 41/66 66 88, März–Okt.,
www.jenacamping.de
GPS: 50.936016, 11.608334

Deutsches Optisches Museum: Carl-Zeiss-Platz 12, 07743 Jena, Tel. 036 41/44 31 65, Di–Fr 10–16.30, Sa 11–17 Uhr, www.deutsches-optisches-museum.de; Kunstsammlung: Markt 7, 07743 Jena, Tel. 036 41/49 82 61, Di/Mi, Fr 10–17, Do 15–22, Sa/So 11–18 Uhr, www.kunstsammlung-jena.de; Parkplatz im Zentrum:
GPS: 50.929605, 11.592356

 3 Weimar

Eigentlich eine Kleinstadt, prägt Weimar die Kulturgeschichte Deutschlands wie kaum ein zweiter Ort. Im 18. und 19. Jh. lebten und arbeiteten hier Größen wie Johann Wolfgang von Goethe, Friedrich Schiller und Johann Gottfried Herder, was den Ruhm der Weimarer Klassik begründete. Im 19. Jh. trafen sich Musiker wie Franz Liszt und Richard Wagner in der Residenzstadt. An der 1860 gegründeten Weimarer Malerschule lehrten u. a. Arnold Böcklin und Franz Lenbach. 1919 entstand das Staatliche Bauhaus. Dessen erster Direktor Walter Gropius konnte Künstler wie Lyonel Feininger, Wassily Kandinsky und Paul Klee gewinnen. Seit 1998 gehören das Bauhaus und seine Stätten in Weimar und Dessau sowie das Klassische Weimar zum Weltkulturerbe der Unesco. Plastisch werden diese Themen in Schillers und Goethes Wohnhaus, im Bauhaus-Museum und der Bauhaus-Universität.

Tourist Info: Markt 10, 99423 Weimar,
Tel. 036 43/74 50, April–Dez. Mo–Sa
9.30–18, So 9.30–14, Jan.–März Mo–Fr
9.30–17, Sa/So 9.30–14 Uhr, www.weimar.de,
Stellplatz:
GPS: 50.985284, 11.316080

 4 DDR-Museum

Sagt Ihnen Kölnisch Herb etwas? Perlodont? Ein Radio der Marke Ilmenau? Eine Foron-Waschmaschine? Dann schwelgen Sie vielleicht in Erinnerungen, wenn Sie das Museum mit dem selbstironischen Namen besuchen. 12 000 Exponate machen den Alltag der Menschen in der ehemaligen DDR erlebbar. Die Gegenstände sind jeweils in Themenbereichen zusammengefasst – da gibt es einen Raum mit Radios und Schallplattenspielern, einen mit Küchenausstattung, einen mit Faltboot und sensationell bunter Campingausrüstung, einen Trabi flankiert von Fahrrädern und allerlei Garagenkram, eine Arztpraxis ...

Bahnhofstr. 42, 99510 Apolda, Tel. 036 44/
56 00 21, Di–So 10–17, April–Okt. bis 18 Uhr,
www.olle-ddr.de

Weimar: Hinter Goethes Wohnhaus liegt Goethes Garten. Der Mann hatte ein Faible für Botanik, was bis heute sichtbar ist.

Bildschön und halb hinter dem Kragen verborgen, ziert Markgräfin Uta seit der Spätromanik den Naumburger Dom.

5 Toskana-Therme

»Baden ist das neue Ausgehen«, heißt es in der Toskana-Therme. Tatsächlich hat man hier amüsante Möglichkeiten, um sich nass zu machen. Die 3000 qm große Wohlfühllandschaft bietet elf Thermalbecken und Whirlpools, fünf Kaskaden-Solepools und zwei Außenpools, einen davon mit Strömungskanal. Im sog. Liquid-Sound-Tempel sorgen Unterwasserklänge und farbiges Licht für Entspannung. Große Saunawelt innen und außen, ebenfalls mit Duft-, Licht- und Klanginszenierungen.

Wunderwaldstr. 2a, 99518 Bad Sulza, Tel. 03 64 61/920 00, Mo–Do, So 10–22, Fr/Sa 10–24 Uhr, Wellnesspark tgl. 9–18 Uhr, www.toskanaworld.net

6 Naumburg

Ende Juni 2018 ging ein lang gehegter Wunsch in Erfüllung: Der Naumburger Dom wurde in die Welterbeliste der Unesco aufgenommen. Er sei, so die Begründung der Jury, ein »Meisterwerk menschlicher Schöpferkraft« und vereine künstlerische Qualitäten mit Einblicken in die Architektur und Technologie seiner Zeit. Der bis heute großteils unveränderte Bau entstand im Übergang zwischen Romanik und Gotik und bildet mit Kreuzgang, Garten und Kuriengebäuden ein herausragendes Architekturensemble. Schon vor dieser Ehrung war das Gotteshaus für die »schönste Frau des Mittelalters« berühmt, die Markgräfin Uta, und elf weitere, überlebensgroße und ungemein ausdrucksstarke Stifterfiguren, geschaffen von einem unbekannten Naumburger Meister.

Tourist Info: Markt 6, 06618 Naumburg, Tel. 034 45/273-125, April–Okt. Mo–Fr 10–18, Sa 10–15, So 10–13, Nov.–März Mo–Fr 10–17, Sa 10–13 Uhr, Parkplatz:
GPS: 51.148742, 11.814196

Gewusst, wann

Sechs Wochen lang werden im Rahmen der Jenaer KulturArena Konzerte gegeben, Theater gespielt und Filme gezeigt. Bei dem großen Open-Air-Spektakel auf dem Theatervorplatz treten internationale Künstler vor insgesamt bis zu 70 000 bestens gelaunten Zuschauern auf. Juli und August, Informationen: www.kulturarena.de

✗ Essen & Trinken

Landgrafen

Schick und hoch oben: Landgraf heißt die Anhöhe auf der linken Saaleseite. Hier thront das elegante Restaurant, dessen Küchenteam Aromen aus aller Welt auf die Teller bringt. Auf feinen Sauerbraten und Thüringer Klöße braucht man natürlich auch nicht verzichten. Landgrafenstieg 25, 07743 Jena, Tel. 036 41/50 70 71, Di–Do 15–23, Fr/Sa 11.30–23, So 11.30–20 Uhr, www.landgrafen.com

Am Wehr

Rustikal und am Wasser: Ob Biergarten oder Flößerstube, Strandbar oder Rittersaal – hier geht es lustig und deftig zu. Im Sommer sitzt man draußen mit Blick auf die Saale und die mittelalterliche Steinbrücke oder mit Sand unter den Füßen. Bratwurst, Wein und Bier gibt's immer, das Rittermahl ab Oktober. Göschwitzer Str. 11, 07745 Jena, Tel. 036 41/61 86 58, tgl. ab 11 Uhr, www.am-wehr.de

🛒 Einkaufen

Wochenmarkt in Jena

Seit 2009 baut Gerald Kaßner seinen mobilen Brotbackofen auf dem Jenaer Marktplatz auf – einer von 60 Händlern, die hier Gebäck, frisches Obst, Gemüse, Fleisch u. v. m. verkaufen. Di, Do/Fr 7–17, Sa bis 13 Uhr, Parkplatz im Zentrum:
GPS: 50.929605, 11.592356

25 Am Thüringer Meer

Thüringen liegt nicht am Meer? Na, von wegen! Zugegeben, das hiesige »Meer« ist nicht mit Salzwasser gefüllt, aber groß und nass und es macht Spaß. Es handelt sich um den Hohenwarte-Stausee, der von der Saale gespeist wird – 27 km ist er lang, die Mauer am westlichen Ende 75 m hoch und damit eine der größten in Deutschland. Dabei darf man sich die Talsperre nicht einfach wie einen großen See vorstellen, sondern wie eine breite Wasserstraße, die sich fast wie ein Fjord durch die malerische Hügellandschaft schlängelt. Zusammen mit vier weiteren Stauseen und Wasserkraftwerken bildet sie die rund 80 km lange Saalekaskade, die als Naherholungsgebiet, Energielieferant und Hochwasserschutz fungiert. Eingebettet ist die Wasserlandschaft in den Naturpark Thüringer Schiefergebirge und Obere Saale: Das Naturparkhaus in Leutenberg informiert über alles Sehens- und Wissenswerte in der Region.

www.thueringer-meer.de; Naturparkhaus: Wurzbacher Str. 16, 07338 Leutenberg, Tel. 03 67 34/23 09-0, Mo–Do 8–15.30, Fr bis 13, Mai–Sept. auch So 14–18 Uhr, www.thueringer-schiefergebirge-obere-saale.de

1930 ging es los: Die Saale wurde aufgestaut, und entstanden ist ein wunderbares Erholungsgebiet bzw. effizienter Energielieferant.

❶ Teufelskanzel und Ziegenrück

»Das ist doch die Saarschleife!«, mag manch einer denken, wenn er zum ersten Mal Bilder vom Aussichtspunkt Teufelskanzel sieht. Tatsächlich sieht die Saale ihrer westlicheren Schwester an dieser Stelle verblüffend ähnlich – wobei man den besseren Blick von der Karl-Rühl-Hütte (nur ein Unterstand, keine Gastronomie) aus hat, nicht vom Felsen Teufelskanzel, der weiter unten liegt. Von Ziegenrück aus kann man direkt loswandern und durchs Tal der Sormitz Richtung Paska laufen (hübscher Ort mit Fachwerkhäusern), von wo es weitergeht zu den genannten Aussichtspunkten und über die Marienquelle wieder nach Ziegenrück. In dem Ort selbst, der trotz seiner gerade mal 660 Einwohner Stadtrechte besitzt, lohnt sich ein Gang durch die Altstadt mit ihren Fachwerkhäusern und der Stadtkirche, die seit dem 17. Jh. ihren Charakter bewahrt haben. Das weiße Gebäude auf der westlichen Anhöhe gehört zum ehemaligen

Legende:
- ❶ Teufelskanzel und Ziegenrück
- ❷ Wassersport
- ❸ Schloss Burgk
- ❹ Gießerei Heinrichshütte
- ❺ Saalfelder Feengrotten
- ⛺ Naturcamping Plothental

Gewusst, wann

An einem Abend Ende Juli steht der Hohenwarte-Stausee »in Flammen« – dann spiegelt sich ein spektakuläres Feuerwerk im Wasser. Zu diesem Anlass fährt ein Schiff die Talsperre entlang, von der Staumauer bis Ziegenrück und retour, an Bord gibt es Speis und Trank und Musik. Sehr beliebt, am besten frühzeitig Tickets sichern! www.fahrgastschiffahrt-hohenwarte.de

Burgkomplex und kann nicht besichtigt werden. Interessant ist ein Besuch im Wasserkraftmuseum: In der um 1900 zum ersten Laufwasser-Kraftwerk der oberen Saale umgebauten Fernmühle erfährt man, wie Elektrizität aus Wasserkraft gewonnen wird, aber auch, wie sich Handwerker in früheren Zeiten das Wasser zunutze gemacht haben, und vieles mehr.

Tourist Info: Markt 6, 07924 Ziegenrück, Tel. 03 64 83/226 49, Mo/Mi–Fr 9–12, 13–17, Di bis 16, Okt.–März Mo–Do 9–12, 13–16, Fr bis 17 Uhr, www.ziegenrueck.de; Wasserkraftmuseum: Lobensteiner Str. 6, 07924 Ziegenrück, Tel. 03 64 83/76 06, Mai–Okt. Di–So 10–17, Nov.–April Di–Fr 10–16, Sa/So 13–16 Uhr, wasserkraftmuseum.de; Fahrzeuge am Campingplatz stehenlassen

❷ Wassersport

Zusammen mit dem südlich gelegenen Bleilochstausee bildet die Hohenwarte-Talsperre ein wahres Wasser(sport)paradies. Hier findet jeder sein Aktivitätslevel: Gemütlich geht es auf den Fahrgastschiffen zu, wenn die grünen Hänge gemächlich vorbeiziehen. Angler gehen auf die Jagd nach Hecht, Zander, Barsch, und sogar große Welse sind dabei. Taucher kommen bis zu 50 m unter die Wasseroberfläche, diverse Schulen und Verleiher ermöglichen Bootsfahrten, Wasserskispaß, Windsurfen, Segeln ... Einen schönen Service bietet der Campingplatz Plothental. Gäste werden mit Leihkanus oder Schlauchbooten in Ziegenrück in die Saale gesetzt und starten Richtung Westen. Die ersten 5 km sind gemütlich, weil keine Fahrgastschiffe (die haben Vorfahrt!) unterwegs sind, dann kann jeder so weit paddeln, wie er es sich zutraut. Die geringe Fließgeschwindigkeit macht auch den Rückweg leicht. Wer Kanus mit dem Auto transportieren möchte, bekommt vom Campingplatz einen Trailer geliehen. Auch geführte Tages- und Mehrtagestouren mit Imbiss und Badestopp und spezielle Ausflüge für Angler sind im Angebot.

Rund um die Stauseen gibt es etliche Bootsverleihe, Tauchschulen etc., Adresse des Campingplatzes s. u.

③ Schloss Burgk

Ein Museum fürstlicher Wohnkultur – das klingt nach vergoldeten Himmelbetten, Ritterrüstungen und einem Bärenfell vor einer Sitzgruppe aus Hirschgeweihen ... und genau das bekommt man hier auch zu sehen. Der repräsentative weiße Bau thront auf einer Anhöhe über einer besonders schwungvollen Saaleschleife. Im Mittelalter als trutzige Burganlage errichtet, wurde das Gemäuer Ende des 16. Jh. zum Herrschaftssitz und Residenzschloss des Hauses Reuß erweitert. Etwa 100 Jahre später verlor es diese Funktion, doch nun begannen die Besitzer, ihr Jagdschloss in den folgen-

den Jahrzehnten nach der damaligen Mode auszustatten. Der Kleine Saal bekam riesige Wandgemälde in der Manier von Antoine Pesne und kostbaren Deckenstuck, der Alkoven im Prunkzimmer eine illusionistische Deckengestaltung. Der Rote Salon, der China- und der Musiksalon wurden gestaltet und mit erlesenen Seidentapeten, Stuck und Kristallleuchtern versehen. Gottfried Silbermann baute für die Kapelle eine Orgel, die 1743 geweiht wurde und bis heute praktisch unverändert erhalten ist. Eine sehr schöne Wanderung an der hier fast naturbelassenen Saale führt von Schloss Burgk über den am rechten Ufer gelegenen Kobersfelsen zur Bleilochtalsperre. An dieser Stelle fällt der Hang steil ins Wasser ab und bietet tolle Ausblicke.

Ortsstr. 16, 07907 Burgk, Tel. 036 63/40 01 19, April–Okt. Di–So 10–18, Nov.–März

 # NATURCAMPING PLOTHENTAL

Familie Windhausen kümmert sich mit vollem Einsatz um ihre Gäste und ist in Sachen Freizeitangebote ausgezeichnet vernetzt. Kanus und Schlauchboote werden direkt verliehen (s. o.), Angelkarten verkauft; Fahrradreparaturset, Grill, Holzkohle: gibt's alles im Fundus. Geführte Mountainbiketouren, Wanderungen, Geocaching, E-Bike-Verleih? Einfach fragen, die Windhausens kennen jemanden. Der einfach ausgestattete, aber idyllische Platz liegt am flachen Plothenbach, in dem Kinder nach Herzenslust planschen können, wenn sie nicht gerade die beiden Ziegen Hilde und Käthe besuchen oder sich am Spielplatz austoben. Gastronomie mit Brötchenservice, Frühstück und Abendessen.

Plothental 9, 07924 Ziegenrück, Mai–Sept., www.naturcamping-plothental.de (Onlinebuchung)
GPS: 50.610260, 11.655421

Schloss Burgk: Der See kam in den 1930ern dazu und perfektionierte das Ensemble.

Di–So 10–16 Uhr, www.schloss-burgk.de, größerer Parkplatz am Saaleturm: **GPS: 50.557425, 11.720782**

④ Gießerei Heinrichshütte

Ab dem 16. Jh. florierte der Bergbau im Thüringer Schiefergebirge, doch schon im 18. Jh. war die Heinrichshütte die letzte ihrer Art rund um Wurzbach. Bis 1982 wurde die Eisengießerei weiterbetrieben, trotz diverser Besitzerwechsel und der Verstaatlichung zu DDR-Zeiten. Direkt im Anschluss richtete man hier ein Technisches Museum ein und machte den Betrieb zum Schaudenkmal. Besonders eindrucksvoll ist das tägliche Schaugießen, bei dem 660 Grad heißes Aluminium in vorbereitete Sandbetten gegossen wird.

Und was hat man nun aus dem Material gemacht? Zum Beispiel gusseiserne Öfen. Eine ganze Reihe verschnörkelter Exemplare sind hier ebenfalls ausgestellt. Ein weiteres Highlight ist Europas größte und stärkste Dampfmaschine – stark wie 15 000 Pferde! Wenn die angeworfen wird, sind alle Besucher beeindruckt.

Leutenberger Str. 44, 07343 Wurzbach, Tel. 03 66 52/227 17, Führung Mo–Do 13, Fr 10 Uhr, www.heinrichshuette-wurzbach.de

⑤ Saalfelder Feengrotten

Noch mal Bergbau, aber ganz anders: Das einstige Alaunschieferbergwerk »Jeremias Glück« steht seit 1993 im Guinness-Buch der Rekorde, und zwar als »farbenreichste Schaugrotte der Welt«. Hier spiegeln sich Tropfsteininformationen in den unglaublichsten Tönen im Wasser. Im Rahmen der obligatorischen Führung geht es auf drei Ebenen immer weiter hinunter, bis zur schönsten Grotte, dem sog. Märchendom. Unterwegs erzählen die Guides vom Leben der Bergleute und der späteren Nutzung der Gänge als Heilstollen. Im interaktiven Erlebnismuseum »Grottoneum« werden diese Themen noch eingehender behandelt, Besucher können Heilwasser trinken, Moleküle zum Tanzen bringen u. v. m. Im Grottenkino wird die Entstehungsgeschichte der Höhlen im Zeitraffer erzählt.

Feengrottenweg 2, 07318 Saalfeld, Tel. 036 71/550 40, Mai.–Okt. tgl. 10–17 (Führungen alle 20 Min.), Nov.–April tgl. 11–15.30 (Führungen alle 30–60 Min.), www.feengrotten.de

 Essen & Trinken

Zur Fernmühle

Hier sitzt man unterm Ziegelgewölbe im zugleich urigen und eleganten Gastraum und im Sommer auch draußen. Die Küche hält neben Thüringer Gerichten auch einige Überraschungen bereit, etwa mit Erdbeeren und Blauschimmelkäse überbackenes Rumpsteak.
Lobensteiner Str. 6, 07924 Ziegenrück, Tel. 03 64 83/701 90, Mo ab 17, tgl. 11–22 Uhr, www.fernmuehle.de

Marktbrauerei

In zwei großen Kupferkesseln braut Familie Reising ihr süffiges naturtrübes Bier. Neben den Hotelzimmern und einem kleinen Hofladen lockt hier v. a. das Restaurant. Dort geht es deftig zu, ob großformatig beim Sudhausburger oder kleiner bei der Toast-Kreation »Brauer im Urlaub«. Auch die hauseigene Destille kann besichtigt werden.
Markt 24, 07356 Bad Lobenstein, Tel. 03 66 51/21 14, Mo/Di/Fr 17–22, Sa/So 11.30–14, 17–22 Uhr, www.hotel-marktbrauerei.com

 Einkaufen

Fleischerei Liebengrün

Original Thüringer Wurstwaren aus eigener Herstellung sowie Wildspezialitäten – wer hier kauft, weiß, wo's herkommt und was drin ist.
An der Fleischerei 1, 07368 Remptendorf, Tel. 03 66 40/224 59, Mo–Fr 8–18, Sa 8–11 Uhr, www.fleischerei-liebengruen.de

26 Sächsische Schweiz

Kenner wissen es natürlich, aber es sei hier noch mal betont: Die Sächsische Schweiz besteht nicht nur aus dem Basteifelsen. Der größte Teil des Nationalparks liegt weiter östlich und erstreckt sich bis über die Grenze nach Tschechien hinein. Hier ist auch das möglich, was einen Nationalpark im Kern ausmacht: so wenig Eingriff in die Natur wie möglich, sanfter Tourismus, Bildungsangebote, intensives Kennenlernen der Fels-Wald-Landschaft mit ihren charakteristischen Gesteinsformationen. 1990 hat man sich entschieden, zu bewahren, was die Romantiker im 19. Jh. mit schwärmerischer Begeisterung entdeckten. Denn ihnen folgten Scharen von Touristen,

was zahlreiche Maßnahmen nach sich zog: Straßenbau, größere landwirtschaftliche Flächen, Rodungen ... Im zentralen Schutzgebiet setzt man nun auf das Motto »Natur Natur sein lassen«, jegliche wirtschaftliche Nutzung ist ausgeschlossen. Wanderer, Kletterer und Radfahrer sind aber natürlich willkommen und finden Lehr-, Berg- und Themenpfade, gesicherte Routen sowie Bike-taugliche Wald- und Forstwege vor. Und die Bastei? Hier kann von sanftem Tourismus keine Rede sein, doch das wilde Gewirr der Felsnadeln ist dennoch unbedingt einen Besuch wert. Der Blick auf die über 150 Jahre alte Basteibrücke vom Ferdinandstein aus ist

einfach ein Muss, auch wenn sich die Besucherscharen darüberschieben. Achtung, Nicht-Schwindelfreie werden hier nicht froh und noch weniger im eingezäunten, noch spektakuläreren Gebiet der Felsenburg Neurathen (Eintritt). Zwischen aufgeregten Selfie-Fotografen aus aller Welt hinunterzublicken, während an den senkrechten Nadeln unbeirrt die Kletterer aufsteigen, ist schon ein verrücktes Gefühl.

Basteiweg, 01824 Lohmen, Felslandschaft und Basteibrücke frei zugänglich, www.saechsische-schweiz.de, Parkleitsystem; Parkplatz mit Shuttlebus: **GPS: 50.986535, 14.053961**

Caspar David Friedrich hatte schon recht: »Malerischer« kann eine Landschaft kaum sein. Und wenn man sie dann noch mit einer Prise Romantik versieht ...

① Rund um Bad Schandau

Sind es nun die kleinen Schwestern oder die großen Brüder des Basteifelsens? Eigentlich ganz egal: Die Schrammsteine sind eine genauso beeindruckende Formation und erstrecken sich östlich von Bad Schandau. Vom Parkplatz Nasser Grund aus führt eine Wanderung hinauf zur sog. Schrammsteinaussicht. Achtung, es geht Stufen und Leitern hinauf – für kleine Kinder und Hunde ist der Weg daher nicht geeignet. Oder darf's etwas gemächlicher sein? Ebenfalls in Bad Schandau steht der im Jahr 1905 erbaute, gut 50 m hohe Personenaufzug, der oben über eine 28 m lange Brücke mit dem Fels verbunden ist. Auch hier starten diverse Wanderwege. Immer noch zu anstrengend? Die Wunderwelt der Felswände kann man auch gemütlich vom

① Rund um Bad Schandau
② Kirnitzschtal
③ Malerweg
④ Festung Königstein
⑤ Pirna
⑥ Barockgarten Großsedlitz
🔺 Campingplatz Ostrauer Mühle

Zweckmäßig geht anders: Dieser Aufzug wurde kunstvoll im Jugendstil gestaltet, für die gehobenen Ansprüche an Sommerfrische.

Wasser aus an sich vorbeiziehen lassen. In Bad Schandau legen die Schiffe der Sächsischen Dampfschiffahrt ab und bringen Passagiere nach Rathen, Pirna, Pillnitz und bis nach Dresden ...

Parkplatz Nasser Grund:
GPS: 50.925436, 14.219629
Historischer Aufzug: Rudolf-Sendig-Straße, 01814 Bad Schandau-Ostrau, tgl. April/Okt. 9–18, Mai–Sept. 9–20, Nov.–März 9–17 Uhr, www.bad-schandau.de/personenaufzug-2; Fahrplan und Ticketpreise der Schiffe: www.saechsische-dampfschiffahrt.de

② Kirnitzschtal

Wer das Auto einfach mal stehen lassen, aber trotzdem einen schönen Ausflug un-

ternehmen will, der kann ganz einfach am Campingplatz Ostrauer Mühle in die Kirnitzschtalbahn einsteigen. Seit 1898 bringt die Straßenbahn ihre Fahrgäste von Bad Schandau zu verschiedenen Ausgangspunkten für Wanderungen, Endstation ist der Lichtenhainer Wasserfall. Echte Eisenbahnromantik kommt auf, wenn die historischen Waggons eingesetzt werden und der Schaffner einen in der Holz- oder Polsterklasse platziert. Ziele sind z. B. die größte Höhle der Region mit dem Namen Kuhstall, der Kleine und Große Winterberg oder die Affensteine, eine weitere zerklüftete Felsgruppe des Elbsandsteingebirges.

Kirnitzschtalstr. 8, 01814 Bad Schandau, Tel. 03 50 22/548-0, im Sommer etwa alle 30 Min. Abfahrten, Details unter www.ovps.de, auch zu den Traditionstagen mit historischen Bahnen

CAMPINGPLATZ OSTRAUER MÜHLE

Ein wenig außerhalb von Bad Schandau, am Eingang zum idyllischen Kirnitzschtal, befindet sich dieser eingewachsene Traditionscampingplatz. Schon um 1950 wurde hier gezeltet, noch viel länger diente die Mühle als Gasthaus. Großartig ist die Lage am Rand der Sächsischen Schweiz, direkt am Malerweg und der Kirnitzschtalbahn. Rundherum erheben sich grüne Hänge, doch das Gelände ist so großzügig, dass es auch Sonne abbekommt. Der Platz selbst besticht vor allem durch die Naturnähe, Sanitäranlagen (barrierefrei, Babybad) und Kochgelegenheiten sind absolut ordentlich. Kleiner Spielplatz und Gaststätte auf dem Platz, Lebensmittelladen von April bis Oktober.

Kirnitzschtal, 01814 Bad Schandau, Tel. 03 50 22/427 42, ganzjährig, www.ostrauer-muehle.de
GPS: 50.929561, 14.189699

Neben den Basaltfelsen sind die Tafelberge die geologischen Highlights der Region. Einen davon krönt die Festung Königstein.

3 Malerweg

Caspar David Friedrich, Adrian Ludwig Richter und andere Maler streiften im 19. Jh. mit ihren Skizzenblöcken durch das Elbsandsteingebirge und hielten den pittoresken Zauber dieser Landschaft fest. Auf ihren Spuren wurde der sog. Malerweg quasi wiederbelebt, ein 112 km langer Wanderpfad mit acht Etappen. Er führt zu den reizvollsten Orten und Aussichtspunkten des Nationalparks – was garantiert nicht nur Romantiker überzeugen wird. Besonders spannend ist es, der Atmosphäre insbesondere von Friedrichs Gemälden nachzuspüren, im Frühnebel oder im warmen Abendlicht. Die Ostrauer Mühle liegt übrigens an Etappe 4, Campinggäste können also direkt loswandern ...

www.saechsische-schweiz.de/malerweg

Gewusst, wann

Mitte Juni verwandelt sich die herausgeputzte Innenstadt von Pirna für drei Tage in eine einzige Bühne: Beim jährlichen Stadtfest ziehen Musiker und Handwerker in traditioneller Tracht durch die Straßen, es gibt Stände und Karussele und Konzerte und Aktionen bis hinunter an die Elbwiesen.
www.pirna.de

4 Festung Königstein

Weit kann man von hier über das Land blicken, wenn man am Rand des bewaldeten Hochplateaus steht, 240 m über der Elbe. Ein Vorteil, den schon die Menschen der Bronzezeit schätzten, und alle nach ihnen ebenfalls. Schon ab dem 13. Jh. ist an dieser Stelle eine Burg nachgewiesen, im 16. Jh. wurde die Festung mittels einer umlaufenden Mauer geschlossen. Von den rund 50 Gebäuden, aus denen die mächtige, überwiegend militärisch genutzte Anlage besteht, ist die Burgkapelle das älteste – mindestens 800 Jahre alt. Die anderen wurden in mehreren Etappen errichtet und bis zum Ende des 19. Jh. immer wieder umgebaut: So wurde z. B. die schlossartige Magdalenenburg zum Proviantmagazin und das Proviantlager zur Kaserne. Übrigens konnte die trutzige Anlage nie erobert werden, außer von einem aberwitzigen Kletterer, der 1848 die lotrecht abfallenden Sandsteinmauern einer Felsspalte erklomm, weil er sich den Eintritt sparen wollte. Oben angekommen, nahm ihn die Wache fest und steckte ihn einen halben Tag in eine Arrestzelle. Heutigen Besuchern würde es nicht viel anders ergehen, darum marschiert man lieber durch das Haupttor und besich-

Von außen eher düster und wuchtig, ist die Marienkirche in Pirna in ihrem Inneren ein helles, freundliches Bauwerk.

tigt das Zeug- und das Brunnenhaus, die Garnisonskirche, die Georgenburg, die Kommandantenwohnung, das Schatzhaus oder die Dauerausstellungen zur Bau- und Militärgeschichte auf ganz legalem Wege.

01824 Königstein, Tel. 03 50 21/646 07, Ende März–Okt. tgl. 9–18, sonst bis 17 Uhr, www.festung-koenigstein.de

Pirna

Wer an der Südwestecke des Marktplatzes steht und nach Osten schaut, sieht fast dasselbe Stadtbild wie der venezianische Maler Canaletto vor über 250 Jahren: in der Mitte des Platzes das Renaissance-Rathaus, schräg dahinter die wuchtige Marienkirche, geradeaus das mehrgiebelige Haus, in dem die Tourist Info untergebracht ist. Nach der Wende wurden die gut 300 Häuser der schmucken Innenstadt aufwendig saniert. Heute findet man hier viele Restaurants und Cafés, nette Läden und ein entspanntes Stadtflair. Sehenswert sind auch die Gründerzeitbauten in der Westvorstadt, das Teufelserkerhaus, das eine Bürgerinitiative vor dem Abriss bewahrte, und das Stadtmuseum im ehemaligen Dominikanerkloster.

Tourist Info: Am Markt 7, 01796 Pirna, Tel. 035 01/55 64 46, Ostersa.–Okt. Mo–Fr 10–18, Sa/So 10–14 Uhr, sonst kürzer, www.pirna.de, Parkplatz:
GPS: 50.964172, 13.941184

Barockgarten Großsedlitz

Französische Gartenbaukunst in Sachsen, barocke Gestaltungsfreude pur! Dieser Ort ist etwas zum Schwärmen. Im 18. Jh. ließ Reichsgraf August Christoph von Wackerbarth den Landsitz gestalten. Der Genussmensch Kurfürst August der Starke ließ ihn weiter ausbauen und hielt hier große Festlichkeiten ab. Auch wenn die terrassenförmige Anlage mit dem Friedrichschlösschen und den Orangerien nie wirklich fertig und in mehreren Kriegen zerstört wurde, verströmt sie heute – seit der Wende restauriert – einen herrschaftlichen Glanz.

Parkstr. 85, 01809 Heidenau, Tel. 035 29/563 90, März–Okt. tgl. 10–18 Uhr, www.barockgarten-grosssedlitz.de

Essen & Trinken

Landgasthaus Ziegelscheune
Seit über 200 Jahren existiert dieses historische Gasthaus an der Elbe. Familie Leupold bringt die Produkte der umliegenden Höfe effektvoll zur Geltung und serviert z. B. Ziegenkäse mit Stachelbeer-Chutney. Lecker!
Elbweg 22, 01814 Bad Schandau, Tel. 03 50 28/804 37, tgl. ab 10 Uhr, www.ziegelscheune.de

Genusswerk
Wer den quirligen Pirnaer Marktplatz hinter sich lässt, landet in einer stillen, feinen Gastronomie-Oase. Hier orientiert man sich an französischen Traditionen, sowohl was Zutaten als auch was die Präsentation betrifft. Die Karte wechselt oft, je nachdem, was es gerade gibt: Saibling aus Sachsen, Beef aus den USA, Perlhuhn, Pfifferlinge ...
Lange Str. 34, 01796 Pirna, Tel. 035 01/50 70 491, Di–Sa ab 17 Uhr, www.restaurant-genusswerk.de

Einkaufen

Adoratio
In der ersten biozertifizierten Naschwarenmanufaktur Sachsens kann man sich bestätigen lassen, was man schon immer geahnt hat: Schokolade ist ein Superfood, gut für Körper und Seele.
Am Schlossberg 2, 01796 Struppen OT Thürmsdorf, Tel. 03 50 21/996 48, April–Okt. tgl. 11–18 Uhr, www.adoratio-schokoladenkunst.de

27 An der Mosel

Fachwerkhäuser, an denen üppig der Blauregen hängt, schmiegen sich an Hänge mit unzähligen Weinstöcken. Auf den Höhen erheben sich trutzige Schlossmauern, Türme und Erker, und ganz unten schlängelt sich in ausgeprägten Mäandern die Mosel hindurch, tief eingeschnitten ins Rheinische Schiefergebirge. Deutschlands älteste Wein- und Kulturlandschaft macht Genussmenschen und Aktivurlauber gleichermaßen glücklich. Und Fotomotivjäger ebenfalls! Ein Hotspot für alle ist der Berg Calmont bei Bremm: Europas steilster Weinberg – erwanderbar über den Höhenweg ab Ediger-Eller, erkraxelbar über einen gemein anstrengenden Klettersteig (Stahlseile, Leitern, Trittbügel!), aber auch motorisiert zu erreichen – bietet einen sensationellen Blick auf die engste Moselschleife. Also: Picknickkorb und Kamera mit Weitwinkelobjektiv einpacken, mit Auto oder Wohnmobil zum Parkplatz fahren, einen Kilometer bis zum Aussichtspunkt laufen und das Abendlicht genießen. »Plopp« macht der Weinkorken ja nicht mehr, sondern eher »ratsch«, aber Puristen seien getröstet: Der Schraubverschluss beeinflusst den Wein am wenigsten, er kommt also so aus der Flasche, wie er kreiert wurde. Und das hat ja auch wieder etwas Puristisches.

---

www.mosel.de; Parkplatz an der Moselschleife:
GPS: 50.104075, 7.103917

Als Winzer hat man wohl keinen Blick mehr für die atemberaubende Aussicht. Die Weinlagen hier erreichen eine Steigung von 65 Prozent (!) und sind die steilsten Europas.

1 Wandern

Am Campingplatz Strotzbüscher Müh-le beginnen mehrere Wanderwege – Hans-Christian Boer versorgt seine Gäste mit Tipps und Wanderkarten und hilft auch beim Installieren von GPX-Dateien auf dem Handy. Der Mühlenweg (16 km) beispielsweise führt an der Strotzbüscher Mühle, der Immerather, der Sprinker und der Oberscheidweiler Mühle vorbei. Ein besonders schöner Abschnitt ist das Üß-bachtal mit dem kleinen Wasserlauf, mit verträumten alten Brücken und wie in ei-ner Märchenkulisse bemoosten Bäumen.

Weitere Rad- und Wandertipps unter
www.strotzbuesch-vulkaneifel.de

2 Dauner Maare

Die »blauen Augen der Vulkaneifel«: Die drei kreisrunden Seen sind in ehemaligen Vulkankratern entstanden – glasklares Wasser inmitten waldreicher Hügel. Ein fantastisches Revier zum Wandern, Baden und (geschützte) Natur Genießen.

www.geopark-vulkaneifel.de

3 Burgen

Die Strotzbüscher Mühle liegt mitten in dem Dreieck, das die Burgen in Mander-scheid, Cochem und Alf bilden. Einen Besuch lohnen sie alle. Was darf es sein? Die Ruinen der Ober- und Niederburg in Manderscheid können in spannenden Führungen besichtigt werden (wo war was auf der Burg und warum?) und bilden die Kulisse beim ungemein stimmungsvollen Burgenfest mit Ritterturnier (letztes Au-gustwochenende). Hoch über der Mosel thront die Reichsburg Cochem mit ihren Erkern und Zinnen. Sie wurde im 19. Jh. so wieder aufgebaut, wie man sich damals eine mittelalterliche Burg vorstellte. Auch die Burg Arras in Alf wurde neu aufge-baut. Das Anwesen der Familie Keuthen beherbergt ein Hotel, ein Restaurant (tolle Aussichtsterrasse!) und ein Museum, das

 # STROTZBÜSCHER MÜHLE

Über diesen Campingplatz weht ein Hauch von echter Outdoor-Romantik. Ob es an den niederländischen Betreibern liegt? Oder an den Tipis? Das naturbelassene Gelände am Mühlengebäude von 1830 (Herberge, Essen und Trinken) ist nicht parzelliert. Hier sind noch Feuer erlaubt! Sehr stimmungsvoll sind die lauen Sommernächte, wenn man hier, mitten in der Vulkaneifel, in den sternenübersäten Himmel blickt. Kinder spielen im Bach, Klettern auf die Spielgeräte oder hüpfen Trampolin. Hier geht es nicht um maximale Bespaßung, sondern um Begegnungen und Gespräche und ganz viel Natur. In der Umgebung ist nicht viel los, aber es gibt zig Möglichkeiten zum Wandern und Radfahren.

Strotzbüscher Mühle 1, 54552 Strotzbüsch, Tel. 065 73/622, ganzjährig, www.strotzbüschermühle.de
GPS: 50.107435, 6.977814

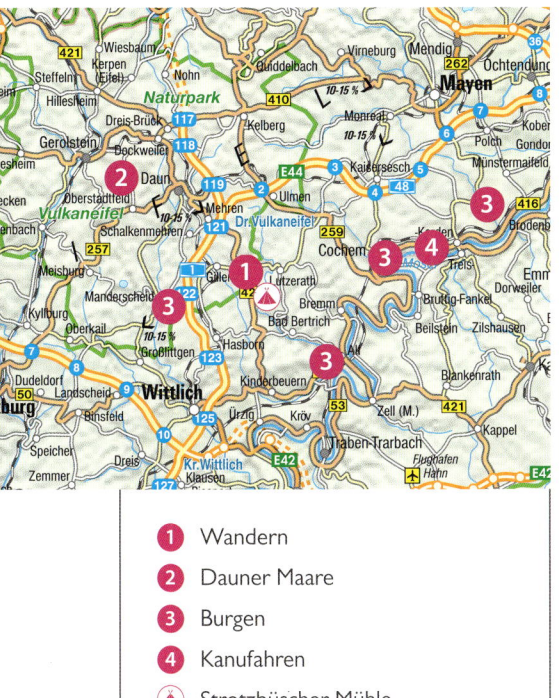

Rüstungen und Waffen sowie die größte Privatsammlung alter Moselansichten präsentiert. Auch findet sich hier eine Gedenkstätte für den ehemaligen Bundespräsidenten Dr. Heinrich Lübke – dessen Frau Wilhelmine war eine geborene Keuthen. Und dann gibt es da noch, etwas weiter weg, die sensationelle Burg Eltz, die wie ein Märchenschloss aus der Landschaft aufragt. Sie ist so besonders, weil sie in ihrer 850-jährigen Geschichte nie zerstört wurde und immer im Besitz derselben Familie war, was bedeutet: Gold- und Silberschmiedearbeiten, Porzellan, Schmuck, Glas u. v. m. in der Rüstkammer, ein original ausgestatteter Rittersaal, eine Küche aus dem 15. Jh., diverse Räume mit spätgotischer Rankenmalerei – so nah

wie hier kommt man dem Leben vergangener Zeiten selten.

Ober-/Niederburg: Niedermanderscheider Str. 1, 54531 Manderscheid, Tel. 065 72/737, Mi–Mo 10.30–17 Uhr, www.niederburg-manderscheid.de;
Reichsburg Cochem: Schloßstr. 36, 56812 Cochem, Tel. 026 71/255, Anfang März bis Anfang Nov. tgl. 9–17, sonst bis 15 Uhr, mit Führung, www.burg-cochem.de;
Burg Arras: Wittlicher Str. 1, 56859 Alf, Tel. 065 42/222 75, Museum Mo–Fr 10–18, Sa/So 9–18 Uhr, www.arras.de;
Burg Eltz: 56294 Wierschem, Tel. 026 72/95 05 00, April–Okt. tgl. 9.30–17.30 Uhr, www.burg-eltz.de, Parkplatz:
GPS: 50.212691, 7.339228

4 Kanufahren

Wandern, Radfahren, Burgen – nach so vielen Highlights *an* der Mosel muss man unbedingt auch mal *auf* die Mosel. Aufgrund der gemächlichen Fließgeschwindigkeit können sich auch Anfänger aufs Wasser wagen. Das Team von Mosel-Kanutours vermietet Boote und bringt Paddler zum Ausgangspunkt einer Tour oder holt sie wieder ab. Man steigt z. B. bei Eller in den Fluss und kommt in Ernst wieder an. Für die 17 km sollte man 4–5 Std. Paddeln einplanen. Unterwegs kommt man an Taubengrün, der letzten unberührten Flussinsel in der Mosel, vorbei und passiert die malerischen Fachwerkhäuser von Beilstein.

Moselstr. 45, 56814 Ernst, Tel. 026 71/55 51, www.mosel-kanutours.de, Park- und Stellplatz:
GPS: 50.142564, 7.232183

 Essen & Trinken

Zum Eichamt

Das hübsche weiße Haus mit dem roten Fachwerk liegt direkt am Weinhang. Die Gaststube ist rustikal, ohne grobschlächtig zu wirken. Jedem Gericht wird ein besonderer Dreh gegeben, Beispiele: Zanderfilet mit Limonen-Kartoffelstampf oder Brombeer-Spätburgunder-Kaltschale mit Grüntee.
Rohrgasse 2, 56856 Zell, Tel. 065 42/224 75, Di 18–21, Mi–So 12–14, 18–21 Uhr, www.zumeichamt.de

Weinhaus Berg

Gutbürgerliche Küche und Wein von heimischen Winzern, im Sommer serviert auf der wunderschönen Terrasse. Im Keller lagern einige besonders alte Tropfen, z. B. eine 1964er Bremmer Calmont Riesling Spätlese – für wagemutige Genießer!
Moselstr. 39, 56814 Bremm, Tel. 026 75/301, Do–Di 11.30–14, 17.30–20 Uhr, www.weinhausberg.de

 **Einkaufen**

Weingut Markus Dreis

Bei Familie Dreis wachsen neben dem Steillagenriesling die leckersten Weinbergpfirsiche. Im 160 Jahre alten Gewölbekeller kann man sie in unzähligen Varianten kaufen – als Gelee, Senf, PfirSecco ... Brunnenstr. 58, 56814 Bremm, Tel. 026 75/16 33, April–Okt. Sa 10–17 Uhr, im Winter nach Vereinbarung, www.weinbergpfirsich-dreis.de

28 An der Lahn

Da steht doch tatsächlich ein Bahnmit-arbeiter und kurbelt, kurbelt, kurbelt, bis sich die Schranke senkt. Oder wieder hebt. Jede Stunde, jeweils um »sechs vor« oder »vier nach«. Hessens letzter mechanisch betriebener Bahnübergang befindet sich im Weinbacher Ortsteil Gräveneck in direkter Nähe zum gleichnamigen Campingplatz und ist nicht die einzige charmante Kuriosität dieser Gegend. In Weilburg etwa macht die Lahn eine so ausgeprägte Schleife, dass sie fast einen Kreis bildet. Diese brausende Schnelle hat man schon im Mittelalter mit Wehren entschärft, nun kamen aber keine Schiffe mehr durch. Schlecht für die im frühen 19. Jh. aufkommende Industrialisierung! Also überlegten sich findige Köpfe, den Weilburger Bergrücken zu durchbohren und einen Tunnel für Schiffe zu bauen. Es wurde tatsächlich realisiert, 1847 war er fertig. Den Tunnel kann man heute noch mit dem Kanu durchqueren. Apropos Kanu und Kurbeln: Bei Touren auf der Lahn muss man immer mal Schleusen passieren und von Hand bedienen. Besonders Kinder haben großen Spaß daran, auszusteigen, die Schotten unter großem Gekurbel zu öffnen und Wasser in das Becken hinein- oder vom Becken abzulassen. Ein Urlaub im Lahntal muss sich aber gar nicht zwangsläufig um Wasser drehen. Auch sonst hat sich der zwischen Taunus und Westerwald gelegene Landstrich auf allerlei Freizeitwünsche eingestellt: Der Lahntalradweg ist perfekt ausgeschildert und fast durchgehend asphaltiert. Der Lahnwanderweg schlängelt sich über die Höhen durch oft unberührte Natur. Beide kommen an pittoresken Fachwerkstädtchen, Dörfern, Burgen und Schlössern vorbei. Ein besonders schöner Abschnitt ist die »Romantische Mittellahn« bei Weinbach – dort, wo der Fahrdienstleiter noch von Hand die Schranke öffnet ...

www.daslahntal.de

Limburg an der Lahn mit dem einzigartigen siebentürmigen Dom und seiner verwinkelten Altstadt lohnt die Reise allemal.

❶ Stöffel-Park

Ein Freizeitpark, und dann gibt es kein einziges Fahrgeschäft? Kein Grund zur Beunruhigung. Der spannende Stöffel-Park ist aus einem ehemaligen Basaltabbaugelände inklusive mehr als 100 Jahre alten Industriebauten entstanden. Man wandert also staunend am Vorbrecher, an Lorengleisen, Bagger, Lok und Förderbändern entlang, stellt sich die harte Arbeit in der Schmiede vor oder lässt sich bei einer Führung erzählen, dass den Arbeitern während ihrer gefährlichen Jobs nicht einmal nennenswerte Pausen zugestanden wurden. Nicht nur Kinder bekommen angesichts der Arbeitsbedingungen in der frühen Industrialisierung große Augen! Doch die Geschichte hört hier nicht auf, sie hat durch den Abbau noch eine weitere Dimension erhalten: Der Basalt ist nämlich erkaltete Lava, die eine vor 25 Mio. Jahren existierende Landschaft bedeckt. Der Vulkanausbruch verhinderte, dass die Überreste von Tieren und Pflanzen ein-

❶ Stöffel-Park

❷ Schloss Weilburg

❸ Limburg

❹ Kneipp-Kurpark Bad Camberg

❺ Freilichtmuseum Hessenpark

▲ Camping Gräveneck

Gewusst, wann

Musik in den Gassen, Wein im Glas, Klassik im Ohr: Um den 1. Juli herum findet alljährlich das Limburger Altstadtfest mit Auftritten von Musikern und Showgruppen statt. Das Städtchen Diez lädt Ende August zum – leider nur eintägigen – Weinfest ein. Und im wunderschönen Renaissancehof des Schlosses Weilburg werden im Juni und Juli etliche Dutzend hochkarätiger Klassikkonzerte gegeben.

fach zu Staub zerfielen, und konservierte sie in Form von unzähligen Fossilien. Im »Tertiärium« kann man sich etliche Beispiele anschauen. Star der Ausstellung ist die »Stöffel-Maus«, die durch die Luft gleiten konnte wie ein Flughörnchen. Sogar ihren Mageninhalt hat man gefunden und konnte daraus Erkenntnisse über ihre Lebensweise ableiten.

Stöffelstraße, 57647 Enspel, Tel. 026 61/ 98 09 80-0, März–Okt. tgl. 10–18 Uhr, www.stoeffelpark.de
GPS: 50.618847, 7.886803

❷ Schloss Weilburg

Eine Burg hat vor allem eine Wehr- und Schutzfunktion. Ein Schloss dagegen soll wirken, und zwar möglichst repräsentativ, prachtvoll und nicht zuletzt einladend! Den Besitzern dieser Anlage und ihren Architekten ist das ganz hervorragend gelungen. Besiedelt war der von drei Seiten von Wasser umgebene, gut geschützte Hügel über der Lahn sicher schon in uralter Zeit. Eine Urkunde belegt die Existenz eines »Castellum« im 10. Jh., also eher einer Burg. Später kam es an die nassauischen

CAMPING GRÄVENECK

Die Lahn entspringt im Rothaargebirge, fließt in östliche, dann südliche Richtung und macht in ihrem letzten Abschnitt die wildesten Mäander. Für Entdeckungstouren in der Region bestens gelegen, befindet sich hier der von Simone Holler sehr persönlich geführte Campingplatz. Das Wasser ist ganz flach, sodass man Kinder unbesorgt planschen lassen kann – wenn sie nicht gerade den Spielplatz unsicher machen oder am Lagerfeuer Stockbrot grillen. Wanderer, Kanu- und Radfahrer brechen direkt am Campingplatz zu ihren Ausflügen auf. Ein Kiosk versorgt die Gäste mit Getränken, Snacks, Eis und kleineren Campingartikeln, im Restaurant Lahnterrasse wird italienisch gekocht. Ein Platz für Aktive, aber auch, um einfach mal einen Tag faul auf der schönen Wiese zu liegen.

In der Aue 1, 35796 Weinbach, Tel. 064 71/49 03 20, ganzjährig, www.camping-graeveneck.de, **GPS: 50.454157, 8.250499**

Grafen, und Philipp III. war es, der mit der Umgestaltung begann. Im 16. Jh. ließ er eine Vierflügelanlage im Renaissancestil errichten, das heutige Hochschloss. Für die wichtigste Bauphase zeichnete Graf Johann Ernst verantwortlich, der die Anlage Anfang des 18. Jh. zu einer barocken Residenz mit zahlreichen Nebengebäuden und einem französischen Garten erweitern ließ. Da das Bauwerk nie zerstört wurde, gewährt das hier eingerichtete Museum einen plastischen Eindruck der üppigen Interieurs der damaligen Zeit. Übrigens ist fast die halbe Altstadt Teil der 400 m langen Schlossanlage, zu der außerdem noch zwei Orangerien, die Schlosskirche und das Rathaus gehören.

Schloßpl. 3, 35781 Weilburg, Tel. 064 71/912 70, März–Okt. Di–So 10–17, Nov.–Febr. bis 16 Uhr, Park ganzjährig bis zum Einbruch der Dunkelheit, www.schloesser-hessen.de, Parkplatz: **GPS: 50.483998, 8.257737**

 Limburg

Kenner vor: Was ist eine Staurothek? Im Diözesanmuseum zu Limburg ist ein Exemplar zu sehen: Es handelt sich um ein äußerst wertvolles Reliquiar, in dem Teile des Kreuzes Christi aufbewahrt werden. Des echten, versteht sich. Der knapp einen halben Meter lange, reich mit Gold und Edelsteinen verzierte Behälter wurde um 965 in Byzanz gefertigt und im Jahr 1204 vom Kreuzfahrer Heinrich von Ulmen aus Konstantinopel mitgebracht. Nicht minder beeindruckend ist der spätromanische Dom mit seinen sieben Türmen, der markant aus dem Stadtbild heraussticht. Einst hat er den 1000-Mark-Schein geziert, allerdings noch mit einfarbiger Fassade; die authentische rot-weiße Gestaltung hat er erst um 1970 zurückerhalten. Überhaupt lohnt die Altstadt einen Besuch. Die ältesten Teile des Hauses Römer 2–4–6 etwa stammen von 1289 – damit ist es eines der ältesten frei stehenden Häuser Deutschlands.

Tourist Info: Barfüßerstr. 6, 65549 Limburg, Tel. 064 31/61 66, April–Okt. Mo–Fr 9–18, Sa 10–14, So 11–15, Nov.–März Mo–Fr 9–17, Sa 10–12 Uhr, www.limburg.de; Dom: Domplatz, 65549 Limburg, Tel. 064 31/92 99 83, April–Okt. tgl. 8–19, Nov.–März 9–17 Uhr, www.dom.bistumlimburg.de; Diözesanmuseum: Domstr. 12, 65549 Limburg, Di–Sa 10–13, 14–17, So 12–18 Uhr, staurothek.de; Park- und Wohnmobilstellplatz gegenüber vom Freibad: **GPS: 50.389017, 8.073114**

Kaum zu glauben, dass diese mittelalterliche Dorfkirche in Einzelteilen in den Hessenpark kam.

4 Kneipp-Kurpark Bad Camberg

Pause. Nichts anschauen, keine Steigungen erklimmen, keine Kilometer fressen, stattdessen unter alten Bäumen entspannen: Der Kneipp-Kurpark im hübschen Städtchen Bad Camberg mit seinen Wasserspielen und Spazierwegen bietet dazu ausgezeichnete Gelegenheit. In das Gelände sind eine Minigolf-Anlage und Boulebahnen, ein Kneipp-Kräutergarten und Wassertretanlagen integriert. Und wenn man sich genug erholt hat, wandert man hinüber zum Marktplatz mit seinen Fachwerkhäusern, Cafés und Restaurants.

Chambray-lès-Tours-Platz 1, 65520 Bad Camberg, immer geöffnet, Minigolf April–Okt. tgl. ab 14 Uhr, www.bad-camberg.de > Kur und Gesundheit, Parkplätze z. B. in der Jahnstraße:
GPS: 50.297064, 8.265897

5 Freilichtmuseum Hessenpark

Dieses Freilichtmuseum versteht sich als »lebendiges Gedächtnis Hessens«. Über 150 000 Ausstellungsstücke – darunter gut 100 wiederaufgebaute historische Häuser, Alltagsgegenstände, aber auch Trachten und Handwerkstechniken – sind hier zusammengetragen, um einen Eindruck des bäuerlichen und kleinstädtischen Lebens vom 17. Jh. bis in die 1980er-Jahre zu vermitteln. Auch der Erhalt gefährdeter Nutztierrassen gehört zur »Arche«-Funktion des Hessenparks. Für Kinder gibt es praktische Kurse, z. B. Blaufärben oder Weben. Besuchenswert sind auch die Läden wie Delikat(h)essen, wo u. a. Single Malt von den »hessischen Highlands« verkauft wird.

Laubweg 5, 61267 Neu-Anspach, Tel. 060 81/ 588-0, März–Okt. tgl. 9–18, Nov.–Feb. Sa/So 10–17 Uhr, www.hessenpark.de

 ## Essen & Trinken

Tafelspitz

In diesem zentrumsnahen Restaurant (mit Hotel) legt man keinen Wert darauf, sich geografisch einzuschränken, aber in Sachen Qualität gibt's keine Kompromisse. Auf der Karte stehen die Spinat-Topfenknödel neben dem Iberico-Schwein neben dem Garnelenpfännchen. Drinnen wie draußen elegant, mit dunklen Möbeln und weißen Tischdecken. Grabenstr. 16–18, 65549 Limburg, Tel. 064 31/28 84 46, Di–Sa 12–14.30, 18–21.30 Uhr, www.tafelspitz-limburg.de

Weincafé am Kirchplatz

Weine aus Rheinhessen und der Pfalz, von der Mosel und aus Württemberg, aber auch aus Italien: Hier ist die flüssige Nahrung der Star, flankiert von Kleinigkeiten wie Quiche und Flammkuchen. Übrigens eine der Fair-Trade-Adressen der Stadt Bad Camberg. Kirchgasse 3, 65520 Bad Camberg, Tel. 064 34/907 87 50, Di–Sa 18–22 Uhr, www.weincafe-badcamberg.de

 ## Einkaufen

Der Bioladen

Käse, Weine, Feinkost, Obst und Gemüse, Fleisch, Wurst, Kosmetik – und alles bio. Der Laden gehört zum Hof Faulbach, der seit 1984 nach den Prinzipien des Bioland-Verbands arbeitet. Feldstr. 1, 65589 Hadamar-Faulbach, Tel. 064 33/69 40, Mo–Fr 9–18.30, Sa 9 bis 14 Uhr, www.der-bioladen-faulbach.de

29 Hunsrück

Der intensiv blaue Stein hat einen weiten Weg hinter sich, bevor ihn Ernstotto Biehl in die Finger bekommt. Er kann im Hindukusch oder am Baikalsee, in Chile oder Kalifornien abgebaut worden sein. Doch egal, ob es sich um Lapislazuli aus der Ferne oder um Quarz aus der Region handelt: Hier werden alle gleich behandelt, und zwar so, wie es die Familie Biehl seit vier Generationen macht.

Seit 1880 gibt es die Edelsteinschleiferei, die praktisch kaum mehr verändert wurde: Der Bachlauf setzt das Wasserrad in Schwung, das wiederum einen fast 100 Jahre alten Generator zur Stromerzeugung antreibt. Mit der Energie werden u. a. die Schleifsteine in Rotation versetzt. Vor einem solchen liegt Ernstotto Biehl dann bäuchlings auf einer sonderbaren Holzkonstruktion (später erfährt man: Es ist ein Kippstuhl) und presst den Stein so fest es geht dagegen.

Denn viele Steine, die nach seiner »Behandlung« beinahe magisch leuchten oder funkeln, sehen in natura nach nicht viel aus. Verblüffung zaubert der Meister jedes Mal auf die Gesichter der Besucher, wenn er sein »Achatbrot« zeigt: Auf einem Teller scheint ein in Scheiben geschnittener Laib zu liegen. Dann kippt er die Scheiben ganz leicht zur Seite, und voilà: Zum Vorschein kommen die zarten Braun-, Grau- und Weißtöne eines Achats.

Das nah gelegene Idar-Oberstein gilt übrigens als eines der Zentren für die Bearbeitung von Edelsteinen in Deutschland, und so werden einem im Hunsrück das Material, der Abbau, seine Geschichte und das Handwerk immer wieder begegnen.

An der Deutschen Edelsteinstraße, 55758 Asbacherhütte, Tel. 067 86/15 05, Do–Di 9–17.30 Uhr, www.alte-edelsteinschleiferei.de, unmittelbar neben dem Campingplatz Harfenmühle (S. 124)

Ernstotto Biehl bearbeitet einen Lapislazuli in seiner historischen Edelsteinschleiferei.

Der Soonwaldsteig führt auf 85 Wanderkilometern von Kirn an der Nahe nach Bingen am Rhein. Stille Mischwälder bieten Erholung pur, auch wenn man nur einen Tag hierherkommt.

① Wandern im Soonwald

55 »Erlebnispunkte« hat der Soonwaldsteig 2018 erzielt – klingt reichlich bürokratisch, bedeutet aber, dass er mit dem Deutschen Wandersiegel die höchste Auszeichnung bekommen hat, die ein Fernwanderweg erreichen kann. Und doch, man staune, ist der Steig so etwas wie ein Geheimtipp unter den Wanderwegen des Hunsrücks. Wer mal hineinschmecken möchte, kann sich die erste Etappe (oder einen Teil davon) vornehmen, die gut 20 km östlich des Campingplatzes in Kirn beginnt und mit steilen Felsen, einem Pfad mit Lehrtafeln, alten Kastanienbäumen und einem grandiosen Blick ins Hahnenbachtal punktet.

www.soonwaldsteig.de, Parkplatz: **GPS: 49.784269, 7.458284**

② Hunsrück Fossilienmuseum

Bundenbacher Schiefer ist berühmt für seine in Pyrit umgewandelten Fossilien – in ihrem strengen Grau sehen sie aus wie von einem akribisch arbeitenden Illustrator geschaffen, allerdings in 3D. Eine ernste Schönheit geht von ihnen aus, anders als z. B. von den im heiteren Plattenkalk von Solnhofen konservierten Ammoniten. Dass sie überhaupt erhalten und nicht zerbröselt sind – in 400 Mio. Jahren kann schließlich einiges passieren –, verdankt sich dem Glücksfall, dass sie vor 350 bis 280 Mio. Jahren quasi zwischen zwei Kontinenten eingeklemmt waren. Und dass die Menschen ihnen Beachtung geschenkt haben, ist auch noch nicht so lange her; zwar wurden Schieferplatten schon vor 500 Jahren als Baumaterial genutzt, aber erst vor 50 Jahren sah man genauer hin. Der Bundenbacher Schiefer wurde zu einer stillen Sensation: unter Paläontologen ein Hit, ansonsten aber wenig beachtet – was sich mit diesem sehenswerten Museum sicher ändern wird.

Ringstr. 1, 55626 Bundenbach, Tel. 065 44/286, Ostern–Okt. tgl. 11–16 Uhr, www.vg-rhaunen.de

③ Wildfreigehege Wildenburg

Keine Sorge: Es heißt zwar Wildfreigehege, man wird aber trotzdem keinem Grauwolf gegenüberstehen. Der Begriff bedeutet vielmehr, dass die Anlage kein Zoo ist, sondern den – überwiegend heimischen – Tieren einen so natürlichen Lebensraum wie möglich bietet. Das bedeutet auch, dass man etwas Zeit mitbringen muss, bis sich das eine oder andere Exemplar zeigt. Wer nicht so viel Geduld hat, schaut sich täglich um 15 Uhr die Fütterungen von Waschbären, Marderhunden und Wildkatzen

Gewusst, wann

Das »Woodstock des Hunsrücks« heißt LOTT und zieht seit 1977 jedes Jahr im August Tausende Besucher an. Hier wird Rock, Indie-Pop, Jazz, Ska, Punk und Folk gespielt, die Musiker kommen von überallher. Nicht die Riege der ganz großen Stars, aber ein Festival, auf dem man etwas Neues entdecken kann.
Raversbeuren, www.lott-festival.de

Essen & Trinken

Spitzhäuschen

Familie Schmidt-Herges kultiviert Wein, verarbeitet Wein, verkauft Wein und serviert Wein – direkter dran kann man nicht sein. Dass außerdem ein 600 Jahre altes, ungemein fotogenes Fachwerkhaus in Bernkastel-Kues dazugehört, ist das Tüpfelchen auf dem i. Eilige kaufen in der Vinothek nur ein, Entspannte reservieren vor und genießen die Winzerplatte.
Karlstr. 13, 54470 Bernkastel-Kues, Tel. 065 31/74 76, tgl. ab 15.30 Uhr, www.spitzhaeuschen.de

Alte-Kanzlei

Darf es etwas Typisches aus der Region sein? Hier gibt es den Idar-Obersteiner Spießbraten. Er geht übrigens auf das brasilianische *churrasco* zurück. Wie das zugegangen ist, lässt man sich am besten vor Ort erklären. Tipp: Es hat wieder mit den Edelsteinen zu tun …
Hauptstr. 432, 55743 Idar-Oberstein, Tel. 067 81/36 77 33, tgl. 9–22 Uhr, www.das-spiessbratenhaus.de

 ### Einkaufen

Schwalbenhof

Schweine im Schlamm, Kühe im kühlen Schatten, Hühner im grünen Gras – hier stimmt alles. Spezialitäten aus eigener, biologisch-dynamischer Herstellung.
Rathausstr. 37, 55608 Berschweiler bei Kirn, Tel. 067 52/21 06, Mi und Fr 15.30–18.30 Uhr, www.schwalbenhof.de

an – gerade Letztere sind bei uns durchaus heimisch, aber so scheu, dass eine Sichtung in freier Wildbahn praktisch unmöglich ist. Kinder dürfen auch Tiere streicheln, die üblichen Verdächtigen: Kaninchen und Meerschweinchen, Schaf und Ziege.

Wildenburger Str. 22, 55758 Kempfeld, Tel. 067 86/72 12, tgl. 9–17 Uhr, www.wildfreigehege-wildenburg.de

 ### Edelsteinmine Steinkaulenberg

Wieder mal ein Bergwerk? Ganz und gar nicht: Steinkaulenberg ist die einzige Edelsteinmine in Europa, die für Besucher zugänglich ist. Begleitet von einem Führer, wandert man durch einen uralten Lavastrom, der in seiner erstarrten Form schwarz erscheint, sofern er nicht verwittert ist (und dann aussehen kann wie ein Brot – siehe S. 122). In dieser Lavadecke findet man mehrere Varietäten von Quarz: Achate (das sind die mit den eleganten Schichten), Amethyste (die violetten), Bergkristalle (die transparenten), Rauchquarz (grau oder braun) und Jaspis (alle möglichen Farben). Im Edelsteincamp darf jeder selber klopfen und behalten, was er findet. Die Schürffelder für Kinder werden mit Mineralien und Edelsteinen bestückt; nichts schafft schließlich so viel Begeisterung wie ein Erfolgserlebnis.

Besucherparkplatz: Im Stäbel, 55743 Idar-Oberstein, Tel. 067 81/474 00, Mitte März bis Mitte Nov. tgl. 10–17 Uhr, www.edelstein minen-idar-oberstein.de, Parkplatz: **GPS: 49.726455, 7.278429**

1 Wandern im Soonwald
2 Hunsrück Fossilienmuseum
3 Wildfreigehege Wildenburg
4 Edelsteinmine Steinkaulenberg
5 Bernkastel-Kues
6 Mosel-Weinmuseum und Moselvinothek
7 Mosel Adventure Forest
▲ Camping Harfenmühle

 ### Bernkastel-Kues

Das »Herz der Mittelmosel« hat zwei Herzkammern: Westlich der Mosel liegt Kues, gegenüber Bernkastel mit seinem mittelalterlichen Marktplatz, den alten Fachwerkhäusern und dem Renaissance-Rathaus. Hoch über der Altstadt thront die weithin sichtbare Burgruine Landshut, von der man einen tollen Blick auf den Fluss hat.

Tourist Info: Gestade 6, 54470 Bernkastel-Kues, Tel. 065 31/50 01 90, Mo–Fr 9–17, Sa 10–17, So 10–13 Uhr, www.bernkastel.de, einziger Parkplatz für Wohnmobile: **GPS: 49.911426, 7.067717**

Das Gewirr der historischen Altstadtgassen und die gemächliche Mosel machen Bernkastel-Kues unwiderstehlich.

 ## Mosel-Weinmuseum und Moselvinothek

Aus 2000 Jahren Weingeschichte gibt es eine Menge zu erzählen – über Terroirs und Bodenbeschaffenheiten, über die Mosel in der Literatur, über Aromen und Rebsorten und Rebschnitt ... Letzteren kann man sogar selbst ausprobieren, virtuell, versteht sich. Wer nach gestilltem Wissensdurst auch die Kehle benetzen möchte, hat in den historischen Gewölbekellern des St.-Nikolaus-Hospitals in der Vinothek mit Bistro die Wahl zwischen 160 verschiedenen Moselweinen, vom Hochgewächs bis zum Eiswein.

Cusanusstr. 2, 54470 Bernkastel-Kues, Tel. 065 31/41 41, Mitte April–Okt. tgl. 10–17, Nov.–Anf. April 14–17 Uhr, www.moselwein museum.de, Parkplatz s. Bernkastel-Kues

Mosel Adventure Forest

Traben-Trarbach ist als Weinort und Schlemmer-Hotspot bekannt, aber hier geht es um etwas ganz anderes. Im Mosel Adventure Forest werden die Kalorien eher verbrannt als aufgenommen: Auf den Ruinen der Festung Mont Royal wurde 2007 ein Abenteuerzentrum eröffnet. Absolutes Highlight ist der erste »Canopy-Trail« Europas, ein Parcours von Seilrutschen, insgesamt über 1,5 km lang. Der Waldseilgarten besteht aus gut 240 Kletter-Elementen in 18 Parcours – in Höhen von anderthalb bis 14 m können Kinder und Erwachsene den alten Douglasien auf die Pelle rücken.

Mont Royal, 56841 Traben-Trarbach, Tel. 065 41/81 77 72, April–Okt. während Ferien tgl. 11–18 Uhr, sonst Fr–So 11–18 Uhr, www.adventureforest.de

 # CAMPING HARFENMÜHLE

Nicht weit vom Nationalpark Hunsrück-Hochwald entfernt liegt der von Bächen durchzogene Campingplatz Harfenmühle. Das mit den Edelsteinen – siehe vorige Seiten – können Kinder jeden Morgen um Viertel nach zehn austesten: Am Wasserspielplatz dürfen sie nach echten Achaten, Amethysten, Tigeraugen oder Rosenquarzen suchen. Und an einem 21 m langen Bachstück gibt es goldglänzende Nuggets auszuwaschen (allerdings »Katzengold«). Ein großer Badeweiher, verschiedene Sportareale, abenteuerliche Spielplätze und nicht zuletzt die fantastische Natur ringsum bieten schöne Freizeitmöglichkeiten. Gutes Restaurant mit überdachter Terrasse! Kleiner Laden, mittags Imbiss.

Harfenmühle 2, 55758 Mörschied OT Asbacherhütte, Tel. 067 86/13 04, ganzjährig, www.harfenmuehle.de
GPS: 49.804630, 7.269605

30 Rund um Mainz

Ein Mainzer, heißt es, würde nie nach Wiesbaden ziehen, und ein Wiesbadener niemals nach Mainz. Es sei wie Köln und Düsseldorf, eine ewige Konkurrenz, durch nichts zu besänftigen. Es gibt sogar Stadtviertel, die »Mainz-« sozusagen als historisches Präfix und Zeichen alter Verbundenheit tragen, obwohl sie nach dem Zweiten Weltkrieg Wiesbaden zugeschlagen wurden. Das klingt ein wenig verrückt, aber als Gast bekommt man da-

von nicht viel mit. Stattdessen hat man die Gelegenheit, auf ziemlich kleinem Raum ganz verschiedene Ziele anzusteuern. Mainz mit dem imposanten, 1000 Jahre alten Dom, den Fachwerkhäusern in der Altstadt; Rundfunkstandort und Fastnachtshochburg. Wiesbaden, das sich an die Südausläufer des Taunus schmiegt, mit dem viel jüngeren, aber genauso reizvollen Stadtbild – das älteste Gebäude zählt juvenile 400 Jahre. Nur 30 km westlich von

Mainz beginnt das Welterbe Mittelrheintal, eine fantastische Kulturlandschaft aus Weinbergen, Burgen, alten Städten und pittoresken Dörfern. Oder darf's etwas ganz anderes sein? Einen Katzensprung liegt auch Frankfurt entfernt, die einzige deutsche Stadt mit einer veritablen Skyline.

www.mainz.de, www.wiesbaden.de, welterbe-mittelrhein.de, www.frankfurt.de

Der Blick auf den Mainzer Dom, ein Glas Weißwein und den lieben Gott einen guten Mann sein lassen – eigentlich reicht das für einen relaxten Nachmittag.

① Mainz

Von den Römern als Militärstützpunkt gegründet, im 8. Jh. größtes Erzbistum nördlich der Alpen, ab dem 10. Jh. waren die geistlichen auch weltliche Herrscher, als Kurfüsten im Heiligen Römischen Reich – Mainz kann ohne Übertreibung als historischer Hotspot bezeichnet werden. Und eine Revolution ging auch von hier aus: Der Goldschmied Johannes Gutenberg erfand den Buchdruck und ebnete der massenhaften Verbreitung von Informationen den Weg. Besucher zieht es natürlich zum sechstürmigen Dom St. Martin, der mit seinen rötlichen Sandsteinmauern die quirlige Altstadt dominiert. Ein Blick in die 975 bis 1239 errichtete monumentale Säulenbasilika lohnt sich durchaus: Die Skulptur des knienden Erzbischofs Uriel von Gemmingen beispielsweise wirkt verblüffend echt. Auf dem Marktplatz steht der Marktbrunnen von 1526, einer der frühesten und schönsten Renaissancebrunnen Deutschlands. Die um 1340 fertiggestellte Pfarrkirche St. Stephan wurde im Zweiten Weltkrieg schwer beschädigt, doch hier wartet eine

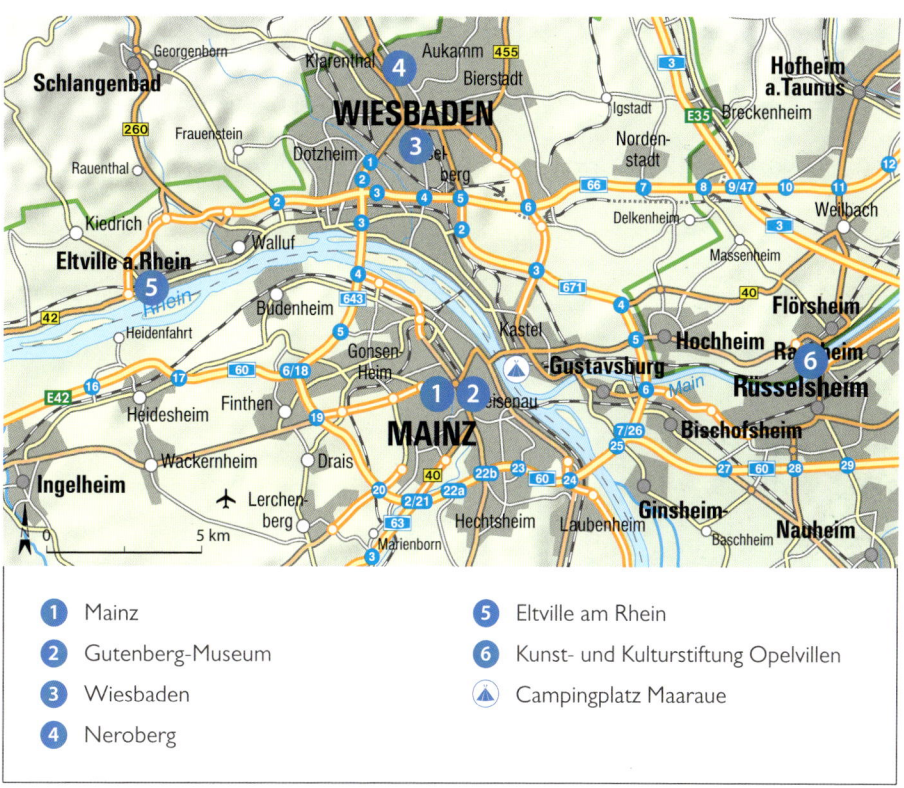

① Mainz
② Gutenberg-Museum
③ Wiesbaden
④ Neroberg
⑤ Eltville am Rhein
⑥ Kunst- und Kulturstiftung Opelvillen
▲ Campingplatz Maaraue

ganz besondere Attraktion: In magischen Blautönen leuchten die biblischen Figuren auf den Glasfenstern, die Marc Chagall zwischen 1978 und 1985 geschaffen hat.

Tourist Info: Rheinstr. 55, 55116 Mainz, Tel. 061 31/24 28 88, Mo–Fr 9–17, Sa 10–16 Uhr, www.mainz-tourismus.com, parken mit Wohnmobil schwierig, lieber vom Campingplatz aus mit dem Rad in die Innenstadt fahren

② Gutenberg-Museum

Noch mal zum erwähnten Goldschmied. Streng genommen hat er den Buchdruck nicht erfunden, das waren die Chinesen. Nur war das im Abendland unbekannt, und das Wort – vor allem das biblische – war Herrschaftswissen der Kirche. Gutenbergs Geniestreich ist die Buchdruckkunst mit beweglichen Lettern aus Metall, wodurch massenhaftes Drucken sowohl möglich als auch bezahlbar wurde. Im Gutenberg-Museum wird nicht nur diese Errungenschaft gewürdigt, man erfährt auch Wissenswertes über Papiere und Buchbinderei und kann Meisterwerke der Druckkunst aus aller Welt bewundern, darunter im Tresorraum die originale Gutenberg-Bibel. Die Geschichte wird bis zum modernen Digitaldruck weitererzählt.

Liebfrauenstr. 5, 55116 Mainz, Tel. 061 31/ 12 26 40, Di–Sa 9–17, So 11–17 Uhr, www.gutenberg-museum.de

Gewusst, wann

Am letzten Juli-Wochenende finden die Mainzer Sommerlichter statt – Musikbühnen, Streetfood-Trucks, Weindörfer und alle möglichen Fahrgeschäfte stehen dann am Mainzer Rheinufer. Großer Rummel mit gigantischem Feuerwerk. www.mainzer-sommerlichter.de

CAMPINGPLATZ MAARAUE

Eine Halbinsel an der Mündung des Mains in den Rhein, mit alten Bäumen und einem Freibad: Hier liegt der Campingplatz Maaraue. Die Stellplätze befinden sich auf Gras, umgeben von alten, hohen Bäumen. Insgesamt ist die Anlage ein wenig in die Jahre gekommen und es herrscht eine gewisse Fluktuation, denn hier macht man vor allem eins: Nach dem Frühstück losziehen und die umliegenden Städte erkunden. Da kann man es auch mal verschmerzen, dass die Sanitäranlagen nicht neuester Standard sind. Auch dass der Flughafen nicht weit ist, wird man bemerken. Tipp für den Sundowner: Über eine kleine Brücke erreicht man in wenigen Minuten zu Fuß den Kasteler Strand. Dort stehen die Liegestühle der Bastion von Schönborn (schönes Restaurant!; www.bastion-von-schoenborn.de) auf der Wiese im Biergarten bzw. unten im Sand. Von hier genießt man eine sensationelle Aussicht auf Mainz.

Maaraue 48, 55246 Mainz-Kostheim, Tel. 061 34/257 59 22, April–Mitte Okt., www.campingplatz-maaraue.de
GPS: 50.002230, 8.285787

Liegestühle am Kasteler Strand, nur ein paar Minuten vom Campingplatz entfernt.

 Wiesbaden

Zum historischen Zentrum von Wiesbaden sind es mit dem Rad vom Campingplatz aus gut 11 km, und ziemlich genau in der Mitte des Weges lohnt sich ein erster Stopp: Direkt am Rhein liegt das imposante Schloss Biebrich aus dem 18. Jh. Zugänglich ist es nicht, außer man möchte heiraten oder hat sonst irgendwie mit der hessischen Landesregierung zu tun. Der dahinter liegende Schlosspark steht allerdings für alle Besucher offen. Knapp 6 km weiter bilden Stadtschloss, Altes und Neues Rathaus und die Marktkirche ein beeindruckendes Ensemble, drumherum die geschäftigen Gassen der Altstadt mit ihren Fachwerkhäusern und Weinlokalen. Noch etwas weiter muss man radeln, wenn man das weltberühmte Wiesbadener Kurviertel sehen möchte. »Nizza des Nordens« wurde es vom 19. Jh. bis zur Belle Époque genannt, als sich hier gekrönte und ungekrönte Häupter aus Kunst, Politik und Wirtschaft trafen. Daran erinnern u. a. die Kurhaus Kolonnade von 1827, die längste (129 m) Säulenhalle Europas und der Kurpark, ein englischer Landschaftsgarten von 1852.

Tourist Info: Marktpl. 1, 65183 Wiesbaden, Tel. 06 11/310, Mo–Sa 10–18, April–Sept. zus. So 11–15 Uhr, www.wiesbaden.de, Park-/Wohnmobilstellplatz, 5 km ins Zentrum:
GPS: 50.056150, 8.210557

 Neroberg

Auf dem Wiesbadener Hausberg, den man mit einer wasserbetriebenen Zahnstangenbahn, Baujahr 1888 und seitdem technisch unverändert in Betrieb, »besteigt«, genießt man die fantastische Aussicht über die Dächer der Stadt, sucht etwas Nervenkitzel im Hochseilgarten (www.kletterwald-neroberg.de) oder entspannt im wunderschönen, denkmalgeschützten Opelbad (Bauhausstil) aus den 1930er-Jahren.

Talstation der Nerobergbahn: Wilhelminenstr. 51, 65193 Wiesbaden, Fahrten tgl. im 15-Min.-Takt, Mai–Aug. 9–20, sonst 10–19 Uhr, www.eswe-verkehr.de, mit Parkplatz

 Eltville am Rhein

Eine Besonderheit der »Sektstadt« ist die örtliche Vinothek, betrieben vom Eltviller Wein- und Kulturverein, zu dem sich 20 Weingüter zusammengeschlossen haben. Neben vergleichenden Verkostungen

Ungefähr im Jahr 1700 begannen die Fürsten von Nassau-Idstein ihre Residenz auszubauen. Versaille war ihnen als Vorlage gerade groß genug für Schloss Biebrich in Wiesbaden.

und Weinworkshops kann man hier Konzerte und Lesungen besuchen. Eltville darf sich außerdem Rosenstadt nennen, was sich nicht zuletzt in den wunderbaren Rosenanlagen der Kurfürstlichen Burg zeigt. Dort begegnet man auch dem Goldschmied aus Mainz wieder: Die Gutenberg-Gedenkstätte besitzt eine historische Sammlung über die Druckkunst, zeigt Kunstausstellungen in der Galerie im Turm und ist stimmungsvoller Ort von kulturellen Veranstaltungen. Nicht weit entfernt liegt am Rheinufer die 1840 neugotisch umgebaute Burg Crass mit herrlichem Garten.

Tourist Info: Burgstr. 1, 65343 Eltville, Tel. 061 23/909 80, April–Okt. tgl. 10.30–17, Nov.–März 11–15.30 Uhr, www.eltville.de, Parkplatz:
GPS: 50.028692, 8.124109

6 Kunst- und Kulturstiftung Opelvillen

Fritz Opel war der Sohn des Gründers der Opelwerke. Die eine Villa am Main kaufte er, die zweite baute er in den Jahren 1931/32. Später gingen die Gebäude an die Stadt Rüsselsheim über, die sie für verschiedene Zwecke nutzte, vom Krankenhaus bis zum Amtsgericht. 1998 beschloss man, die Opelvillen zu einem modernen Kulturort zu machen, und so zeigt die Stiftung Opelvillen in den historischen Räumen mit dem zeitgenössischen Zwischenbau moderne Skulpturen, Malerei und Fotografie.

Ludwig-Dörfler-Allee 9, 65428 Rüsselsheim, Tel. 061 42/83 59 07, Mi und Fr–So 10–18, Do 10–21 Uhr, www.opelvillen.de, Längsparkplätze in der Straße

 Essen & Trinken

Hintz & Kuntz
In nächster Nähe zum Mainzer Dom: Eichenbohlen, kleine Tische, weiße Stühle, von der Bar leuchtet die kupferne Bierzapfanlage. Spezialität sind »deutsche Tapas«, z. B. Mainzer Spundekäs' mit Brezln oder Hackfleischbällchen vom Rind in Tomatensauce.
Fischtorstr. 1, 55116 Mainz, Tel. 061 31/144 47 07, So–Do 10–24, Fr/Sa 10–1 Uhr, www.hintzundkuntz.de

Hofgut Laubenheimer Höhe
Das weitläufige Anwesen mit Reitstall, Reithalle und Ponys für Kinder liegt mitten in den Weinbergen und bietet einen herrlichen Blick in die Landschaft. Gekocht wird mit Zutaten, die nicht mehr als 50 km »angereist« sind, der Stil ist rheinhessisch-rustikal.
Zur Laubenheimer Höhe 1–3, 55130 Mainz, Tel. 061 31/62 22 60, Mo–Sa 12–22, So 11–22 Uhr, www.hofgut-laubenheimer-hoehe.de

 Einkaufen

Mainzer Wochenmarkt
Der Mainzer Dom schaut auf die Marktstände herab, um die schon frühmorgens die ersten Käufer wuseln. Am besten vom Campingplatz aus mit dem Fahrrad kommen und große Packtaschen mitnehmen.
Auf den Domplätzen, Mainzer Innenstadt, Di, Fr/Sa 7–14 Uhr, www.mainz.de

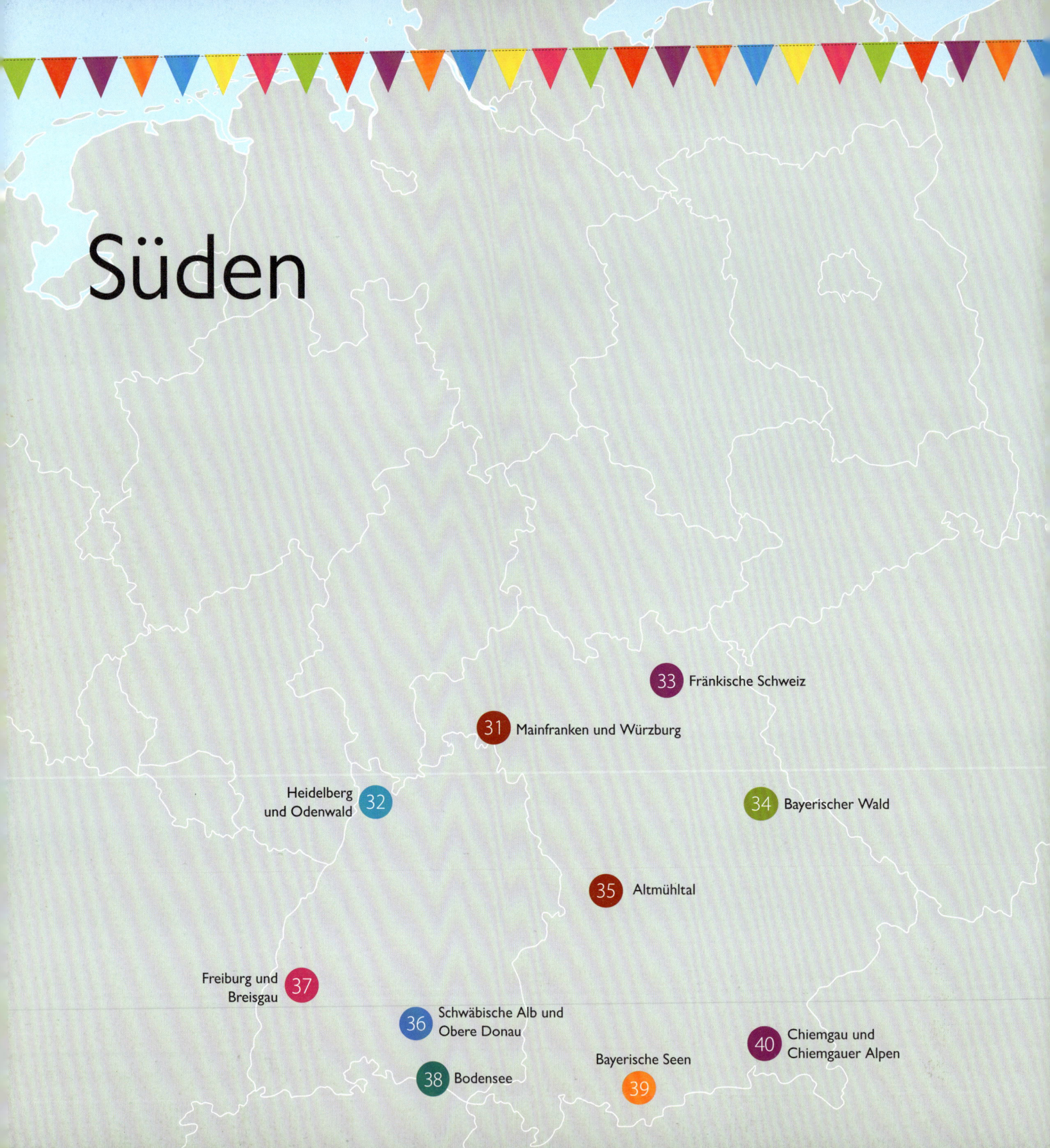

Süden

33 Fränkische Schweiz

31 Mainfranken und Würzburg

Heidelberg und Odenwald **32**

34 Bayerischer Wald

35 Altmühltal

Freiburg und Breisgau **37**

36 Schwäbische Alb und Obere Donau

40 Chiemgau und Chiemgauer Alpen

38 Bodensee

Bayerische Seen **39**

»Das Leben ist eine Reise. Nimm nicht zu viel Gepäck mit.«

Billy Idol

Maria als Patronin Frankens auf der Alten Mainbrücke. Das Jesuskind steht beim hl. Joseph.

3 | Mainfranken und Würzburg

Offiziell sind es 43 verschiedene Rot- und vor allem Weißweinsorten, die in Franken beziehungsweise im unterfränkischen Weinbau-Epizentrum am Main angebaut werden. Wer eine Ahnung von dieser köstlichen Vielfalt bekommen möchte, sollte sich tunlichst nicht auf der Durchreise befinden – schon gar nicht mit dem Auto. Und Würzburg drängt sich da als Ort zum Auto abstellen und Zelte aufschlagen förmlich auf, natürlich nicht nur des Weins wegen. Sondern wegen der herrlichen Lage im Maintal zwischen den Weinbergen, wegen des Flairs einer lebendigen Studentenstadt mit vielen Cafés, Bars und Restaurants

von beachtlicher kulinarischer Vielfalt und Qualität und wegen der gewaltigen fürstbischöflichen Residenz, die mitten in der Stadt thront, umgeben von dem weitläufigen barocken Hofgarten. Das Ensemble ist Frankens Antwort auf Versailles und Schönbrunn. Und natürlich der alten Mainbrücke wegen. Hier muss man sich kurz vergewissern, ob man nicht doch in Prag gelandet ist: Der Fluss, die Brückenheiligen, auf der einen Seite die Altstadt, auf der anderen die Festung, alles etwas kleiner zwar, aber die Atmosphäre ist ähnlich, mit dem riesigen Vorteil, dass es beschaulicher ist. Abends wird die Brücke von den Würzburgern

bevölkert. Hier trifft man sich, isst etwas Mitgebrachtes und trinkt – höchstwahrscheinlich – einen Schoppen Frankenwein. Außerhalb Würzburgs warten die Weinberge, Fachwerkstädtchen wie aus dem Bilderbuch und fränkische Gastlichkeit zusammen mit der berühmten herzhaften Küche. Dass man hier hervorragend Rad fahren, wandern, paddeln oder reiten kann, erklärt sich eigentlich von selbst, es schadet nur nicht, das zu erwähnen, weil die Fülle der Sinnesfreuden möglicherweise zu einer wohligen Trägheit führen kann.

www.wuerzburg.de

❶ Residenz Würzburg

Die Residenz am Rande der Innenstadt wurde von der Unesco im Jahr 1981 mit den treffenden Worten, sie sei »das einheitlichste und außergewöhnlichste aller Barockschlösser«, in den Rang eines Weltkulturerbes erhoben. Und tatsächlich erlebt man hier überwältigende Momente, z. B. wenn man zum 670 qm großen Tiepolo-Himmel im Treppenhaus blickt oder das »vollkommenste Raumkunstwerk des Rokoko«, den prunkvollen Kaisersaal, betritt. Balthasar Neumann, der weltweit als größter Baumeister des Barocks zählt, erschuf den gigantischen Prachtbau von 1720 bis 1744, in dem man auch einen Blick auf Napoleons Gästebett erhaschen kann. Drei Gartenabschnitte des riesigen Hofgartens mit seinen Hunderten Rosenarten und alten Obstbäumen laden zu ausgedehnten Spaziergängen ein.

Residenzpl. 2, 97070 Würzburg, Tel. 09 31/ 355 17-0, April–Okt. tgl. 9–18, Nov.–März 10–16.30 Uhr; www.residenz-wuerzburg.de

❷ Museum im Kulturspeicher

In einem denkmalgeschützten ehemaligen Getreidespeicher am Alten Hafen der Stadt hat dieses Museum seine Heimat gefunden. Auf 3500 qm Ausstellungsfläche werden die Städtische Sammlung mit Kunst vom 19. Jh. bis zur Gegenwart sowie die »Sammlung Peter C. Ruppert – konkrete Kunst in Europa nach 1945« mit Werken aus 23 verschiedenen Ländern präsentiert. Auch das Gebäude

❶ Residenz Würzburg
❷ Museum im Kulturspeicher
❸ Stein-Wein-Pfad
❹ Schloss Veitshöchheim
❺ Schifffahrt im Maindreieck
❻ Ochsenfurt
⚠ Kanu-Club Würzburg

selbst ist ein optischer Genuss: Einst eines der fortschrittlichsten Lagerhäuser der bayerischen Staatshäfen, wurde es 1996 bis 2001 umgebaut. Erhalten blieben der Charme industrieller Architektur, neobarocke Schweifgiebel und historische Stützenraster. Und wenn die Museumsräume schließen, taucht eine Lichtinstallation der Künstlerin, Mathematikerin und Physikerin Waltraut Cooper den Bau in blaues Licht, das sich alle 30 Min. wasserfallartig von oben nach unten ergießt.

Oskar-Laredo-Platz 1, 97080 Würzburg, Tel. 09 31/32 22 50, Di 13–18, Mi/Fr–So 11–18, Do 11–19 Uhr, www.kulturspeicher.de, Parkplatz: GPS: 49.800980, 9.923643

Basiswissen Gartenkunde: Englische Gärten sind »naturnah«, französische Gärten haben akkurat geschnittene Hecken und verspielte Figuren wie vor der Würzburger Residenz.

Gewusst, wann

Ende August findet auf dem Würzburger Marktplatz die Weinparade statt. Über 100 hiesige Weine werden ausgeschenkt, bis hin zum Eiswein, begleitet von den passenden Gerichten. Der Anspruch ist hoch und dementsprechend sind alle Weingüter von Rang und Namen dabei: Bürgerspital, der Staatliche Hofkeller Würzburg, Juliusspital und wie sie alle heißen.

3 Stein-Wein-Pfad

Vorbei am Weingut am Stein, dem Schlosshotel Steinburg sowie dem Bismarckturm führt der Stein-Wein-Pfad, auf dem man die Bedeutung des Getränks für diese Gegend erkunden kann. Auf den Muschelkalkböden gedeihen zehn Rebsorten, darunter der Spätburgunder – eine der ältesten Kulturrebsorten der Menschheit. Bei einem einzigartigen Blick auf die Stadt erfährt man auf Stelen oder von Füh-

rern Wissenswertes und Anekdoten zum Weinkulturerbe. Rund um den Pfad liegen die Keller bekannter Traditionsweingüter, in denen man sein Wissen bei einem guten Tropfen gleich mal testen kann.

www.wuerzburger-steinweinpfad.de

4 Schloss Veitshöchheim

Das charmante Schlösschen, einst Sommersitz der Würzburger Fürstbischöfe, ist ein lieblicher Ort für einen Ausflug. 1680 bis 1682 erbaut und 1754 von Balthasar Neumann vergrößert, zeigt es eindrucksvoll die Prachtentfaltung im Barock und Rokoko. Im Obergeschoss kann man fünf Räume im Empirestil bewundern, mit alten bedruckten Papiertapeten und wunderbar erhaltenen Möbelstücken aus Edelhölzern. Der Hofgarten gilt als einer der schönsten seiner Art in Deutschland. Wasserspiele, Heckensäle, Alleen, etwa 300 Skulpturen, fast vergessene Obst- und Gemüsesorten und ein großer See mit Parnassgruppe zieren die herrliche Anlage.

Echterstr. 10, 97209 Veitshöchheim, Tel. 09 31/ 915 82, Garten: tgl. bis Einbruch der Dunkelheit, Schloss: April–Mitte Okt. Di–So 9 bis 18 Uhr, www.veitshoechheim.de, Parkplatz: **GPS: 49.832802, 9.874505**

5 Schifffahrt im Maindreieck

Romantisch fließt der Main durch das fränkische Weinbaugebiet und schmiegt sich träge in die verträumte Landschaft, vorbei an schroffen Felsformationen. Was liegt da näher, als den Wasserweg zu nutzen? Jede Menge spannende Fahrten hat die Schiffstouristik im Angebot, etwa die abendliche Rundfahrt durch das beleuchtete Würzburg. Von vielen Winzerorten gehen die

Orte und Anlässe, um Wein zu trinken, finden sich in Würzburg überall.

KANU-CLUB WÜRZBURG

Die Lage ist unschlagbar: Am linken Mainufer, an einer kleinen Bucht, die imposante Festung Marienberg in Sichtweite. Zu Fuß sind es rund 2 km in die Altstadt, mit dem Bus keine 10 Min. Es gibt Zeltplätze direkt am Wasser und sechs Stellplätze mit Strom für Wohnmobile. Die Sanitäranlagen sind tipptopp in Schuss und im Vereinshaus untergebracht. Ein Restaurant gibt es auch,

das Freibad ist nebenan. Es soll schon vorgekommen sein, dass sich Camper keinen Zentimeter von hier wegbewegt und Würzburg sich selbst überlassen haben.

Mergentheimer Str. 13B, 97082 Würzburg, Tel. 09 31/725 36, Ende März bis Mitte Okt., www.kc-wuerzburg.de **GPS: 49.779464, 9.929261**

Ob der Name Ochsenfurt tatsächlich daher rührt, dass Rinder den Main durchqueren konnten, ist umstritten. Die Namensverwandtschaft zu Oxford nimmt man aber gern ...

Schiffe ab, man muss sich nur zwischen den zahlreichen Offerten entscheiden können.

Alter Kranen, 97070 Würzburg, Tel. 09 31/ 585 73, www.schiffstouristik.de

6 Ochsenfurt

Mitten im Weinland Franken liegt eine Bierstadt mit zwei Brauereien in der reizvollen Landschaft. Schon 725 findet sich eine erste urkundliche Erwähnung, wirtschaftliche Bedeutung erlangte das Städtchen um 1512 mit dem Bau einer Brücke (heute die zweitälteste Steinbrücke Deutschlands) über den Main. Die Altstadt blieb im Zweiten Weltkrieg von Bomben verschont, sodass man heute historische Gebäude und Kleinode der Vergangenheit erleben kann, umrahmt von einer nahezu vollständigen Befestigungsanlage mit Stadttoren und Türmen. Da der Main-Radweg und der Main-Tauber-Fränkische Radachter durch Ochsenfurt führen, kann man den Besuch mit ausgedehnten Touren verbinden und die Aussicht natürlich auch vom Wasser aus genießen. Wahrzeichen ist das Neue Rathaus (15. Jh.) mit der einzigartigen Figuren- und Monduhr im Lanzentürmchen. Die fünf Museen der »Stadt der Türme« bieten Kultur vom Feinsten.

Tourist Info: Hauptstr. 39, 97199 Ochsenfurt, Tel. 093 31/58 55, Mo–Fr 8–12.30, Mo/Do zus. 13.30–18 Uhr, www.ochsenfurt.de, Parkplatz:
GPS: 49.666607, 10.061674

 Essen & Trinken

Zum Stachel
Seit 600 Jahren gibt es diesen Gasthof! Heute wird feine regionale Küche, z. B. Tafelspitz oder fangfrischer Fisch aus dem Lohrertal serviert. Die Frankenweine sind liebevoll ausgewählt. Im Sommer ist allein schon der verwunschene Innenhof die Einkehr wert.
Gressengasse 1, 97070 Würzburg, Tel. 09 31/527 70, Di–Sa 11.30–24, So 11.30–16 Uhr, www.weinhaus-stachel.de

Alter Kranen
Mit Blick auf Marienburg und Mainbrücke ist der Biergarten der ideale Ort, um bei gutem Essen ein paar Stunden zu verbringen. Das Gebäude selbst ist eine barocke Krananlage und absolut sehenswert. Ausnahmsweise dreht sich hier nicht alles um Wein – sondern um Bier.
Kranenkai 1, 97070 Würzburg, Tel. 09 31/99 13 15 45, tgl. 11–24 Uhr, www.alterkranen.de

 Einkaufen

Frank & Frei Feinkost
Bekanntlich schließen sich tolles Essen und Camping nicht aus. Wer sich mit Feinem von Schaf, Ziege oder Wild eindecken will, ist hier richtig. Die Erzeugnisse stammen aus artgerechter, regionaler Haltung bzw. aus fränkischen Wäldern.
Marktplatz 4, 97070 Würzburg, Tel. 09 31/465 29 57, Di–Fr 9–18, Sa 9.30–14.30 Uhr

32 Heidelberg und Odenwald

Allein die Lage ist einmalig: Die letzten Ausläufer des Odenwalds begrenzen die Stadt auf natürliche Weise – genau dort, wo der gemächliche Neckar das Mittelgebirge verlässt und in die flache Oberrheinebene eintritt. Auf dem schmalen Streifen zwischen Neckar und dem bewaldeten Königstuhl drängen sich die Häuser, über allem thront die mächtige Ruine des Heidelberger Schlosses, rot leuchtend, wenn es die Abendsonne zum Erstrahlen bringt. Was für ein romantischer Ort! Diese Kulisse ist weltberühmt, was die zahlreichen internationalen Touristen belegen. Den schönsten Blick hat man vom Philosophenweg aus: Im rechtsneckarschen Stadtteil Neuenheim geht es nach der Theodor-Heuss-Brücke immer bergauf, vorbei an Universitätsgebäuden und Villen illustrer Heidelberger. Weiter oben eröffnen sich wunderbare Ausblicke auf die Altstadt und das Schloss vis-à-vis. Zurück im Tal, kann man über die Alte Brücke ins Zentrum spazieren. Studentenkneipen reihen sich aneinander, altehrwürdige Unigebäude und originelle Geschäfte. Und noch ein Highlight: das Klima! In Heidelberg ist es immer eine Spur milder und angenehmer als im restlichen Land, hier gedeihen Feigen-, Mandel- und Ölbäume. Und wenn man lange genug durch die Gassen geschlendert ist, dann warten Schwetzingen mit der barocken Schlossanlage, die Höhen des Odenwalds und bezaubernde Städtchen wie Neckargemünd ganz in der Nähe des Campingplatzes.

www.heidelberg.de

Die Universität und dann noch diese Landschaft: Kein Wunder, dass es Geistesgrößen und Touristen seit Jahrhunderten nach Heidelberg zieht.

 CAMPING HAIDE

Nach Heidelberg ist es nur ein Katzensprung – nur 7 km sind es in die Altstadt. Mit dem Fahrrad ist das fast nichts, und wer keins dabeihat, kann sich auf dem Campingplatz eins mieten. Die S-Bahn fährt auf der anderen Seite des Neckars, zu Fuß ist man in 15 Min. an der nächsten Haltestelle. Ein idealer Ausgangspunkt also. Der Platz ist aber auch selbst schön: Ein langer Weg zieht sich am Fluss entlang, rechts und links davon kann man sein Lager aufschlagen oder das Wohnmobil parken, direkt am Wasser, wenn man möchte, denn Hochwasser macht einem hier keinen Strich durch die Rechnung. Brötchen kann man bestellen, und ein kleines Restaurant sorgt für die Camper.

Ziegelhäuser Str. 91, 69151 Neckargemünd, Tel. 062 23/21 11, April–Okt., www.camping-haide.de
GPS: 49.401296, 8.778977

1 Heidelberg

Leben, lernen und forschen – dafür kennt man Heidelberg. Die älteste Universität Deutschlands zieht Wissenschaftler und Studenten aus aller Welt an, die der ehemaligen kurpfälzischen Residenzstadt ihre lebendige Atmosphäre verleihen. Mitten im malerischen Neckartal gelegen, ist sie Zeitzeugin der deutschen Romantik. Nicht versäumen sollte man die berühmte Schlossruine, die erhaben über den Dächern der Altstadt thront. Zu den bedeutendsten Bauwerken der Renaissance nördlich der Alpen gehört der Ottheinrichsbau, einer der Palastbauten des Schlosses. Zu ihm kommt man übrigens ganz bequem mit einer der traditionsreichen Bergbahnen. Wundervoll spazieren gehen kann man auf dem Philosophenweg, der in einer der wärmsten Klimazonen Deutschlands liegt, sodass man wild gedeihende exotische Pflanzen betrachten kann. Auch zahlreiche Museen sind einen Besuch wert, bevor man sich in der anmutigen Altstadt kleinen Geschäften und gemütlichen Cafés widmen kann.

Tourist Info: Willy-Brandt-Platz 1, 69115 Heidelberg, Tel. 062 21/584 44 44, April–Okt. Mo–Sa 9–19, So 10–18, Nov.–März Mo–Sa 9–18 Uhr, www.heidelberg-marketing.de; Schloss: Schlosshof 1, 69117 Heidelberg, Tel. 062 21/65 88 80, tgl. 8–18 Uhr, www.schloss-heidelberg.de

2 Königstuhl

Mit einer der Bergbahnen geht es von der Station Molkenkur hinauf zum höchsten Berg des Kleinen Odenwalds (567,8 m). Der Königstuhl ist durchzogen von Wanderzielen für Groß und Klein. Zwischen einer und vier Stunden Gehzeit benötigen die 13 Wege, einige davon bestens geeignet für Senioren und Familien mit Kinderwagen. Besonders empfehlenswert: die »Via Naturae«, der Weg der Natur.

www.bergbahn-heidelberg.de

3 Schloss Schwetzingen

Das Schloss Schwetzingen ist besonders bekannt für seinen Garten aus dem 18. Jh. Er unterteilt sich in den französischen, den englischen Garten und das Arboretum, einer Fläche für exotische Gehölze. Schon beim Betreten fällt der große See ins Auge – ein wunderbarer Anblick mit dem Schloss im Hintergrund. Jede Jahreszeit hat

1 Heidelberg
2 Königstuhl
3 Schloss Schwetzingen
4 Neckargemünd
5 Feste Dilsberg
△ Camping Haide

hier ihren besonderen farbenfrohen Reiz. Das malerische und liebevoll bepflanzte und gehegte Areal eignet sich für stundenlange Spaziergänge, für den Besuch der alten Moschee von 1775 oder zum Genuss feiner Kuchen im Schlosscafé.

Schloss: Schloss Mittelbau, 68723 Schwetzingen, Tel. 062 21/65 88 80, April–Okt. tgl. 9–19.30, Nov.–März 9–16.30 Uhr, www.schloss-schwetzingen.de

 ### Neckargemünd

Mitten im Naturpark Neckartal-Odenwald, an der romantischen Burgenstraße, liegt die »Stadt am Fluss«. Auf einem Altstadtrundgang kann man die über 1000-jährige Historie der ehemaligen Freien Reichsstadt erkunden. Am Marktplatz beginnend, erläuft man sich schmucke Gässchen mit den typischen Fachwerkhäuschen an der Stadtmauer, bis man am Alten Rathaus landet, in dem man die Stadtgeschichte noch besser kennenlernen kann. Die Villa Menzer im Neorenaissance-Stil oder das denkmalgeschützte Karlstor aus dem Frühklassizismus sind imposante Zeugen der Vergangenheit Neckargemünds.

Tourist Info: Neckarstr. 21, 69151 Neckargemünd, Tel. 062 23/35 53, Mo–Di/Do/Fr 9–13, 14.30–18, Mi/Sa 9–13 Uhr, www.neckargemuend.de, Parkplatz:
GPS: 49.396108, 8.795266

 ### Feste Dilsberg

Wer die Stufen des Treppenturms erklimmt und den Steg der 16 m hohen Ringmauer betritt, blickt auf das wunderbare Neckartal und die Berge des Odenwalds. Auf dem Gelände der hochmittelalterlichen Burgfeste (1150–1200 angelegt) wurden bei Ausgrabungen Hinweise auf Ansiedlungen römischer Truppen gefunden. Im Dreißigjährigen Krieg war sie heiß umkämpft. Feldherr Tilly nahm sie nach langer Belagerung ein, später eroberten sie die Schweden. Erstaunlicherweise wurde die Anlage während all dieser Kämpfe nicht zerstört. Neben der bewegten Geschichte und dem atemberaubenden Blick bietet sie noch mehr: Besonders erwähnenswert sind der 35 m tiefe Burgbrunnen und der unterirdische Stollengang (ca. 80 m lang). Der sagenumwobene Geheimgang wurde vom New Yorker Fritz von Briesen erst um 1900 wiederentdeckt und später freigelegt.

Burghofweg 3a, 69151 Neckargemünd, Tel. 062 23/61 54, April–Okt. Di–So 10 bis 17.30 Uhr, www.burgfeste-dilsberg.de, Parkplatz:
GPS: 49.398355, 8.835447

 ## Essen & Trinken

Hugo Wine & Dine

Die erstklassigen Weine, viele davon aus den badischen Sonnenlagen, sind das eine. Das andere die sorgfältige, raffinierte Küche. Gebratene Brust vom Schwarzfederhuhn, eine kleine Auswahl feiner Pizzas oder hochwertige Steaks. Das alles zu moderaten Preisen, wochentags auch mit Mittagsangebot. Rohrbacher Str. 47, 69115 Heidelberg, Tel. 062 21/586 01 20, Mo–Fr 10–24, Sa 17–1 Uhr, www.hugo-hd.de

Zum Roten Ochsen

Unfassbar: Seit fast 200 Jahren ist die Mutter aller Heidelberger Studentenlokale bereits im Besitz der Familie Spengel. Jeden Abend spielt um halb acht ein Pianist auf, dazu gibt es echtes Heidelberger Essen, nämlich gutbürgerliche Fusion-Küche. Also das Beste vom Schwäbischen, Badischen und Pfälzischen. Hauptstr. 217, 69117 Heidelberg, Tel. 062 21/209 77, Mo–Sa ab 17, Do/Fr auch 11.30–14 Uhr, www.roterochsen.de

 ## Einkaufen

Wochenmarkt Neckargemünd

Mittwoch- und Samstagvormittag findet auf dem Marktplatz von Neckargemünd der Wochenmarkt statt. Manchmal werden während der Marktzeit kleine Platzkonzerte veranstaltet. Mi und Sa 8–13, April–Sept. schon ab 7 Uhr

33 Fränkische Schweiz

Gleich muss Dornröschen mit dem Rumpelstilzchen an der Hand um die Ecke kommen, oder zumindest der gestiefelte Kater. Wo, wenn nicht hier? Denn märchenhafter geht es kaum. Raue Felsnadeln ragen aus dem Boden, Bäche gurgeln, Mühlen klappern (wirklich!), trutzige Burgen wachen über enge, waldige Täler, und Fachwerkhäuser drängen sich unten dicht an dicht. Zu allem Überfluss gibt es auch noch Höhlen mit und ohne Tropfsteine und herrlich große Funklöcher, in denen man sich verlieren und die Welt um sich herum vergessen kann. Sagen und Legenden kennt man unzählige in der Fränkischen Schweiz, und auch die wissenschaftliche Entstehungsgeschichte dieser Gegend ist unwirklich. Es braucht schon die Ernsthaftigkeit und Fantasie eines Kindes, um sich vorzustellen, dass diese Region einmal ein Ozean war, mit unheimlichem Getier. Der Ozean verebbte, kam ein paar Millionen Jahre später wieder zurück, trocknete erneut aus und hinterließ das erosionsanfällige, karstige Gestein, aus dem Wind und Wetter diese zerklüfteten Felsen formten. Märchen beiseite: Heute kann man sich hier wunderbar austoben, beim Paddeln, Bouldern, Wandern, Biken und Burgenbesichtigen. Der Mensch, also der Franke, trägt seinen Teil zum Abwechslungsreichtum bei. Mit Gastlichkeit, fränkischer Küche, privat gebrauten Bieren und immer neuen Angeboten lockt die Fränkische Schweiz wie eine freundliche Hexe die Urlauber an, womit wir allerdings schon wieder beim Märchen wären.

www.fraenkische-schweiz.com

In Tüchersfeld kommt zusammen, was die Region ausmacht: Fachwerk, Felsen, Geschichten und Gastlichkeit.

1 Teufelshöhle

Durch das Teufelsloch geht es hinein in die Teufelshöhle, eine von 1000 Kavernen in der Fränkischen Schweiz. Vor 150 Mio. Jahren war diese Gegend von einem flachen Meer bedeckt. Während dieser Zeit lagerten sich Kalk und Sedimente am Meeresboden ab, die heute die typische Karstlandschaft bilden. In der Teufelshöhle löst Regenwasser Kalk und Calcium aus dem Dolomitgestein, die zu den einzigartigen Formen der Stalaktiten, Stalagmiten und Stalagnaten anwachsen. Jede der 400 Stufen auf dem 45-minütigen Rundgang lohnt sich. Innen herrschen 9 Grad – Jacke mitnehmen!

91278 Pottenstein, Tel. 092 43/208, April–Okt. tgl. 9–17 Uhr, www.pottenstein.de

2 Felsenbad Pottenstein

Das wohl urigste Naturfreibad Deutschlands liegt inmitten einer beeindruckenden Felsenkulisse gegenüber dem Schöngrundsee, der Sommerrodelbahn und der Teufelshöhle. Einst ein Jugendstilbad – was man heute noch an den erhaltenen Außenmauern erkennen kann –, wurde es 2001 nach längerer Schließung und umfangreichen Umbauten mit neuer Technik wiedereröffnet. Das Bad bietet einen der schönsten Biergärten der Fränkischen Schweiz und mit der Seebühne im Schwimmteich einen ganz besonderen Ort für spannende Veranstaltungen.

Pegnitzer Str. 35, 91278 Pottenstein, Tel. 092 43/70 05 92, Sommer tgl. 11–19 Uhr, www.felsenbad-pottenstein.info

1 Teufelshöhle
2 Felsenbad Pottenstein
3 Burgruine Neideck
4 Forchheim
5 Felsengarten Sanspareil
6 Bayreuth
▲ Campingplatz Fränkische Schweiz

3 Burgruine Neideck

Bereits 1000 v. Chr. wurde das Burggelände besiedelt und 1050 n. Chr. zur wichtigsten Burganlage ausgebaut. Sie gilt als das Wahrzeichen der Fränkischen Schweiz, 2008 nach Komplettsanierung neu eröffnet. Das beliebte Ausflugsziel war früher schon Anziehungspunkt für Literaten, Dichter und Maler der Romantik, die sich von dem herrlichen Blick über das satte Wiesenttal inspirieren ließen. Gelegentlich kann man hier Theaterstücke, Ritterspiele und Musikveranstaltungen genießen.

Bei 91346 Wiesenttal, www.fraenkische-schweiz.com, Parkplatz: GPS: 49.808121, 11.225301

Gute Idee: die Fränkische Schweiz vom Wasser aus erkunden. Naturgemäß geht das einfacher, wenn man flussabwärts paddelt und der Verleiher sich um den Rücktransport kümmert.

Gewusst, wann

Die Straßen mäandern wunderschön durch die Landschaft, ideal für Rallyes mit dem Oldtimer. Mehrere Touren finden jährlich statt, also jede Menge Gelegenheiten, die eleganten bis skurrilen Gefährte zu bestaunen, und manchmal auch die Gelegenheit, sich auf den Beifahrersitz zu schwingen. www.classic-cars-knv.de, www.msc-fr-schweiz.de, www.interfranken.de

4 Forchheim

Die Schweden konnten es nicht einnehmen: Der Bamberger Fürstbischof floh mehrere Male mitsamt seinem Domschatz in das sichere Forchheim, das aufgrund seiner festungsartigen Anlage auch den Dreißigjährigen Krieg unbeschadet überstand. Schön liegt der Ort am Main-Donau-Kanal zwischen Bamberg und Nürnberg und lockt mit interessanten Sehenswürdigkeiten: Im gut erhaltenen Kern finden sich die Kaiserpfalz, die heute mehrere Museen beherbergt, und prächtige Fachwerkhäuser. Einen genauen Blick lohnt der Magistratsbau neben dem Rathaus, der mit teils komischen Figuren verziert ist, u. a. mit einem Männchen, das mit seinem entblößten Po mögliche Angreifer abschrecken soll. Im größten Biergarten der Welt, dem Kellerwald, lässt es sich prima genießen.

Kapellenstr. 16, 91301 Forchheim, Tel. 091 91/71 43 38, April–Okt. Mo–Fr 9–17, Sa 10–13, Nov.–März Mo–Fr 9–17 Uhr, www.forchheim-erleben.de, Parkplatz: **GPS: 49.720838, 11.049247**

5 Felsengarten Sanspareil

»Die Natur selbst war die Baumeisterin«, schrieb Markgräfin Wilhelmine über den Felsengarten, und treffender ist es kaum auszudrücken. Denn die Gartengestaltung berücksichtigt gekonnt die mittelalterliche Burg Zwernitz und die oft bizarren Felsen des Fränkischen Juras. Das Geotop umfasst viele interessante kleine und große Sehenswürdigkeiten, wie z. B. den »Eiskeller« und das »Hühnerloch«, den »Regenschirm« und das »Bärenloch«. Was sich hinter diesen Namen verbirgt, das muss man schon durch einen Besuch der unvergleichlichen Naturkulisse selbst herausfinden.

Sanspareil 34, 96197 Wonsees, Tel. 092 74/80 89 09 11, ganzjährig, www.schloesser.bayern.de, Parkplatz: **GPS: 49.983027, 11.317502**

 ## CAMPINGPLATZ FRÄNKISCHE SCHWEIZ

Weitläufig, grün, zwischen schroffen Felswänden und einem Flusslauf – wer raus in die Natur will, findet hier sein Basislager, schlau aufgeteilt in einen Familiencampingplatz und eine große Zeltwiese. Stellplätze für Wohnmobile mit Strom, Frisch- und Abwasserversorgung gibt es auf einem separaten Grundstück direkt in Pottenstein. Will man den Aufbruch zur nächsten Fränkische-Schweiz-Expedition noch ein wenig hinauszögern, macht es einem der Zeltplatz leicht: ein Kiosk, der neben sauren Zungen und Schlümpfen auch Herzhaftes auftischt, ein Spielplatz für die Kinder – ohne Sand, der klammheimlich ins Zelt wandert – Bademöglichkeiten im Fluss, sonnige Wiesen.

Im Tal 1a, 91278 Pottenstein-Tüchersfeld, Tel. 092 42/17 88, April–Anfang Sept., campingplatz-fraenkische-schweiz.de **GPS: 49.783923, 11.365815**

Außer Wagner, Wahnfried und Residenz hat Bayreuth noch viel mehr zu bieten. Es ist nämlich auch eine junge, quirlige Studentenstadt mit viel Leben auf den Plätzen.

6 Bayreuth

Natürlich ist Bayreuth weltweit für die berühmten Wagner-Festspiele (erstmals 1876) auf dem Grünen Hügel bekannt, und so ist das Festspielhaus ein wichtiger und beeindruckender Anlaufpunkt. Doch die Stadt, Sitz der oberfränkischen Regierung, hat noch viel mehr zu bieten. Das Markgräfliche Opernhaus, vollendet 1748 und Unesco-Weltkulturerbe, ist einer der wenigen im Original erhaltenen Theater- und Opernbauten seiner Zeit. Bayreuther Rokoko prägt das Neue Schloss mit seinen Museen und seinem schönen Hofgarten. Stattet man dem Alten Schloss einen Besuch ab, so kann man den einzigartigen achteckigen Schlossturm und nebenan die strahlende Hofkirche mit wunderbarem Deckenstuck bewundern. Zahlreiche Museen bezeugen den Ruf der Stadt als kulturelle Hochburg. Im Haus Wahnfried befindet sich seit 1976 das Richard-Wagner-Museum, das nicht zuletzt wegen seines Nationalarchivs ein internationaler Ort des Wissens ist. Auch im Jean-Paul-Museum, Franz-Liszt-Museum und Deutschen Freimaurer-Museum wird kultureller Wissensdurst gestillt, um nur einige der Museen zu nennen, die diese großartige Stadt zu bieten hat. Viele Kirchen, umliegende Schlösser, Parks und Gärten gilt es zu entdecken und herauszufinden, warum Afrika in Bayreuth eine vielleicht unerwartet wichtige Rolle spielt.

Tourist Info: Opernstr. 22, 95444 Bayreuth, Tel. 09 21/885 88, Mo–Fr 9–19, Sa 9–16, Mai–Okt. zus. So 10–14 Uhr, www.bayreuth.de, Parkplatz: **GPS: 49.944720, 11.593176**

 ## Essen & Trinken

Forellenhof

Der Name ist Programm: Der silbrige Lachsfisch führt die Speisekarte an, ganz vorne die Spezialität des Hauses, Forelle nach Altfränkischer Art. Dicht gefolgt von Karpfen, Saibling und Lachsforelle. Natürlich sind auch Sauerbraten und Schäufele dabei. Schöne Terrasse. Am Kurzentrum 3, 91278 Pottenstein, Tel. 092 43/924 20, Mi–So 11.30–14 und 17.30–20 Uhr, www.forellenhof-malter.de

Gasthof Schönblick

Man weiß nicht so recht, was besser ist: die fränkische Küche, gekonnt und ohne viel Chichi, oder die Aussicht von der Terrasse. Man blickt ins Tal auf den Ort, und gegenüber ragt die Basilika aus dem Dächergewirr, die kein Geringerer errichtet hat als Balthasar Neumann. August-Sieghardt-Str. 8, 91327 Gößweinstein, Tel. 092 42/377, Mo, Do–Sa 17.30–21, So 11.15–14, 17.30–21 Uhr, www.schoenblick-goessweinstein.de

 ## Einkaufen

Weidehof-Automaten

Man könnte es für eine Bushaltestelle halten. In einem Häuschen am Straßenrand stehen Automaten mit frischen Köstlichkeiten aus der Region. Käse, Fleisch, Würste, Eier, Milch – alles, was das Herz begehrt, zu fairen Preisen. Victor-von-Scheffel-Str. 14, 91257 Pegnitz, www.weidehof.grellner.com

34 Bayerischer Wald

Klar, es gibt den Nationalpark – Deutschlands ersten und größten, mit seiner einmaligen Fauna in dem riesigen Wald, der sich bis weit nach Tschechien hinein erstreckt. Mit Luchsen und Wölfen, mit bis zu 1500 m hohen Bergen, mit Mooren, einer reichen Flora und ausgeklügelten Angeboten, um das alles für sich zu entdecken. Das ist das eine. Dann gibt es aber auch den »Woid« abseits des Nationalparks. Zum Beispiel den Flusslauf des Regen. Ein fischreiches Gewässer, weitgehend naturbelassen – manche sprechen sogar von »Bayerisch Kanada«. Wo die Flößer früher dicke Fichtenstämme von Zwiesel Richtung Regensburg bugsierten, kann man heute entlangpaddeln oder sich mit dem Kajak in die Stromschnellen am Bärenloch werfen. Und sonst? Burgen, Glashütten und Rokoko, Wanderwege, Mountainbiketrails und Loipen, lauschige Wirtschaften und Brauereigasthöfe. Auf in den Woid!

www.bayerischer-wald.de

»Into the wild« im Osten Bayerns. Der Schwarze Regen durchzieht die Wälder. Bieber leben hier, Eisvögel und vielleicht hinter der nächsten Biegung auch ein Elch oder ein Grizzlybär, man weiß ja nie.

1 Aqacur

In Bayerns jüngstem Kneipp-Heilbad Bad Kötzting kann man Spaß und Wellness miteinander verknüpfen. Vielleicht nach ausgedehnten Bayerwald-Wanderungen oder -Hochtouren, ausgehend vom bezaubernden »Tal des Weißen Regen«, findet man hier noch mehr Abenteuer oder Ruhe und Erholung. Ein Sport- und Erlebnisbad, ein Gesundheitsbad mit Bewegungs-, Heiß- und Solebecken, eine vielseitige Sauna- und Wellnesslandschaft sowie ein Fitness- und Therapiebereich lassen keine Wünsche offen.

Bürgermeister-Seidl-Pl. 1, 93444 Bad Kötzting, Tel. 099 41/947 50, Mo 13–22, Di–Do 11–22, Fr 11–24, Sa/So 10–22 Uhr, www.aqacur.de

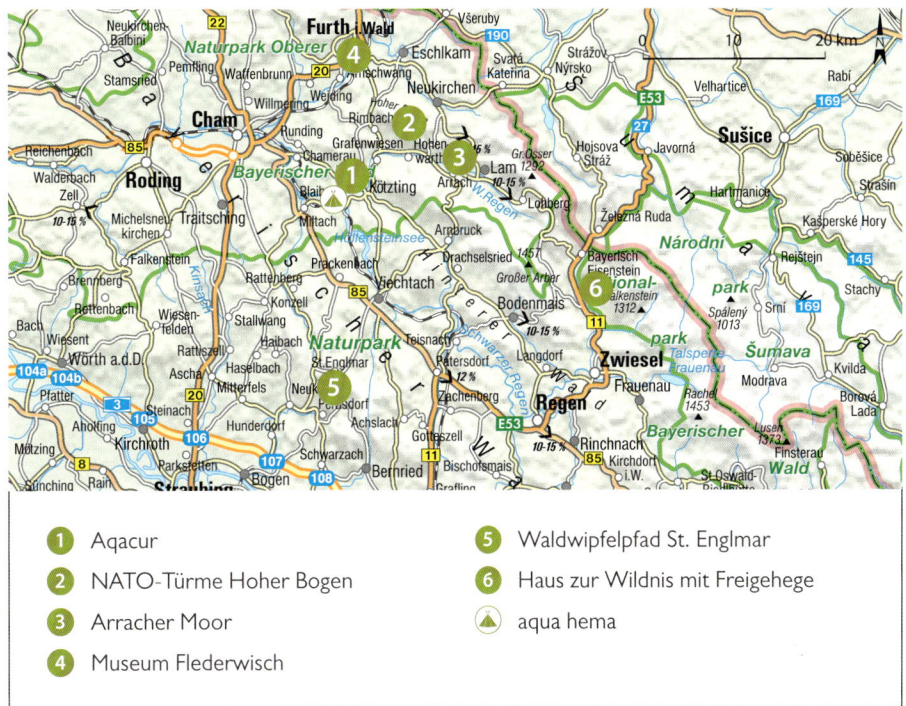

1 Aqacur
2 NATO-Türme Hoher Bogen
3 Arracher Moor
4 Museum Flederwisch
5 Waldwipfelpfad St. Englmar
6 Haus zur Wildnis mit Freigehege
▲ aqua hema

Schönheiten wie der *Campanula patula*, vulgo Wiesenglockenblume, bietet das Arracher Moor eine Heimat.

2 NATO-Türme Hoher Bogen

Ein ehemaliger NATO-Horchposten (stillgelegt 2004), in dem Geheimdienste und das Militär der Westmächte in Zeiten des Kalten Krieges ihren Aufgaben nachgingen, ist heute ein außergewöhnliches Ausflugsziel. Im Landkreis Cham stehen die beiden Türme auf dem Hochplateau des Schwarzriegels. Im 75 m hohen und denkmalgeschützten Hauptturm führen 293 Stufen auf eine 400 qm große Aussichtsplattform, von der man einen gigantischen Blick über den Bayerischen Wald bis zum Drachensee und in den Lamer Winkel genießen kann. Hier ist auch das europapolitische Bildungsprojekt »sektor.f – dein blick auf europa« in Arbeit, das an diesem authentischen Ort den Wandel vom gespaltenen zum geeinten Europa vermittelt wird. Mit dem Sessellift und einem anschließenden kurzen Fußweg auf geteerter Straße ist das Gelände gut zu erreichen.

Schwarzriegelweg 1–6, 93485 Rimbach, Tel. 099 47/12 22, Jan./Febr., Nov./Dez. tgl. 10–16, April, Okt. 9–18, Mai–Sept. 8–20 Uhr, www.sektor-f.de, Parkplatz: **GPS: 49.244339, 12.955427**

3 Arracher Moor

Im Naturpark Oberer Bayerischer Wald liegt das Naturschutzgebiet Arracher Moor, ein über 6000 Jahre altes, 13 Hektar großes Hangquell- und Durchströmungsmoor. In diesem ökologisch wertvollen Lebensraum herrscht eine spezielle Atmosphäre mit

AQUA HEMA

Der Regen (in dem Fall der Fluss aus den Bergen, nicht Wasser aus den Wolken) schiebt sich gemächlich am Campingplatz vorbei. Das Wasser ist klar und sauber, eine Badestelle wartet. Kanufahrer packen ihre Ausrüstung in wasserdichte Tonnen und Säcke, Zelte stehen unter schattigen Bäumen oder auf sonnigen Wiesen. Die Sanitäranlagen sind blitzblank sauber, ein Biergarten lädt zum nachmittäglichen Kaffee oder Bier ein und bietet den besten Spot, um das Treiben auf dem Platz zu verfolgen. Spielplatz und Kanuverleih tun ihr Übriges, damit es auf gar keinen Fall langweilig wird im Bayerischen Wald, aber die Gefahr besteht eigentlich sowieso nicht.

Oberes Dorf 7, 93476 Blaibach OT Kreuzbach, Tel. 099 41/ 4128, Mai–Anf. Okt., www.kanuverleih-camping-bayern.de
GPS: 49.160310, 12.809088

besonderer Flora und Fauna. Über einen breiten Bohlenweg kann man das Gebiet erkunden und Pflanzen wie den Sonnentau entdecken, der kleine Insekten fängt und verdaut, oder die weißen Fruchtstände des deutlich harmloseren Wollgrases bewundern. Die weltweite Einzigartigkeit dieses letzten noch »lebenden« Moores Nordbayerns zeigt sich auch in der Tierwelt: Kreuzottern fangen hier Eidechsen und Frösche, die Biber bauen Staudämme und Burgen.

Regentalstraße, 93474 Arrach, Tel. 099 43/ 10 35, www.lamer-winkel.bayern, Parkplatz:
GPS: 49.197098, 13.007639

④ Museum Flederwisch

Eine Erlebniswelt, die vor allem auf Familien mit Kindern zugeschnitten ist. Auf dem ehemaligen Industriegelände von 1900 kann man spannend und spielerisch die Anfänge der Industrialisierung erforschen und erleben. Bayerns größte Dampfmaschine wird zum Leben er-

weckt, im Kunst- und Handwerkermarkt kann man eigenhändig produzieren, und auch sonst ist das Flederwisch viel mehr als nur ein Museum zum Gucken.

Am Lagerplatz 5, 93437 Furth im Wald, Tel. 099 73/12 29, tgl. 10–17 Uhr, www.drachenschmiede-flederwisch-furth.de, Parkplatz:
GPS: 49.310296, 12.837434

⑤ Waldwipfelpfad St. Englmar

Wer Lust auf einen ungewöhnlichen Spaziergang hat und einigermaßen schwindelfrei ist, der ist hier genau richtig. In bis zu 30 m Höhe läuft man auf dem breiten, barrierefreien Holzweg über (im Herbst) bunten Baumwipfeln. Spaßig wird es in einem Haus, das komplett auf dem Kopf

Gewusst, wann

Rund um Pfingsten ist in Bad Kötzting eine Woche lang Volksfest. Herzstück ist die prächtige Reiterprozession, und das seit 600 Jahren: Über 800 Reiter ziehen auf geschmückten Pferden durchs Zellertal nach Steinbühl. Im Jahr 1412 gelobten die dankbaren Kötztinger, den Ritt jedes Jahr zu wiederholen, da sie einen Pfarrer gut nach Steinbühl und zurück gebracht hatten. www.bad-koetzting.de

Bei klarer Sicht kann man über das Donautal und die Gäubodenebene bis zu den Alpen sehen. Auf bis zu 30 m Höhe schlängelt sich der Waldwipfelweg St. Englmar durch die Landschaft.

steht, lehrreich auf dem Naturerlebnispfad und kurios auf dem Pfad der optischen Phänomene mit der Höhle der Illusionen.

Maibrunn 2a, 94379 St. Englmar, Tel. 099 65/ 800 87, April–Sept. 9–19, Okt. 9–18, Nov. bis März 9–16 Uhr, www.waldwipfelweg.de, Parkplatz:
GPS: 49.014575, 12.783177

6 Haus zur Wildnis mit Freigehege

Das »Haus zur Wildnis« ist eines der beiden großen Besucherzentren des Nationalparks Bayerischer Wald, das andere befindet sich in Neuschönau bei Freyung. Die unkonventionelle Architektur fügt sich wunderbar in die Landschaft ein, über die man hier äußerst unterhaltsam eine Menge erfahren kann. Sei es auf der »3D-Wildnisreise« oder im Wurzelgang, in dem man den »Unterbau« des Waldes mit seinen verschiedenen Gesteinsschichten, Bewohnern und Gewächsen kennenlernt. Reist man mit der Bahn an (Bahnhof Ludwigsthal), spaziert man auf dem Weg zum »Haus zur Wildnis« durch das Tierfreigehege, vorbei an den Wohnbereichen von Urrind, Wildpferd, Luchs und Wolf. Im Besucherzentrum gibt es außerdem ein hervorragendes Bio-Restaurant, Spielplätze innen wie außen sowie unweit auch einen Aussichtsturm mit tollem Blick über die Wipfel und auf den 1300 m hohen Falkenstein.

Eisensteiner Straße, 94227 Ludwigsthal, Tel. 099 22/500 20, 26. Dez.–April 9–17, Mai–Anfang Nov. 9–18 Uhr, www.nationalpark-bayerischer-wald.de
GPS: 49.060620, 13.235441

Essen & Trinken

Hotel Bayerwaldhof
Küchenchef Stephan Brandel bietet im À-la-carte-Restaurant Leo's vorzügliche Kreationen, z. B. Lammrücken an Haselnussjus. Tipp: Salat und Vorspeise vom Buffet holen und das Hauptgericht aus der Abendkarte wählen.
Liebenstein 25, 93444 Bad Kötzting, Tel. 099 41/948 00, tgl. 12–21 Uhr, www.bayerwaldhof.de

Wirthaus Osl
Eine gelungene Mischung aus traditionellem Wirtshaus und modernem Restaurant, mit lauschiger Terrasse und Blick auf den Marktplatz. Highlight ist das Rindfleisch: Die Wirtsfamilie betreibt eine eigene Black-Angus-Zucht unweit von Bad Kötzting.
Marktstr. 32, 93444 Bad Kötzting, Tel. 099 41/10 45, Do 18 – 21.30, Fr–Mo 11–13.45 und 18–21.30 Uhr, www.wirtshaus-osl.de

Einkaufen

Bärwurzquelle
Eine echte Spezialität des Bayerischen Walds. Es gibt einige Brennereien, die sich auf die Destillation der Wurzeln verstehen. In Bad Kötzting kann man probieren und sich die faszinierenden Feinheiten der Spirituose erläutern lassen.
Pfingstreiterstr. 44, 93444 Bad Kötzting, Tel. 099 41/32 51, Mo–Fr 9–18, Sa 9–16, Mai–Okt. zus. So 10–16 Uhr, www.baerwurzquelle.de

Die Dolomitsteine »Zwölf Apostel« ragen gut sichtbar aus dem jahrhundertelang beweideten Hang.

35 Altmühltal

Sind die zwölf Apostel etwa einer gewagten Legende nach durchs Altmühltal gewandert? Nein, es handelt sich um eine Reihe markanter Dolomitfelsen, die man den Jesusjüngern zu Ehren so benannt hat, wie auch ihre internationalen Namensvettern »Twelve Apostles« in Australien und Südafrika. Zugegeben: Die Apostel bei Solnhofen sind nicht ganz so imposant. Man kommt im Vergleich aber relativ schnell hin, selbst wenn man aus dem allernördlichsten Norddeutschland anreist. Gut zu sehen sind die Formationen vom Wasser oder vom Fahrradsattel aus, besonders schön zur Geltung kommen sie im Herbt, wenn sich rundherum das Laub färbt. Da sie sich nach Westen wenden, sind Sonnenuntergänge von hier absolut malerisch.

Am nördlichen Talhang zwischen Solnhofen und Esslingen, www.naturpark-altmuehltal.de

1 Residenz Ellingen

Das kleine Ellingen, Zentrum einer Territorial- und Wirtschaftsmacht? Jahrhundertelang war das tatsächlich so, als die Ballei Franken des Deutschen Ordens hier ihren Sitz hatte. Die stattliche Residenz wurde allerdings erst im 18. Jh. erbaut, sozusagen in der Spätphase der Deutschordenszeit. Wesentlichen Einfluss auf ihr heutiges Aussehen hatte Carl Philipp Fürst von Wrede, der einige Räume mit kostbaren Tapeten aus Seide oder Papier und mit Möbeln und Bronzen aus Paris schmücken ließ. Er konnte den französischen Baumeister Pierre Michel d'Ixnard für den Umbau gewinnen, einen Wegbereiter des Frühklassizismus in Süddeutschland; von ihm stammen die Kolonnaden im Innenhof, und dank seiner Stuckaturen und Möbel gehört die Residenz zu den bedeutendsten Raumkunstwerken des Klassizismus in Bayern.

Schloßstr. 9, 91792 Ellingen, Tel. 091 41/ 97 47 90, April–Sept. Di–So 9–18, Okt.–März 10–16 Uhr, www.schloesser.bayern.de

2 Römische Spuren in Weißenburg

Der Obergermanisch-Raetische Limes – die römische Grenze zu Germanien – ist mit 550 km Länge das größte und bekannteste archäologische Denkmal in Deutschland und das längste Bodendenkmal Europas. Seit 2005 steht er als Weltkulturerbe unter dem Schutz der Unesco. Die zentrale Limes-Informationsstelle für den bayerischen Abschnitt wurde in Weißenburg ein-

1 Residenz Ellingen
2 Römische Spuren in Weißenburg
3 Altmühltherme Treuchtlingen
4 Pappenheim
5 Solnhofen
6 Kanufahren
7 Eichstätt
▲ Natur Camping

gerichtet und führt Besuchern nicht nur die militärhistorische Bedeutung des Limes, sondern auch den Alltag der Menschen zur Römerzeit vor Augen. Das Beste ist: Alle Ausstellungsgegenstände sind Repliken und ausdrücklich zum Anfassen gedacht. Im selben Gebäude befindet sich das Römermuseum, in dem man die Fundstücke eines sensationellen Schatzes bewundern kann: 1979 fand ein Hobbygärtner verschiedene Gegenstände in der Erde, die sich bald als Hort eines Plünderers erwiesen. Der hatte hier 114 Objekte versteckt, darunter 17 fantastisch erhaltene Götter-

figuren aus Bronze. Seit 2017 sind sie im Rahmen eines neuen Ausstellungskonzepts zu sehen. Ebenfalls in Weißenburg hat man Ende der 1970er-Jahre die Reste einer großen römischen Thermenanlage entdeckt. Archäologen und Restauratoren haben sie freigelegt und durch Aussichtsplattformen und Stege für Besucher erschlossen.

Bayerisches Limes-Informationszentrum und Römermuseum: Martin-Luther-Platz 3–5, 91781 Weißenburg, Tel. 091 41/90 71 89, Mitte März–Mitte Nov. tgl. 10–17, sonst 12.30 bis 14 Uhr Mittagspause; Römische Thermen:

Am Römerbad 17a, 91781 Weißenburg, Tel. 091 41/90 71 27, Mitte März–Mitte Nov. tgl. 10–17 Uhr, museen-weissenburg.de

 3 ## Altmühltherme Treuchtlingen

Diese Therme ist alles andere als museal: 1996 eröffnet, bietet das Treuchtlinger Thermalbad eine Saunalandschaft, ein Hallen- und ein Freibad, eine Salzlounge und verschiedene Restaurants. Bei niedrigen Außentemperaturen wärmt man sich hier wohlig wieder auf.

Bürgermeister-Döbler-Allee 12, 91757 Treuchtlingen, Tel. 091 42/96 02-0, Sa–Mo 9–20, Di–Do bis 21, Fr bis 22 Uhr, bis Mai 2019 teilweise Einschränkungen wg. Modernisierungsarbeiten, www.altmuehltherme.de

4 ## Pappenheim

Vom Campingplatz aus nur ein Katzensprung: Die schöne Altstadt Pappenheims ist von allerlei Läden gesäumt, die große Tourist Info brummt, die Burg zieht ebenso Besucher an wie die ausgefallene Weidenkirche am Bahnweg – ein offener sakraler Raum, geschaffen durch ein filigranes Metallskelett und viele Hundert Weidenschösslinge. Die Altmühl hat sich hier tief ins Land geschnitten, daher wirkt es, als sei die auf dem Hügel liegende Burg geradezu auf die Bürgerhäuser gestapelt. In Wirklichkeit war es umgekehrt: Im 12. Jh. wurde mit der Burg begonnen, deren Befestigung man erst 200 Jahre später mit der Stadt verband. Die Ruine gehört übrigens zu den bedeutendsten mittelalterlichen Burganlagen in Bayern (www.grafschaft-pappenheim.de).

Deisingerstr. 1, 91788 Pappenheim, Tel. 091 43/606 66, April–Okt. Mo–Fr 9.30–17.30, Sa 10–16, So 10–12, sonst Mo–Fr 10–17 Uhr, Parkplatz: **GPS: 48.930032, 10.972986**

 # NATUR CAMPING

Ein Ort für Puristen, die von einem Campingplatz nicht erwarten, dass er als Luxusherberge, Wellness-Oase und Freizeitpark herhält. Uwe Horsmann weiß genau, was er an seinem Gelände direkt an der Altmühl hat, und seine Gäste wissen es auch. Eine Wiese, außenrum hohe Bäume, kleiner Spielplatz, uraltes Sanitärgebäude, natürlich blitzsauber. Die Altstadt von Pappenheim ist zu Fuß erreichbar, auf dem Fahrrad ist es nicht weit zu anderen netten Orten, mit dem Kanu geht's den Fluss rauf oder runter. Wasserwanderer finden eine Anlegestelle und Zeltwiese vor. Luxus sind hier die sensationellen Sonnenauf- und -untergänge. Reines Wellness ist es, im weichen Gras zu liegen, und für Beschäftigung in der Freizeit sorgt das ganze Altmühltal.

Badweg 1, 91788 Pappenheim, Tel. 091 43/12 75, April–Okt., www.camping-pappenheim.de, **GPS: 48.934788, 10.969338**

Solnhofen

Schon die Römer haben den Solnhofener Plattenkalk als Baumaterial genutzt, und er erfreut sich bis heute großer Beliebtheit. Ein wahrhaft spannendes Material: Sein hoher Salzgehalt bewahrte Pflanzen und Tiere vor der Verwesung, was jede Menge Fossilienfunde belegen. Im Besuchersteinbruch kann man sich Werkzeug ausleihen und selbst nach versteinerten Fischen und Ammoniten fahnden. Wer weiß, vielleicht findet jemand einen weiteren Archaeopteryx? Die zwölf bisher entdeckten Exemplare des kleinen Flugsauriers stammen alle aus dieser Gegend. Einen guten Überblick über die Erdgeschichte, den berühmten Urvogel und andere Fossilien bietet das sehenswerte Bürgermeister-Müller-Museum (www.museum-solnhofen.de).

Tourist Info: Bahnhofstr. 8, Solnhofen,
Tel. 091 45/83 20 20, www.solnhofen.de,
Parkplatz:
GPS: 48.891541, 10.995152

Kanufahren

Ein Kanu mieten, Kanu fahren lernen, bei Kanutouren mitmachen: Hier dreht sich alles um Spaß und Paddeln. Ebenfalls im Programm: Kletterkurse und Geocaching. Tolle, 10 000 qm große Zeltwiese auf einer Insel in der Altmühl, zwei Plätze für kleine Wohnmobile mit Stromanschluss.

YEZZT AktivMühle: Esslinger Str. 3, 91807 Solnhofen, Tel. 08 21/343 46 40, Mo–Do 9–13, 15–18, Fr 9–16 Uhr, www.aktivmuehle.de, Parkplatz: **GPS: 48.891508, 10.995314**

Fossiliensuche in Solnhofen: Wer findet den nächsten Archaeopteryx? Die meisten Besucher freuen sich auch über Ammoniten.

Eichstätt

Kultureller Höhepunkt an der Altmühl: Neben dem großartigen Dom (erbaut 1350–1396), der Fürstbischöflichen Residenz und dem Residenzplatz zieht vor allem die auf einem Felssporn errichtete Willibaldsburg das Interesse auf sich. Wer in Solnhofen seine Faszination für Fossilien entdeckt hat, kann sie hier vertiefen: Das Juramuseum zeigt, neben anderen spannenden Exponaten, das weltweit einzige Exemplar des Raubdinosauriers Juravenator.

Juramuseum: Burgstr. 19, 85072 Eichstätt, Tel. 084 21/60 29 80, April–Sept. Di–So 9–18, Okt.–März 10–16 Uhr, www.jura-museum.de, Parkplatz, 1,3 km entfernt:
GPS: 48.897223, 11.176959

Essen & Trinken

Zur Sonne
Großartige Küche, die nach Slow-Food-Prinzipien arbeitet und großes Kino auf den Teller zaubert. Surf and Turf, 48 Std. *sous vide* geschmortes Rinderbäckchen, Sauerbraten vom Pappenheimer Damhirsch oder frische Forelle aus Übler's Teich – auf der lauschigen Terrasse unter der Burg Pappenheim oder im 2017 neu eröffneten, sehr schicken Gastraum schmeckt alles ganz wunderbar.
Deisingerstr. 20, 91788 Pappenheim,
Tel. 091 43/83 78 37,
Mi–Mo 11.30–14, 17.30–21.30 Uhr,
www.sonne-pappenheim.de

Alte Schule
Fischgrätparkett, ein grüner Kachelofen, große Fenster – das Gasthaus im gleichnamigen Theater strahlt traditionelle Gemütlichkeit mit einem Schuss Grandezza aus. Toller Biergarten, deftige Küche.
Ferdinand-Arauner-Str. 28, 91807 Solnhofen, Tel. 091 45/64 22,
tgl. 11–23 Uhr

Einkaufen

Wochenmarkt Pappenheim
Jeden Freitag bauen hier Obst- und Gemüsehändler ihre Stände auf, außerdem gibt es Schokolade, Feinkost, Bioprodukte ... Besondere Spezialität: Fleisch vom Altmühltaler Lamm.
Marktplatz, 91788 Pappenheim,
8–12 Uhr, Parkplatz:
GPS: 48.930032, 10.972986

36 Schwäbische Alb und Obere Donau

Die Schwäbische Alb ist schon ein kurioser Flecken Erde. Fachleute bekommen hier regelmäßig Herzrasen. Der Geologe, weil er hier lehrbuchmäßig die Entstehung der Landschaft ablesen kann. Das Donautal etwa, beidseitig von schroffen Felsen eingefasst, ist nicht ganz einfach zu erklären: Der Fluss ist nämlich älter als die Berge und hat sich also nicht durch den Fels gefressen, sondern kontinuierlich Sedimente abgetragen, während sich der Boden peu à peu hob. Dann die Historikerin: Sie sieht in der Burg Hohenzollern nicht das Märchenschloss aus dem Bilderbuch, sondern konstatiert trocken, dass es hier

wohl jemand im 19. Jh. für wichtig hielt, ein Gebäude zu bauen, das so aussieht, wie man sich das Mittelalter vorstellte. Warum? Damit alle Welt begreift, dass man selbst seit Menschengedenken über das Reich herrscht. Oder der Ethnologe: Auf der Alb ist der Boden karstig und unfruchtbar, der Wind kalt und Wasser gibt es auch keines. Was macht das mit den Menschen im Vergleich zu denen am Fuß der Alb, bei denen geradezu Milch und Honig fließen? Es macht sie erfinderisch, härter im Nehmen und mehr aufeinander angewiesen, aber das geht jetzt schon stark in Richtung Klischee. So oder so.

Heute bietet sich eine wahnsinnig vielfältige Region. Die geologischen Absonderlichkeiten kann man erpaddeln, erwandern oder erradeln und vor allem bestaunen. Die Zeugen der bewegten Geschichte kann man besichtigen, z. B. auf Radwegen, die ihresgleichen suchen. Und bei der Einkehr in einem schwäbischen Landgasthof lernt man schnell, was die Menschen hier, ob oben auf der Alb oder unten am Fuß, gemeinsam haben: Sie sind ausgesprochen gastfreundlich.

www.schwaebischealb.de,
www.naturpark-obere-donau.de

Schloss Sigmaringen ist ein »offenes Haus«: Große Teile können besichtigt werden, andere sind Privaträume der Familie Hohenzollern.

Gezähmte Wildnis. Der Fürstenpark Inzigkofen ist nur scheinbar urwüchsig, denn Wege und Brücken machen ihn zu einem wildromantischen Lustgarten.

1 Naturpark Obere Donau
2 Wanderung zur Burg Wildenstein
3 Campus Galli
4 Schloss Sigmaringen
5 Fürstenpark Inzigkofen
6 Burg Hohenzollern
▲ Camping Wagenburg

1 Naturpark Obere Donau

Burgen, Schlösser und Ruinen in einer malerischen Landschaft mit gut 5000 km Wanderwegen gibt es hier zu entdecken. Durch seine bewegte Siedlungs- und Kulturgeschichte, die in den vielen Kalksandsteinhöhlen schon in der Jungsteinzeit begann, hat dieser Naturpark zahlreiche Attraktionen. Die Heuneburg, Sitz frühkeltischer Fürsten, war ein bedeutendes Siedlungs-, Handels- und Machtzentrum. Die Römer bauten Kastelle entlang des Donaulimes. Mit dem Naturpark-Express durchfährt man das riesige Gebiet und kann sein Fahrrad kostenlos zu Stationen des Donauradwegs transportieren. Der Donaubergland-Wanderbus bringt Wanderer und Kletterer zu tollen Erlebnispunkten.

Naturpark-Express: Bahnhof, 88631 Beuron, Tel. 074 66/928 00, Mai–Ende Okt. Sa/So, www.naturpark-obere-donau.de, Parkplatz:
GPS: 48.052806, 8.967665

2 Wanderung zur Burg Wildenstein

Eine sehr schöne Wanderung ist der Weg von Beuron zur Burg Wildenstein, die auf abgeschrofften Felsen liegt und nur über Brücken erreichbar ist. Vom Bahnhof Beuron geht man Richtung Kloster und weiter auf der Buchheimer Straße gen Norden. Hat man die Bahnlinie überquert, wandert man links in den Wald hinein und folgt der roten Wanderraute zum Alpenblick. Weiter geht es Richtung Burg, die Aussichtspunkte »Jägerausblick« und »Altstadtfels« lohnen einen Besuch. Auf der Buchsteige, vorbei am Buchbrunnen, erklimmt man dann die Burg Wildenstein.

Start: Bahnhof, 88631 Beuron, Parkplatz:
GPS: 48.052806, 8.967665

CAMPING WAGENBURG

Das ist einer dieser Plätze, die das Camper-Herz höherschlagen lassen. Großzügige Wiesen, schattig oder sonnig, je nach Gusto, nicht parzelliert und damit angenehm unkompliziert. Ein Kiosk versorgt einen mit dem Nötigsten, an der Rezeption gibt es viel Infomaterial zur Umgebung. Die Donau zieht direkt am Gelände vorbei, nur 5 Min. ist der nächste Bäcker entfernt, und im Sommer sorgt der Naturpark-Express dafür, dass man Touren mit dem Rad oder Boot machen kann und unkompliziert wieder zurückkommt. Und wer es etwas komfortabler mag, kann sich in einem der nostalgischen Holzwagen einmieten.

Kirchstr. 24, 88631 Beuron OT Hausen im Tal, Tel. 075 79/559, Mitte April–Mitte Sept., www.camping-wagenburg.de
GPS: 48.084890, 9.040790

Experimentalarchäologie: Auf dem Campus Galli wird ausprobiert, wie in vergangenen Zeiten gebaut wurde.

Campus Galli

Eine Baustelle besuchen? Ja, wenn es eine so besondere ist: Auf dem Campus Galli wird seit dem Jahr 2012 und voraussichtlich bis 2052 das weltberühmte Kloster St. Gallen ohne Maschinen, ohne modernes Werkzeug, mit den Techniken des 9. Jh. nachgebaut. Hier kann der Besucher das Mittelalter hautnah erleben, wenn Ochsen Baumaterial ziehen, wenn der Amboss klingt oder die Drechsler Schlüssel und Möbel herstellen. Kutschenführungen sind besonders geeignet für alle, die nicht so gut zu Fuß sind, und auch für Kinder ein großer Spaß.

Hauptstr. 25–27, 88605 Meßkirch, Tel. 075 75/20 647, Ende März–Anf. Nov. Di–So 10–18 Uhr, www.campus-galli.de, Parkplatz:
GPS: 48.033823, 9.108855

Schloss Sigmaringen

Wegen des Schlosses der Grafen von Hohenzollern ist Sigmaringen eine Reise wert. Der Wandel von einer mittelalterlichen Burg (1077 erstmals erwähnt) hin zu einem fürstlichen Residenzschloss ist an diesem historischen Meisterwerk eindrucksvoll nachzuvollziehen. In prachtvollen Residenzsälen stehen in unveränderter Ausstattung kostbare Gobelins, Gemälde und Möbel zur Besichtigung bereit. Das Schloss beherbergt außerdem mit ca. 3000 Objekten Europas größte private Waffensammlung sowie das Marstall- und Kutschenmuseum.

Tourist Info: Leopoldplatz 4, 72488 Sigmaringen, Tel. 075 71/10 62 24, Mo–Fr 10–13, 14–16, April–Sept. Mo–Fr 10–13, 14–18, Sa/So 10–13 Uhr, www.sigmaringen.de;

Burg Hohenzollern: auch von Weitem ein Schmuckstück, etwa von der Zellerhornwiese.

Schloss: Karl-Anton-Platz 8, 72488 Sigmaringen, Tel. 075 71/72 92 30, April–Okt. tgl. 9–17, Nov./Dez., März 10–16 Uhr, www.schloss-sigmaringen.de, Parkplatz: **GPS: 48.087875, 9.220649**

5 Fürstenpark Inzigkofen

»Soll d'r Daifel d'Brucka baua, i mach's it!«, soll der Baumeister gesagt haben, und deshalb, sagt die Legende, hat der Fürst der Unterwelt um den Preis einer Seele die Teufelsbrücke gebaut, die über eine wilde Schlucht führt und eine der Sehenswürdigkeiten im Fürstenpark ist. Raue Jurakalkfelsen, ein sanfter Donaufluss, Grotten und lauschige Plätzchen – die Gegensätze machen den Reiz der Anlage aus, die per Fahrrad oder auf Schusters Rappen erobert werden kann. Fürstin Amalie Zephyrine von Hohenzollern, eine Dame aus Paris, die aus Langeweile als Mann verkleidet zurück in ihre Heimat flüchtete, ließ die wildromantische Anlage nach ihrer Rückkehr mit viel Abenteuerlust erbauen.

Tourist Info: Ziegelweg 2, 72514 Inzigkofen, Tel. 075 71/730 70, Mo–Fr 8–12, Mi zusätzl. 15–18 Uhr, www.inzigkofen.de, Parkplatz: **GPS: 48.073495, 9.178050**

6 Burg Hohenzollern

Wahrlich königlich liegt die Gipfelburg auf dem 855 m hohen, isolierten Kegel des Hohenzollern. Allein der Rundumblick auf die Schwäbische Alb ist spektakulär. Dreimal wurde sie aufgebaut, in ihrer heutigen Form 1867 im Auftrag des Königs Friedrich Wilhelm IV. vollendet. Im neogotischen Stil wurden die Befestigungsanlagen, das imposante Schlossgebäude, die drei Kapellen und der Burggarten gestaltet. Im Inneren gelangt man über den Grafensaal mit seinen Marmorsäulen in den Kaiserturm, die Bischofsnische und die reich verzierte Bibliothek. Sehenswert auch der Salon des Königs mit Parkett aus fünf verschiedenen Hölzern und exquisiten Möbeln. Die Schatzkammer unter dem Grafensaal zeigt einmalige Preziosen. Erlebenswert sind auch die Veranstaltungen: Sternschnuppen-Nächte, Falkner-Wochenende oder Open-Air-Kino sind in dieser Kulisse besonders aufregend.

72379 Burg Hohenzollern, Tel. 074 71/24 28, tgl. 10–16.30, Mitte März–Okt. bis 17.30 Uhr, www.burg-hohenzollern.com, Parkplatz: **GPS: 48.325689, 8.963784**

✕ Essen & Trinken

Bootshaus Sigmaringen
Kein Holzhäuschen, sondern ein moderner Glaspavillon ist das Bootshaus am linken Donauufer. Von der großzügigen Terrasse hat man einen unverstellten Blick auf das wuchtige Schloss. Serviert werden internationale und schwäbische Gerichte.
In den Burgwiesen 9, 72488 Sigmaringen, Tel. 075 71/686 71 00, tgl. 10–22 Uhr, www.bootshaus-sig.de

Neumühle
Eine hübsche Fachwerkmühle an der Donau, erweitert um moderne Anbauten. Hier wird Schwäbisches serviert: Rostbraten, Spätzle und Maultaschen. Lichte, gemütliche Innenräume, eine schattige Terrasse – der ideale Ort, um nach absolviertem Ausflug zu regenerieren.
Neumühle 1, 88631 Beuron, Tel. 075 70/95 90, Fr–Mi 11–22 Uhr, www.neumuehle.de

🛍 Einkaufen

Wochenmarkt Sigmaringen
Gleich dreimal pro Woche bauen die Marktleute in Sigmaringen auf dem Rathausplatz ihre Stände auf. Alles, was die Region hergibt, wird angeboten – Obst, Gemüse u. v. m. Das beste Fleisch zum Grillen gibt es hier.
Marktplatz, 72488 Sigmaringen, Di/Do 7–12, Sa 7–13 Uhr, www.sigmaringen.de

Beinahe unglaubliche Wirkung: Die Bächle und Kanäle in Freiburg entschleunigen die ganze Altstadt und verleihen ihr eine entspannte Atmosphäre.

37 Freiburg und Breisgau

Ein bisschen Ponyhof ist Freiburg ja schon. Winzige Kanäle, die »Bächle«, durchziehen die Altstadt, im Sommer findet das Leben draußen auf den Plätzen statt. Die Stadt ist jung, denn die Universität ist eine ihrer Herzkammern, das Wetter ist immer einen Tick besser als in anderen Großstädten, und egal, wie weit sich das Bewusstsein für Nachhaltigkeit im Land ausgeprägt hat, Freiburg ist immer schon einen Schritt weiter. Alternativ im besten Sinne. Es gibt viele Mitbestimmungsmöglichkeiten für Bürger, das Engagement ist hoch und zahlreiche Initiativen steigern die Lebensqualität – also nicht nur optisch Ponyhof, sondern auch sozial. Vor den Toren der Stadt erstreckt sich der Breisgau – eine sonnige Gegend rund um den Kaiserstuhl, in der Wein hervorragend gedeiht. Ein Teil des Schwarzwalds schließt sich an, und zwar der schönste. Denn bis zum Feldberg und dem Titisee ist es nicht weit, lauschige Täler, sanfte Höhen, brausende Wasserfälle – Schwarzwaldidylle pur, inklusive Räucherschinken, Kuckucksuhr und roten Bollenhüten. Das Klima ist hier so mild, dass sogar Tabak angebaut wurde, solange es sich lohnte. Heute werden die Felder für Erdbeeren, Spargel, Obst und Getreide genutzt. Mal war die Gegend eigenständig, mal gehörte sie zu Österreich bzw. den Habsburgern, mal war sie badisch, mal von den Württembergern besetzt, aber der eigentümliche Dialekt hat sich bis heute erhalten.

www.der-breisgau.de

① Freiburg

Die sonnigste Großstadt Deutschlands mit ihren »Gässle und Bächle« ist ein beliebtes Reise- und Ausflugsziel. Das Geschlecht der Zähringer begründete mit dem Bau einer Burg auf dem Schlossberg kleine Ansiedlungen, die schließlich von Herzog Konrad 1120 zur Stadt ernannt wurden. Die optimale Lage und Silbervorkommen beschleunigten Freiburgs Wachstum, sodass etwa ab dem Jahr 1200 das gotische Münster errichtet wurde. Um 1677 begann eine Zeit, in der die Stadt mal von den Herrschern Frankreichs, mal Österreichs regiert wurde. Napoleon gliederte Freiburg in das Großherzogtum Baden ein. Die französischen Besatzungsmächte

Wenn sich im Herbst die berühmte Inversionswetterlage ergibt, kann man über die Wolken hinweg bis zu den Vogesen blicken.

gründeten schließlich 1945 eine badische Landesregierung. Seit der Zusammenlegung mit Württemberg ist Freiburg Sitz des Regierungspräsidiums. Heute ist die Stadt dank historischer, aber auch moderner Sehenswürdigkeiten Anziehungspunkt für Besucher von überall. Am Wahrzeichen, dem Münster, wurde 300 Jahre lang gebaut, sein 116 m hoher Westturm gilt als einer der schönsten der Welt. Das ochsenblutrote Historische Kaufhaus am Münsterplatz zieren prächtige Skulpturen. In der historischen Altstadt sollte man die gotische Kirche St. Martin und die barocke Jesuitenkirche beachten. Auch die ausgeprägte Kunst- und Musikszene, die mittelalterlichen, über 15 km langen Wasserläufe in den Altstadtgassen und der gute badische Wein machen die Fahrradstadt Freiburg liebens- und lebenswert.

Tourist Info: Rathausplatz, 79098 Freiburg, Tel. 07 61/388 18 80, Juni–Sept. Mo–Fr 8–20, Sa 9.30–17, So 10.30–15.30, Okt.–März Mo–Fr 8–18, Sa 9.30–14.30, So 10–12 Uhr, www.freiburg.de

① Freiburg
② Schauinsland
③ Titisee
④ Todtnauer Wasserfälle
⑤ Vita Classica Therme
⑥ Ruine Hochburg
▲ Camping & Gästezimmer am Möslepark

② Schauinsland

Über 700 Jahre wurden in den Stollen des Freiburger Hausbergs Silber, Blei und Zink abgebaut. Diese Einnahmen halfen maßgeblich mit, die Stadt wirtschaftlich zu entwickeln. Vom fast 1300 m hohen Gipfel (erreichbar von der Talstation Horben mit Deutschlands längster Kabinenumlaufseilbahn) kann man bei guter Sicht bis zu den Berner Alpen sehen. In über 250 000 Arbeitsstunden hat die Forschergruppe Steiber essenzielle Teile des

Bergwerks begehbar und zu einem Kulturgut internationalen Rangs gemacht. Führungen klären über den Abbau und Gerätschaften aus allen Epochen auf.

Talstation Bergbahn: Bohrerstr. 11, 79289 Horben, Tel. 07 61/451 17 77, tgl. 9–17, Juli–Sept. 9–18 Uhr, www.schauinslandbahn.de; Besucherbergwerk: 500 m von der Bergstation, Tel. 07 61/264 68, Mai/Juni, Sept./Okt. Mi, Sa/So 11–15.30, Juli/Aug. tgl. 11 bis 15.30 Uhr, www.schauinsland.de, Parkplatz: **GPS: 47.908566, 7.892262**

❸ Titisee

Einige Sagen umranken den Titisee. So soll ihn nur die weiße Haube einer alten Frau am Auslaufen hindern. Man munkelt außerdem, eine Stadt sei in seinen Fluten versunken, zur Strafe für den verschwenderischen Umgang ihrer Bürger mit Brot. Doch von alldem ist an der bekannten Strandpromenade nichts zu spüren. Heute wird flaniert, gebadet, werden Kuckucksuhr und Schwarzwälder Schinken geshoppt. Wer es etwas entspannter mag, macht eine Seerundfahrt oder eine gemütliche Reise mit dem Zäpfle-Bähnle.

Tourist Info: Strandbadstr. 4, 79822 Titisee-Neustadt, Tel. 076 52/120 60, Mo–Fr 9–17, Sa/So 10–12 Uhr, www.titisee-neustadt.de, Parkplatz:
GPS: 47.901849, 8.150689

Gewusst, wann

Bei den Alemannen haben sich neben dem Dialekt auch eigene Bräuche erhalten. Allen voran die Fasnacht. Im Gegensatz zum Karneval wird hier der Winter mit aufwändigen, oftmals gruseligen, handgeschnitzten Masken ausgetrieben. Schaurig-schön bis ausgelassen-wild geht es zu.
www.alemannische-fasnet.de

❹ Todtnauer Wasserfälle

Das Attribut »beeindruckend« ist definitiv untertrieben! Vom 1386 m hohen Stübenwasen windet sich der Stübenbach durch das Todtnauberger Hochtal und sammelt auf seinem Weg fleißig klare Bergbäche ein. Gewaltig stürzt er dann in mehreren Stufen über ein gigantisches Granitmassiv ohrenbetäubende 97 m ins Tal. Mehr als 100 000 Besucher lassen sich jährlich vom dem vollständig naturbelassenen Naturdenkmal faszinieren. Deutschlands höchster Wasserfall hat einen barrierefreien Zugang vom Wasserfallkiosk aus (Parkplatz Aftersteg). Wanderer nutzen den 11,4 km langen, mittelschweren Genießerpfad, der gegenüber dem Hebelhof startet. Der Zugang zu den Todtnauer Wasserfällen ist im Winter nicht geräumt, doch wer eine geeignete Ausrüstung hat, sollte sich unbedingt auch in dieser Jahreszeit die zu Eis erstarrten, bizarren Wassermassen ansehen.

79674 Todtnau, ganzjährig zugänglich, www.hochschwarzwald.de, Parkplatz:
GPS: 47.843996, 7.936220

CAMPING & GÄSTEZIMMER AM MÖSLEPARK

Was für ein komfortabler kleiner, moderner Campingplatz! Die Sanitäranlagen sind neu und originell eingerichtet, das Gelände gepflegt – die Blumenpracht und die Kois im Teich sind der ganze Stolz der Seniorchefin –, es gibt ein tolles Café und Kochgelegenheiten für alle Gäste. Grillen kann man auf dem Gelände ebenfalls, mit Gas- oder Elektrogrills. Gleich nebenan ist ein Spa mit Saunen, Außenpool, Dampfbad, allerlei Anwendungen und Liegewiese. In die Freiburger Altstadt sind es 2,5 km, also ein Katzensprung mit dem Rad, und auch zu Fuß ist der Weg schön, denn man kann am Waldsee vorbeispazieren und dann entlang der Dreisam bis ins Zentrum.

Waldseestr. 77, 79117 Freiburg im Breisgau, Tel. 07 61/767 93 33, www.camping-freiburg.com
GPS: 47.981572, 7.882190

Stille Ecken gibt es am Titisee genauso wie die Möglichkeit, die Blüten des Schwarzwaldtourismus aus den Zeiten der Bonner Republik hautnah zu erleben.

 5 Vita Classica Therme

Keine Therme, sondern ein richtiger Palast erwartet hier den Erholungsuchenden. Zu jeder Jahreszeit empfängt einen die wohltuende Wärme des Thermalwassers auch im Freien. Es hat eine der höchsten Kohlensäurekonzentrationen weltweit. Im Saunaparadies schwitzt es sich klassisch oder in einer der kreativen Varianten. Im Wohlfühlhaus glänzen das Türkische Bad mit Hamam-Meister und das Indische Bad mit Therapeuten aus Kerala, der Hochburg des Ayurveda. Die fernöstliche Badekultur wird im Japanischen Bad zelebriert.

Thürachstr. 4, 79189 Bad Krozingen, Tel. 076 33/400 81 40, tgl. 8.30–23 Uhr, www.bad-krozingen.info, Parkplatz: **GPS: 47.918156, 7.688874**

6 Ruine Hochburg

Die Festungsanlage im Oberrheintal ist die zweitgrößte Burganlage in Baden, vermutlich gegründet im 11. Jh. Drei Verteidigungsringe und die Lage auf ca. 350 m Höhe machten sie zu einem strategisch günstigen, weil schwer einzunehmenden Ort. Heute schaut man genießerisch hinab auf die rundherum liegenden fruchtbaren Rebhänge und fragt sich, warum die singende »Weiße Jungfrau« wohl jede Nacht mit frisch gewaschenem Haar ins Tal hinabsteigt, um weinend in die Burg zurückzukehren.

79312 Emmendingen, Tel. 076 41/95 95 86, April–Okt. So 13–17 Uhr, www.hochburg-emmendingen.de, Parkplatz: **GPS: 48.118672, 7.896745**

 Essen & Trinken

Schloss-Café Freiburg

Hoch oben, über der Stadt auf dem Lorettoberg, liegt das Café. Unter der Woche kann man hier bis 12 Uhr wunderbar frühstücken (Fr–So bis 13 Uhr). Die Karte ist klein und leicht, hat aber immer ein paar Besonderheiten zu bieten, z. B. tolle Steaks (Sous-vide-Bavette) oder Sommertrüffel. Kapellenweg 1, 79100 Freiburg, Tel. 07 61/40 38 40, Mo–Fr 10–23, Sa/So 9–23 Uhr, www.schlosscafe-freiburg.de

Greiffenegg Schlössle

Der Blick über die Stadt ist das eine Highlight. Das andere ist die exzellente Küche: Ob ausgeklügeltes Menü am Abend oder ein Vesper auf der Terrasse am Nachmittag – der Besuch hier ist ein Erlebnis. Schlossbergring 3, 79098 Freiburg, Tel. 07 61/327 28, Di–Fr 14–22, Sa 11–22 Uhr, www.greiffenegg.de

 Einkaufen

Haus der badischen Weine

In der Alten Wache wird badischer Wein von Winzergenossenschaften und ausgesuchten Weingütern verkauft. Außerdem werden Workshops und Verköstigungen in der Vinothek, dem Weinkeller oder auf der Weinterrasse angeboten: Wein und Sushi, Wein und Zigarren, Wein und Käse … Münsterplatz 38, 79098 Freiburg, Tel. 07 61/20 28 70, Mo–Sa 10–19 Uhr, www.alte-wache.com

38 Bodensee

Vom »Schwäbischen Meer« zu schwärmen ist leicht. Die riesige Wasserfläche, auf der sich im Sommer Tausende Schiffe und Boote tummeln und sich doch in der Weite verlieren. Die sanften Hänge mit den Weinreben und Obstbäumen. Im Süden die dramatische Kulisse der Schweizer und Vorarlberger Alpen. Unesco-Welterbe, zweimal: die Insel Reichenau mit dem mittelalterlichen Benediktinerkloster und die historischen Pfahlbausiedlungen der Stein- und Bronzezeit in Unteruhldingen. Hübsche kleine oder auch größere Städte mit Burgen, Schlössern, Promenaden, Museen, historischer Substanz und topmodernen Universitäten. Ein fantastisches Wegenetz für Radfahrer, das, wo immer es geht, vom Autoverkehr getrennt ist. Wanderwege, Strandbäder, Gutsgasthöfe und Gartenlokale, Tier-, Wild- und Freizeitparks ... In dieser Region lässt sich ausgezeichnet Urlaub machen. Dass es hier, im Südwesten Deutschlands, oft mild und sonnig ist, kommt auch noch dazu. Campingplätze gibt es zahlreiche, direkt am See und etwas abseits, größere und kleinere. Man sollte aber frühzeitig buchen, weil die Betriebe am Ufer im Sommer gar keine Reservierungen mehr annehmen. Wer um 11 Uhr kommt, hat vielleicht Glück, wenn jemand abreist – oder auch nicht. Ein paar Kilometer nördlich sind die Gastgeber zugänglicher. Und wer ein E-Bike dabeihat, kann ganz entspannt ans Wasser radeln, sich ein geschmortes Rinderbäckle im Spätburgunder-Jus und einen »Cöxle« (Apfelbrand) gönnen, mit den Bodenseeschiffen hin und her cruisen und abends ganz weit weg von der gut befahrenen B31 entspannen.

www.bodensee.eu

Blick über die Weinstöcke auf das Schloss Maurach, leider ein Tagungshotel. Gleich daneben liegt die Wallfahrtskirche Birnau, die Besuchern offen steht.

❶ Affenberg Salem

Die Berberaffendame sitzt auf einem hölzernen Geländer und blickt erwartungsvoll. Als das kleine Mädchen ihr ein Stück Popcorn auf der flachen Hand anbietet, schnappt sie sich den Snack und – blickt weiter erwartungsvoll. Seit 1976 gibt es den Affenberg, auf dem über 200 Tiere in einem Waldfreigehege leben. Da sie ursprünglich aus den Gebirgsregionen Marokkos und Algeriens stammen, wo die Sommer heißer und die Winter noch kälter sind, fühlen sie sich am Bodensee absolut wohl. Auch wenn sie gern Nahrung annehmen: Streicheln lassen sich die Tiere nicht. Außerdem wohnt hier die größte frei lebende Storchenkolonie im süddeutschen Raum, wenn die Vögel nicht gerade in ihrem Winterquartier in Afrika sind. Lauschiges Plätzchen: Die Schenke befindet sich im über 200 Jahre alten Mendlishauser Hof.

Mendlishauser Hof, 88682 Salem, Tel. 075 53/381, Mitte März–Okt. tgl. 9–18, sonst bis 17 Uhr, www.affenberg-salem.de

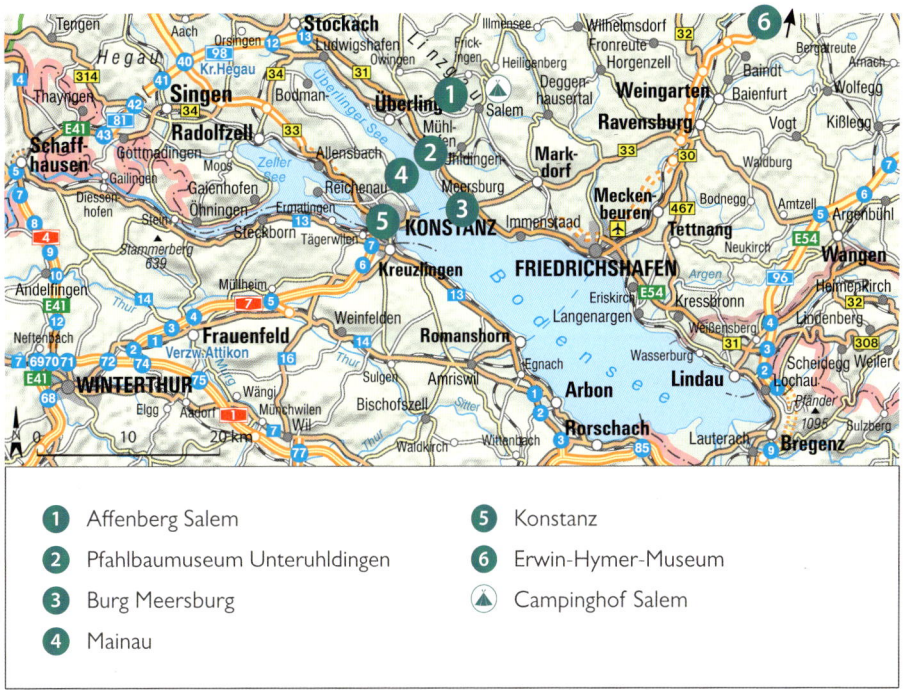

❶ Affenberg Salem
❷ Pfahlbaumuseum Unteruhldingen
❸ Burg Meersburg
❹ Mainau
❺ Konstanz
❻ Erwin-Hymer-Museum
▲ Campinghof Salem

Gewusst, wann

Jedes Jahr im August veranstaltet das Erwin-Hymer-Museum ein Fest mit dem Namen »summertime!«. Passend zum jährlich wechselnden Motto, etwa »Route 66« oder »Very british«, werden entsprechende (Camping-)Oldtimer ausgestellt und Liveacts gebucht. Über die Kultfahrzeuge freuen sich nicht nur eingefleischte Camper! www.erwin-hymer-museum.de

---

❷ Pfahlbaumuseum Unteruhldingen

Als Erstes ziehen Besucher einen Taucheranzug an ... zum Glück nicht wirklich, aber sehr lebensecht im »Archaeorama«, einer Art vorgeschalteter Unterwasser-Multimediashow. Während entsprechende Filme an die Wände projiziert werden, hört man, wie sich zwei Forscher auf den Tauchgang vorbereiten, folgt ihnen ins Wasser, sieht die Pfähle aus dem Boden des Sees ragen ... Derart präpariert, weiß man die Leistung der stein- und bronzezeitlichen Baumeister gleich viel besser zu würdigen. Danach geht es zu einer halbstündigen Führung hinaus auf Stege und Brücken und in die schilfgedeckten Häuser selbst, die hier seit 1922 auf Basis der Forschungen nachgebaut wurden. Man darf Werkzeuge und Alltagsgegenstände anfassen, und manchmal zeigen Steinzeitmann »Uhldi« und seine Freunde, wie man damals Feuer gemacht hat – ohne Streichholz und Feuerzeug, aber mit dem Know-how von Ötzi.

Strandpromenade 6, 88690 Uhldingen, Tel. 075 56/92 89 00, April–Sept. 9–18.30, Okt. bis 17, Nov. Mo–Fr 14, Sa/So 9–17, Dez. Mo–Fr 14 Uhr, www.pfahlbauten.de, Park- und Wohnmobilstellplatz: **GPS: 47.725319, 9.236384**

---

❸ Burg Meersburg

»Auf der Burg haus' ich am Berge, Unter mir der blaue See ...«, so schrieb es die Schriftstellerin Annette von Droste-Hülshoff (1797–1848), die einen Teil ihrer letzten acht Lebensjahre in Meersburgs Altem Schloss verbrachte. Ihr Schwager hatte das herrschaftliche Anwesen 1838 erworben. Doch der Reihe nach: Glaubt man der Legende, dann hat Merowingerkönig Dagobert I. anno 628 den Bergfried der Burg Meersburg erbaut. Auch wenn aus dieser Zeit keine Bausubstanz mehr nachweisbar ist, gilt das Gemäuer deshalb als älteste bewohnte Burg Deutschlands. Vom 13. bis ins 16. Jh. diente sie, prächtig ausgebaut, als Sommerresidenz der Konstanzer Fürstbischöfe. Joseph Freiherr von Laßberg zog also 1838 ein, zusammen mit seiner Frau Maria Anna von Droste zu Hülshoff. Heute kann man über 30 Räume besichtigen – manche im Stil der Biedermeierzeit, andere mit älterem Charakter, etwa die Burgküche, die Waffenhalle, Rittersaal, Burgverlies und Folterkammer. Vom Bergfried – wie alt er nun immer sein möge – hat man einen tollen Blick auf den Bodensee und das nah gelegene Neue Schloss.

Schlossplatz 10, 88709 Meersburg, Tel. 075 32/800 00, März–Okt. 9–18.30, Nov.–Feb. 10–18 Uhr, www.burg-meersburg.de, Großparkplatz mit Pendelbusanbindung: **GPS: 47.691798, 9.284896**

Mainau

Die Schneeglöckchen sind die Ersten: Sie schieben sich schon im März durch den grauen Boden. Und dann geht's los: Orchideen, Tulpen und Narzissen blühen im Frühling, später Rhododendren und Hortensien, ab Mai die herrlichen Rosen (1200 Arten!), im Herbst begeistern prächtige Dahlien sowie das Arboretum, dessen Laubbäume sich rot, orange und gelb färben. Und selbst im Winter gibt es etwas zu sehen: zum einen winterblühende Gehölze wie Zaubernuss und Winterjasmin, zum anderen das Schmetterlingshaus mit zum Teil sehr großen und neugierigen Faltern. Die 45 Hektar große »Blumeninsel« Mainau hat der in Stockholm geborene Graf Lennart Bernadotte (1909–2004) ab 1932 aus dem »Dschungel« geschaffen, den er von seiner Großmutter geerbt hatte. Heute ist die Mainau ein gut organisiertes und ebenso gut besuchtes Paradies. Man kann einfach nur schauen und staunen, im Orchideenhaus Kaffee trinken oder bei einer Führung mehr über die Gärten und die Insel erfahren.

78465 Insel Mainau, Tel. 075 31/30 30, tgl. von Sonnenaufgang bis -untergang, www.mainau.de, Parkplatz: **GPS: 47.700434, 9.182853**

 ## CAMPINGHOF SALEM

Die Plätze direkt am See haben einen solchen Zulauf, dass die meisten im Sommer keine Reservierungen annehmen. Wem auf gut Glück anreisen zu unsicher ist, der wählt einen Platz im Hinterland, z. B. den Campinghof Salem: ein terrassiertes, sonnenbeschienenes Gelände; nur die Zeltwiese, auf der bei großem Andrang auch Fahrzeuge stehen dürfen, ist etwas geneigt. Hinter dem Abenteuerspielplatz grasen Ziegen am Hang (Streichelzoo), es gibt eine Sauna, einen Kiosk, ab 17 Uhr Snacks und einen Billardtisch in einer Bar, die mindestens seit den 1990ern nicht mehr umgestylt wurde. Nettes »Animationsprogramm« im Sommer: Fackelwanderungen, Pferdepflegen, Bacherkundung ...

Weildorfer Str. 46, 88682 Salem, Tel. 075 53/82 96 95, Ende März–Okt., www.campinghof-salem.de, **GPS: 47.769741, 9.307218**

⑤ Konstanz

Das urbane Zentrum im Westen des Bodensees schlechthin, lebendige Universitätsstadt und kultureller Anziehungspunkt. Die charmante Altstadt gruppiert sich um das im 11. Jh. erbaute Münster. 245 Stufen muss man im Münsterturm nach oben kraxeln, doch dann genießt man einen tollen Blick auf Stadt und See. Die 10 m hohe, sich langsam drehende Skulptur im Hafenbecken erinnert seit 1993 an das Konzil von Konstanz (1414–18), auf dem der Kaiser die zwischen zwei Päpsten gespaltene römische Kirche wieder vereinen wollte. In die Geschichte ging es unter anderem deswegen ein, weil die Teilnehmer ausgiebigst feierten. Die Statue stellt Imperia dar, eine legendäre Hure, die in den erhobenen Händen puppenhaft kleine Figuren von Kaiser und Papst hält. Das nördliche Rheinufer hat sich zu einer Art Sommerpartymeile gemausert, und im Stadtgarten am Hafen kann man den Ausflugsschiffen hinterherschauen – oder selbst mitfahren.

Tourist Info: Bahnhofpl. 43, 78462 Konstanz, Tel. 075 31/13 30 30, April–Okt. Mo–Fr 9–18, Sa 9–16, So 10–13, Nov.–März Mo–Fr 9.30–18 Uhr, www.konstanz-tourismus.de, Parkplatz Bodensee-Forum (Schatten!): **GPS: 47.672466, 9.163706**

⑥ Erwin-Hymer-Museum

In diesem modernen, großartigen Museum wird das Thema Camping in all seinen historischen Phasen und Spielarten gefeiert. Wunderbar ist schon der Einstieg: Der erste deutsche Wohnwagen wurde nämlich

Hymer-Museum: Vom Mikafa Reisemobil De Luxe (1959, rechts) wurden nur zwölf Stück gebaut; es kostete unglaubliche 42 500 Mark.

der Liebe wegen gebaut. Arist Dethleffs (*der* Dethleffs) war Handelsvertreter, und weil er immer so lange fort war, seufzte seine Verlobte, die Malerin Fridel Edelmann: Ach, wenn man doch »so etwas Ähnliches wie einen Zigeunerwagen« hätte, »in dem wir gemeinsam fahren und ich noch malen könnte«. Also entwarf und baute der Bräutigam und schenkte das »Wohnauto« seiner Liebsten zur Hochzeit. Man kommt an über 80 historischen oder rekonstruierten Gefährten vorbei (die wenigsten von Hymer!), staunt über beengte »Kisten« oder riesige »Landjachten«, entdeckt einen Bulli, der die ganze Welt bereist hat, und schwelgt in ganz viel Retro-Romantik.

Robert-Bosch-Str. 7, 88339 Bad Waldsee, Tel. 075 24/97 66 76 00, tgl. 10–18, Do bis 21 Uhr, www.erwin-hymer-museum.de

Essen & Trinken

Heinrich essen & trinken

SB-Restaurant in cool: Mitten in der Altstadt holt man sich Bagels, Salate, Pasta, Suppen, Müsli an der Theke, gern in schicken Einmachgläsern. Der Kaffee wird in Tassen aus Kaffeesatz serviert, denn Nachhaltigkeit wird hier großgeschrieben. Zollernstr. 26, 78462 Konstanz, Tel. 075 31/691 88 33, tgl. 8.30–18.30, Fr/Sa bis 22, So ab 10 Uhr, das-heinrich.de

Birnauer Oberhof

Das Weingut liegt in Sichtweite der Wallfahrtskirche Birnau. Die Scheune wurde elegant-modern ausgebaut; im Garten sitzt man schön, aber recht laut durch die Straße. Für viele Gerichte werden Zutaten verwendet, die das Siegel »Gutes vom See« tragen, also von lokalen Erzeugern stammen. Deutschgutbürgerliche Küche, aber sehr fein! Oberhof 1, 88690 Uhldingen-Mühlhofen, Tel. 075 56/93 36 80, April–Okt. Do–Di ab 11, sonst Fr–Di ab 11.30 Uhr, www.birnauer-oberhof.de

Einkaufen

Bodenseefischerei Knoblauch

Die Knoblauchs sind seit Generationen Fischer am Überlinger See im Nordwesten des Bodensees. In der Fischhalle in Unteruhldingen verarbeiten, räuchern und verkaufen sie ihre Spezialitäten. Ehbachstr. 3, 88690 Unteruhldingen, Tel. 075 56/55 30, Mo–Fr 9–13.30, Sa 9 bis 12 Uhr, www.knoblauch-bodensee.de

39 Bayerische Seen

»Blaues Land« wird die Gegend um den Staffel-, Kochel-, Rieg- und Walchensee genannt – blau wegen eben dieser Seen, blau wie die Berge, wenn die Sonne tief steht, und blau wegen des Blauen Reiters. Diese Künstlergruppe fühlte sich von der unwirklich schönen Landschaft unweit von München angezogen, um von dort aus Anfang des 20. Jh. die Kunstwelt expressionistisch zu revolutionieren. In Kochel am See lebte Franz Marc, in Murnau Gabriele Münter mit Wassily Kandinsky. Alexej von Jawlensky und Marianne von Werefkin waren die Nachbarn, August Macke war oft zu Besuch – das Blaue Land als Hotspot der Avantgarde. Heute erinnern etliche Museen mit weltberühmten Sammlungen daran. Dieses Erbe ist der Stolz der Region, genauso wie die Vielfalt der Landschaft: das wuchtige, hochalpine Wettersteinmassiv, die vorgelagerten, sanfteren Ammergauer Alpen und die liebliche Landschaft rund um Murnau. Tradition und Brauchtum sind lebendig. Stolz werden die Trachten präsentiert und das Oberbayerische zelebriert. Und Anlässe dafür gibt es genug: kirchliche Feiertage, Volksfeste oder Hochzeiten.

So gut wie jeder Ort hat einen Trachtenverein und mindestens eine Blaskapelle, die keine Gelegenheit auslassen, um aus einer Zusammenkunft von Menschen ein zünftiges Fest zu machen. Gegenstück zu dieser Geselligkeit ist der Rückzug in die Natur. Je nach Route trifft man nur wenige andere Wanderer und hat auf den Gipfeln den Blick vielleicht sogar ganz für sich. Bei guter Sicht reicht er dann über die Seen bis nach München im Norden und hinein ins Allgäu im Westen.

www.dasblaueland.de

Einen Drink in der Hand, der Sonnenuntergang über dem See. Was will man mehr als einen Abend im Strandbad von Murnau?

Passenderweise in Blau: das Wohnhaus von Gabriele Münter und Wassily Kandinsky beziehungsweise Johannes Eichner.

① Murnau

Den Markt Murnau am Staffelsee kann man getrost als Perle des Alpenvorlands bezeichnen. Von hier aus sieht man die Ammergauer Alpen, die Zug- und Alpspitze und das Estergebirge. Am westlichen Ortsrand grenzt die Gemeinde direkt an den Staffelsee, auch der Riegsee und der Froschhauser See sind nicht weit. Geprägt von der Künstlergruppe des »Blauen Reiters«, erfreut der Ort Besucher in seinen munteren Gässchen mit zahlreichen Galerien und Ateliers. Die Anfänge des Schlosses Murnau werden auf das 13. Jh. datiert. Es wandelte sich im Laufe der Zeit von einer Wehranlage hin zu einem Schulhaus bis zu seinem heuti-

gen Zweck als Museum. Natürlich findet man hier Werke der Gruppe »Blauer Reiter«, auch die Hinterglaskunstsammlung ist sehr sehenswert. Das Münter-Haus wiederum ist mehr als ein Museum: Es wurde 1909 von der Künstlerin Gabriele Münter erworben, die es zusammen mit Wassily Kandinsky gestaltete. Gemeinsam bemalten sie Möbel, bepflanzten den Garten und gaben dem Anwesen sein ganz eigenes künstlerisches Gepräge. Die Werke der Künstlerin, die zu Lebzeiten stets im Schatten ihres Lebensabschnittsgefährten stand, sind hier harmonisch inszeniert.

Tourist Info: Kohlgruber Str. 1, 82418 Murnau, Tel. 088 41/614 10, Mai–Sept. Mo–Fr 9–17, Sa/So 10–13, sonst Mo–Fr 9–12.30 und 13.30–17, Sa/So 10–12 Uhr, www.murnau.de, Parkplatz: **GPS: 47.683635, 11.193223**
Gabriele-Münter-Haus: Kottmüllerallee 6, 82418 Murnau, Tel. 088 41/62 88 80, Di–So 14–17 Uhr, www.murnau.de

② Freilichtmuseum Glentleiten

Wie mag es wohl gewesen sein, das ländliche Leben, Wohnen und Wirtschaften vergangener Jahrhunderte? Im Freilichtmuseum Glentleiten kann man es originalgetreu nachvollziehen. Hier wurden rund 60 historische, regionaltypische Gebäude aus dem 18. und 19. Jh. wieder aufgebaut, die zuvor in ganz Bayern abgebaut worden waren. Almgebäude, größere Höfe, Handwerker- und Kleinbauernanwesen finden sich hier, allesamt mit ihren ursprünglichen Einrichtungen, seit Anfang 2018 sogar eine Brauerei. Die Köhlerwoche, die Obstsortenschau, der Mühlentag, das

① Murnau
② Freilichtmuseum Glentleiten
③ Franz-Marc-Museum
④ Erlebniskraftwerk Walchensee
⑤ Herzogstand
⑥ Kloster Benediktbeuern
⛺ Camping Brugger am Riegsee

Treiben in Weberei, Schmiede und Sattlerei demonstrieren, wie das bäuerliche Dasein früher wirklich war.

An der Glentleiten 4, 82439 Großweil, Tel. 088 51/18 50, Mitte März–Anf./Mitte Nov. Di–So 9–18 Uhr, Juni–Sept. auch Mo, www.glentleiten.de, Parkplatz: **GPS: 47.665038, 11.284964**

③ Franz-Marc-Museum

Wer Kochel am See besucht, kommt an Franz Marc nicht vorbei. Im nach ihm benannten Museum werden über 150 seiner Werke, persönliche Gegenstände und schriftliche Dokumente gezeigt, die beeindruckend belegen, wie er und seine Malerfreunde die damalige Kunst weiterentwickelten. Sie waren es, die das bloße Abbild

CAMPING BRUGGER AM RIEGSEE

Hier gibt es alle Vorzüge, die ein großer Campingplatz bieten kann – einen Bereich mit geräumigen Parzellen, eine schöne Wiese für Zelte, Wohnmobilstellplätze und die großzügigen Panoramablick-Terrassen, die teilweise sogar Satellitenanschluss haben. In den bayerischen Ferien gibt es bis zu viermal wöchentlich Kinderanimation und zig andere Möglichkeiten für die Kleinen, außerdem einen Spiel- und Sportbereich. Und zu diesem umfassenden Angebot (mit Mini-Supermarkt, Restaurant und Kiosk, versteht sich) kommt die Lage: direkt am Riegsee, mit einem über 600 m langen Grasstrand und mit Blick auf die mächtige Zugspitze und die Ammergauer Alpen.

Seestr. 2, 82447 Spatzenhausen, Tel 088 47/728, Ende März–Mitte Okt., www.camping-brugger.de,
GPS: 47.706430, 11.217880

abstrahierten und damit Generationen von Künstlern beeinflussten. Beeindruckend auch der dazu passend abstrakt wirkende Erweiterungsbau der Schweizer Architekten Diethelm & Spillmann.

Franz-Marc-Museum: Franz-Marc-Park 8–10, 82431 Kochel am See, Tel. 088 51/92 48 80,

Gewusst, wann

Im Mai bzw. Juni ist Fronleichnam – ein Hochfest der katholischen Kirche mit festlichen Prozessionen. Besonders eindrucksvoll ist das in Seehausen am Staffelsee, wenn über das Wasser prozessiert wird: Unzählige Boote mit festlich gekleideten Menschen begleiten die Monstranz zur Insel Wörth.

Di–So 10–17, April–Okt. 10–18 Uhr, www.franz-marc-museum.de, Parkplatz: **GPS: 47.650064, 11.362348**

 **Erlebniskraftwerk Walchensee**

Es ist schon etwas Besonderes, ein Hochdruck-Speicherkraftwerk zu besichtigen. Im Jahr 1924 wurde es in Betrieb genommen und gehört zu den leistungsfähigsten Kraftwerken dieser Art in Deutschland. Das Oberbecken des Walchensees und das Unterbecken des Kochelsees liefern jährlich 300 Mio. Kilowattstunden umweltfreundlicher Energie. Oskar von Miller war mit dem Bau betreut und er war der Erste, der Höhenunterschiede zur Energiegewinnung nutzte. Damit leistete er einen wesentlichen Beitrag zur Elektrifizierung

Bayerns. In der Ausstellung gewinnt man spannende Einblicke in das Technikwunder, ein Medienraum lässt Informationen lebendig werden.

Altjoch 21, 82431 Kochel am See, Tel. 088 51/ 772 25, Febr.–April tgl. 10–16, Mai–Okt. 10–16 Uhr, www.walchenseekraftwerk.de

Herzogstand

Touren auf den Herzogstand gibt es viele. Die kürzeste startet an der Talstation der Seilbahn – für alle, die es ein wenig bequemer wollen, denn bis zum Gipfel sind es dann nur noch 150 Höhenmeter. So oder so: Der Blick von oben ist fantastisch. Etliche Seen liegen unten ausgebreitet, München scheint zum Greifen nah. Hier oben hatten sich die bayerischen Herzöge im

Ein Blick zum Träumen: Vom Herzogstand aus liegt einem der Walchensee zu Füßen. Wer noch Puste hat, wandert auf dem Grat entlang hinüber zum Nachbargipfel Heimgarten.

16. Jh. ein Haus für die Gebirgsjagd eingerichtet, daher der Name. Wer nach dem Aufstieg noch nicht genug hat, kann die anspruchsvolle und wunderschöne Gratwanderung zum Nachbargipfel Heimgarten in Angriff nehmen.

Herzogstandbahn, Walchensee, Tel. 088 58/236, tgl. 9–17, Winter 9–16 Uhr, www.herzogstandbahn.de, Parkplatz: GPS: 47.596182, 11.317466

6 Kloster Benediktbeuern

Überfälle der Ungarn, Großbrände, der Dreißigjährige Krieg oder die gewaltsame Säkularisation – nichts konnte die Entwicklung des 725 gegründeten Klosters Benediktbeuern nachhaltig daran hindern, ein Ort des Wissens zu sein. Eine bedeutende Schreibstube gab es schon zur Karolingerzeit. Ob Goldschmiedekunst oder Buchmalerei, Klosterbibliothek, Knabengymnasium oder als optisches Institut – die Klosterbewohner widmeten sich stets der Bildung. Während der relativ kurzen Phase in Staatsbesitz (1818–1930) wurde das Kloster als Kaserne und sogar Gefängnis missbraucht. Die Salesianer Don Boscos schließlich führten die barocke Anlage mit ihren fantastischen Deckenfresken wieder ihrer Bestimmung zu: humanistisch geprägte Bildung, Wissenschaft und Erziehung junger Menschen.

Don-Bosco-Str. 1, 83671 Benediktbeuern, Tel. 088 57/880, Führungen April–Juni Di, Do, Sa 14.30, So 13, 14.30, Juli/Aug. tgl. 14.30, So zusätzl. 13, Sept./Okt. Di, Do, Sa/So 14.30, Nov.–März Sa/So 14.30 Uhr, www.kloster-benediktbeuern.de

⊗ Essen & Trinken

Seerestaurant Alpenblick
Es gibt keinen Zweifel: Das ist der schönste Biergarten Oberbayerns und damit mutmaßlich der Welt. Direkt am Staffelsee mit Bergblick unter gewaltigen Kastanien am Rasenufer. Hier eine Maß Bier und eine Brotzeit – was will man mehr.
Kirchtalstr. 30, 82449 Uffing am Staffelsee, Tel. 08 846/93 00, bei schönem Wetter tgl. 10–22.30 Uhr, www.seerestaurant-alpenblick.de

Karg Bräustüberl
Das ist keine dieser hopfenbehangenen Erlebnis-Brauereigaststätten, sondern ein kleines, gewachsenes Wirtshaus mit Terrasse zum Markt. Die Karte ist bayerisch-fleischlastig, die hervorragenden Schweinshaxen sind eine Wucht, das Karg-Weißbier sucht seinesgleichen (Obama plus Karg googeln) und die Atmosphäre ist herzlich.
Untermarkt 27, 82418 Murnau, Tel. 088 41/82 72, Mi–So 10–14, 18–24 Uhr, www.karg-murnau.de

🛒 Einkaufen

Wochenmarkt in Murnau
Immer mittwochs findet in Murnau der Wochenmarkt statt. Hier bekommt man alles, was man braucht, und kann außerdem den Untermarkt erleben, wenn er seinem eigentlichen Zweck dient.
Untermarkt, 82418 Murnau, jeden Mittwoch, außer feiertags, 8–12 Uhr

40 Chiemgau und Chiemgauer Alpen

Wenn man von München auf der A8 Richtung Salzburg fährt und den ewig verstopften Irschenberg hinter sich gelassen hat, geht es nach einer Kurve jäh bergab und urplötzlich eröffnet sich der unverstellte Blick in den weiten Chiemgau. Da liegt der See mit seinen berühmten Inseln glitzernd direkt vor einem, rechts ragt die Kampenwand empor, und kleine Hügel und Wälder durchziehen die Landschaft. Oberbayern, wie es schöner kaum sein kann. Kein Wunder, dass die Region seit jeher heiß begehrt ist. Ludwig II. baute auf Herrenchiemsee eines seiner berühmten prunkvollen Schlösser. Klöster haben sich vor langer Zeit angesiedelt: Bekanntlich haben sich die Ordensleute oftmals ganz besonders schöne Orte ausgesucht, so auch die Insel Frauenchiemsee. Adel und Bürgertum zogen nach und bauten hübsche Villen an den Ufern des Sees. Von den Ausflugsbooten sind sie gut zu besichtigen, oder man lichtet selbst den Anker. Thermisch bedingt, weht hier der Wind, auch wenn sämtliche Online-Wetterdienste im restlichen Bayern absolute Flaute feststellen; der See gibt also ein sensationelles Segel- und Kitesurfrevier ab. Allerdings hat er seine Tücken: Unter bestimmten Bedingungen kann der Wind von einer Sekunde zur nächsten komplett einschlafen, man dümpelt irgendwo auf dem Wasser herum und kommt nicht mehr vom Fleck. Umgekehrt können Gewitter sehr schnell aufziehen, also immer die Warnsignale beachten. Einen wunderbaren Effekt gibt es häufiger zu beobachten: Bei Thermik kann es sein, dass es über dem Land komplett wolkenverhangen ist, sich über dem See aber ein strahlend blaues Loch in der Wolkendecke auftut.

www.chiemsee-chiemgau.info

Was für ein Klischee: blauer See und blauer Himmel, wuchtige Berge und Zwiebelturm. Es ist aber alles echt, hier am Chiemsee.

1	Traunstein
2	Herrenchiemsee
3	Fraueninsel
4	Römermuseum »Bedaium«
5	Chiemseebahn
6	Kampenwand
▲	Chiemsee Strandcamping

Märchenkönig Ludwig II. verwirklichte auf Herrenchiemsee abermals kühne architektonische Visionen und schuf einen weiteren »Pilgerort« auf der Landkarte Bayerns.

❶ Traunstein

Bis in das 20. Jh. hinein prägte das »weiße Gold« die ehemalige Salinenstadt. Vater und Sohn Reiffenstuel bauten ab 1616 eine Soleleitung von Reichenhall nach Traunstein und verhalfen der Stadt so zu großem wirtschaftlichem Aufschwung. Die Salinenhäuser mit Salzbehältern, Wohn- und Werkstätten sowie die Salinenkapelle – der bedeutendste Sakralbau der Stadt – dokumentieren diese Phase der Stadtentwicklung, die man ab 2019 im Salinenpark erleben kann. Doch Traunstein hat noch mehr zu bieten. Ein wahres Kleinod ist die Lourdes-Kapelle neben dem Pfarrhof am Maxplatz. Kunsthistorisch wertvoll sind auch die Jugendstilhäuser, z. B. im Villenviertel am Wochinger Spitz. Wer uriges Brauchtum erleben möchte, schreibt sich den Georgiritt mit dem historischen Schwertertanz am Ostermontag in den Kalender oder lässt sich durch die drei Brauereien führen, in denen man natürlich auch jedes der bekannten Traunsteiner Biere kosten darf (ProBIERma's-Tour).

Tourist Info: Stadtplatz 39, 83278 Traunstein, Tel. 08 61/655 00, Mo–Fr 8–17, Sa 10 bis 12 Uhr, www.traunstein.de, Parkplatz: **GPS: 47.870413, 12.638517**

❷ Herrenchiemsee

1873 erwarb König Ludwig II. die größte der drei Chiemseeinseln und ließ sich hier seine weltberühmte Privatresidenz bauen. 600 Arbeiter und eine dampfbetriebene Materialbahn waren nötig, um das Bauvorhaben umzusetzen, das alle Kostenrahmen sprengte. Obwohl das Schloss bis zu Ludwigs sagenumwobenem Tod nicht vollendet werden konnte, beeindruckt es doch wie kaum ein zweites. Der Märchenkönig, von den Bayern liebevoll »Kini« genannt, erschuf mit dem Schloss Herrenchiemsee ein Abbild des Château de Versailles als Huldigung an den von ihm vergötterten Sonnenkönig Ludwig XIV. Frappant ähneln sich die Frontfassaden und viele der exquisit ausgestatteten Privatzimmer. Die Spiegelgalerie ist sogar größer und prunkvoller als ihr Vorbild. In der strengen Gartenanlage lässt es sich majestätisch flanieren, und im Museum kann man sich in das außergewöhnliche Leben des extrava-

Dieser Anblick am Morgen, und der Tag kann eigentlich nur gut werden. Auch wenn man nur mit etwas Glück mit seinem Camper direkt am See stehen kann.

ganten Regenten hineinfühlen. Ebenfalls sehenswert sind das Augustiner-Chorherrenstift (»Altes Schloss«), der Gutshof mit staatlichem Gestüt und die Kreuzkapelle aus dem Jahr 1697 an der Nordspitze der Insel. Übrigens: Herrenchiemsee ist au-

 ## CHIEMSEE STRANDCAMPING

Sonnenuntergänge über dem Chiemsee aka »Bayerisches Meer« gibt es logischerweise nur vom Ostufer aus. Und genau da, auf halbem Weg zwischen Chieming und der Achenmündung, liegt der Campingplatz. An einem lang gezogenen Kiesstrand reihen sich die Parzellen aneinander, eine Zeltwiese findet sich etwas zurückgesetzt. Das Wirtspaar Harry und Arianna haben den Platz vor nicht allzu langer Zeit übernommen und werfen sich mit viel Elan und Begeisterung in diese Aufgabe. Restaurants gibt es in der Umgebung, einen Kiosk und viele Freizeitmöglichkeiten für Kinder auf dem Gelände. Hunde sind nicht nur geduldet, sondern willkommen.

Am Chiemsee 1, 83355 Grabenstätt, Tel. 086 64/500, April–Sept., www.chiemsee-strandcamping.de, **GPS: 47.876880, 12.528940**

tofrei, man setzt mit Schiffen von Gstadt, Prien oder der Fraueninsel über.

83209 Chiemsee, Tel. 080 51/688 70, tgl. 9.40–16.15, Ende Mai.–Sept. 9–18 Uhr, www.herrenchiemsee.de, Parkplatz: **GPS: 47.860574, 12.364338**

 ## 3 Fraueninsel

Ihren Namen hat die kleine Insel, die man in etwa 20 Min. umrundet hat, von den Benediktinernonnen, die anno 783 hier ein Kloster gründeten. Besucher kommen wegen der romanisch, gotisch und barock geprägten Abtei mit ihrer prunkvollen Klosterkirche hierher. Wahrzeichen der Insel ist der Glockenturm (12. Jh.), auf dem eine markante Zwiebelhaube thront. Balsam für die Seele ist die wunderschöne Natur im Sommer, romantisch der sehr beliebte Christkindlmarkt im Winter.

83256 Gemeinde Chiemsee, Führungen: Tel. 080 54/322, www.fraueninsel-fuehrungen.de; Schifffahrt: ab Seestr. 108, 83209 Prien, Tel. 08 051/60 90, www.chiemsee-schifffahrt.de, Parkplatz: **GPS: 47.860574, 12.364338**

 ## 4 Römermuseum »Bedaium«

Wer Zeitzeugen einer keltisch-römischen Siedlung kennenlernen möchte, der ist hier bestens aufgehoben. Die Römer, die den namensgebenden Wassergott Bedaius verehrten, bauten die erste Brücke über die Alz und schufen so eine wichtige Verkehrslinie. Riesige Mengen an Keramik, Münzen,

Metallgeräten und Schmuckgegenständen wurden ausgegraben, 500 wichtige Exponate zeigt die Dauerausstellung. Auf einem 23 km langen archäologischen Rundweg kann man 4000 Jahre Vergangenheit erwandern und erradeln.

Römerstr. 3, 83358 Seebruck, Tel. 086 67/ 75 03, Mi–Fr 10–12, 14–16, Sa/So 14–16 Uhr, www.roemermuseum-bedaium.de, Parkplatz: **GPS: 47.933033, 12.475949**

 5 Chiemseebahn

Für jemanden, der für Eisenbahnen eher ein Schulterzucken übrig hat, ist diese Schmalspurbahn eine Gelegenheit: um einen Funken jener Begeisterung überspringen zu lassen, die Eisenbahnenthusiasten beim Anblick nostalgischer Züge packt. Auf 1,8 km zuckelt die Bahn vom Priener Bahnhof zum Hafen. Das ist außerdem eine überaus nützliche Strecke, will man auf die Chiemseeinseln übersetzen.

Chiemseebahnhof: Chiemseebahnweg 4, 83209 Prien, Tel. 080 51/60 90, www.chiemsee-schifffahrt.de, Parkplatz: **GPS: 47.860574, 12.364338**

Gewusst, wann

Hartgesottene Wintercamper sollten den Januar in Betracht ziehen, wenn in Ruhpolding der Biathlon-Weltcup stattfindet. Ein Volksfest, das nicht nur Biathlon-Ultras begeistert. www.biathlon-ruhpolding.de

Die Kampenwand ist ein echter Bilderbuchberg – egal, ob man auf dem schroffen Gipfel oder den sanften Weiden darunter steht.

6 Kampenwand

Allein die fast schon musealen Gondeln, die einen in gemächlichen 14 Min. von Aschau bis zur Bergstation auf 1500 m Höhe schaukeln, sind den Ausflug wert. Der Auf-/Abstieg ist nicht allzu beschwerlich, sodass man auch ein One-way-Ticket in Erwägung ziehen kann. Oben erwarten einen Berghütten und urige Almen, der felsige Gipfel und überragende Aussichten auf den Chiemgau und in Richtung Süden sogar bis zum wuchtigen Großglockner.

Kampenwandbahn, 83229 Aschau, tgl. 9–17, Jan.–April 9–16.30 Uhr, Tel. 0 80 52/44 11, www.kampenwand.de, Parkplatz: **GPS: 47.764537, 12.325064**

 Essen & Trinken

Schlosswirtschaft Herrenchiemsee

Das Chorherrenstift der Augustiner wurde nach der Säkularisierung lange Zeit als Hotel betrieben, bis es 2011 grundsaniert wurde. Heute kann man hier tagen, Hochzeit feiern, die Chiemgau-Schmankerln und dazu die unschlagbare Aussicht genießen. Herrenchiemsee, Tel. 080 51/962 76 70, Ende Mai–Ende Sept. Mo–Fr 10–18.15, Sa 10–20, So 10–18.15, Ende Sept.–Ende Mai tgl. 10–17 Uhr, www.schloss wirtschaftherrenchiemsee.de

Gasthof zur Post Oberwirt

Ob im Biergarten oder im Restaurant – so saisonal wie möglich und so regional wie es nur geht soll die Küche sein. Das Fleisch kommt aus der eigenen Metzgerei, der Bäcker, der Fischer und der Brauer sind alle in Chieming ansässig. Laimgruber Str. 5, 83339 Chieming, Tel. 086 64/14 81, Mo–Mi, Fr/Sa 17–22, So 10–14, 17–22 Uhr, www.oberwirt-chieming.de

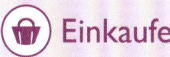 **Einkaufen**

Hofladen Bodenschatz

10 km vom Campingplatz entfernt kann man sich im Hofladen mit Bio-Lebensmitteln eindecken: Käse, feine Schinken, Kartoffeln, Eier, Milch und Schnaps. Mögstetten 13, 83365 Nußdorf, Tel. 086 69/358 39 47, Do/Fr 8–12, 14–18, Sa 8–12 Uhr, www.boden-schatz.net

REGISTER

REGISTER

BILDNACHWEIS

Cover Getty Images: P. Cade; 4_1 F. Sußbauer; 4_2 privat;
8 Adobe Stock: pkazmierczak; 10 HUBER IMAGES: G.
Gräfenhain; 11 AWL Images: S. Lubenow; 12 mauritius
images: H.-P. Merten; 13 Lookphotos: S. Lubenow; 14
Campingplatz Am alten Seedeich; 15 dpa Picture-Alliance:
M. Scholz; 16 HUBER IMAGES: S. Lubenow; 18 Camping
Ostseesonne; 19 AdobeStock: hanseat; 20 AWL Images:
S. Lubenow; 22 Campingplatz Flüggerteich; 23 HUBER
IMAGES: S. Lubenow; 24 Seasons Agency: L. Spörl/Jalag;
26 N. Kriwy; 27 HUBER IMAGES: H.-P. Merten; 28 HUBER
IMAGES: C. Bäck; 30 shutterstock: LaMiaFotografia; 31
AdobeStock: T. Riebesehl; 32/33 HUBER IMAGES: C.
Dörr; 34 Naturcamping Lassan; 36 AdobeStock: R. Ullrich;
38 Campingparadies Dahmen; 39 Lookphotos: T. Roetting;
42 Müritzcamp Buchholz; 43 AdobeStock: stefanasal; 44
HUBER IMAGES: G. Gräfenhain; 47_1 mauritius images: E.
Nerger/imageBROKER; 47_2 Campingplatz Neuengland;
48 Lookphotos: K. Johaentges; 50 Campingplatz Hunte-
Camp; 51 mauritius images: T. Robbin/imageBROKER;
52 AdobeStock: T. Schier ; 53 shutterstock: M. Venema;
54 Uhlenköper-Camp Uelzen: A. Marud; 55 AdobeStock:
pure-life-pictures; 58 AdobeStock: Kara; 60 shutterstock: M.
Kaminer; 62/63 Lookphotos: M. Siering; 64 Campingpark
Buntspecht; 66 AdobeStock: pure-life-pictures; 67
Campingplatz Himmelreich; 68 HUBER IMAGES: R. Schmid;
69 imago: Schöning; 70/71 Lookphotos: K. Wothe; 74
HUBER IMAGES: R. Schmid; 76 mauritius images: pa; 77
Lookphotos: H. Wohner; 78 shutterstock: G. Albers; 80_1
shutterstock: G. Albers; 80_2 Campingplatz am Furlbach;

81 Lookphotos: B. Merz; 82 Lookphotos: H. Wohner; 83
shutterstock: S-F; 84_1 Kurcamping Harz; 84_2 HUBER
IMAGES: G. Gräfenhain; 86 AdobeStock: T. Jablonsk; 87
Historisches Archiv Krupp, Essen; 88 Lookphotos: H.
Wohner; 89 shutterstock: Peeradontax; 90/91 Lookphotos:
B. Merz; 93 Erlebnisberg Kappe: J. Ruschkowski; 94
Lookphotos: K. Jaeger; 95 shutterstock: M. Ruckszio; 96
SinnBilder Fotografie: E.-M. Schmidt; 97 mauritius images:
M. Speith/Alamy; 98 Lookphotos: T. Stankiewicz; 100 dpa
Picture-Alliance: H. Wiedl; 101 shutterstock: anyaivanova;
102 AdobeStock: ArtHdesign; 104 AdobeStock: thauwald-
pictures; 105 AdobeStock: fotograupner; 106 AdobeStock:
H. Czauderna; 108 Naturcamping Plothental; 109
shutterstock: T. Ott; 110 shutterstock: Lightboxx; 111
shutterstock: W. Zwanzger; 112 AdobeStock: Silver; 113
AdobeStock: pure-life-pictures; 114/115 AdobeStock:
Alice_D; 116 Strotzbüscher Mühle; 118 Lookphotos: age
fotostock; 120 Camping Gräveneck; 121 shutterstock:
travelview; 122 laif: D. Eisermann; 123 laif: C. O. Bruch;
125_1 shutterstock: M. v. Aichberger; 125_2 Camping
Harfenmühle; 126 HUBER IMAGES: G. Gräfenhain; 128
HUBER IMAGES: F. Carovillano; 129 HUBER IMAGES: R.
Schmid; 132 AdobeStock: mstein; 133 AdobeStock: etfoto;
134 Lookphotos: H. Leue; 135 AdobeStock: Frankix;
136/137 AdobeStock: daliu; 140 AdobeStock: LianeM ;
141 AdobeStock: Arochau; 142 Campingplatz Fränkische
Schweiz; 143 shutterstock: W. Lerooy; 144 Getty Images: E.
Wrba/LOOK; 145 Lookphotos: age fotostock ; 146 Aqua
Hema; 147 Getty Images: E. Wrba/LOOK; 148 mauritius

images: M. Siepmann/imageBROKER; 150 E. Stadler; 151
Naturpark Altmühltal; 152 AdobeStock: Thomas; 153
AdobeStock: F. Göthel; 154_1 Camping Wagenburg; 154_2
Campus Galli: U.Ehinger; 155 E. Stadler; 156 shutterstock:
LaMiaFotografia; 157 laif: M. Lange; 158 Camping &
Gästezimmer am Möslepark; 159 shutterstock: iceink; 160 E.
Stadler; 162 E. Stadler; 163 E. Stadler; 164 HUBER IMAGES:
R. Schmid; 165 mauritius images: W. Filser; 166 C.Krah; 167
shutterstock: moreimages; 168 AdobeStock: J. Netzker ;
169 AdobeStock: devnenski; 170 AdobeStock: andinspiriert;
171 AdobeStock: egon999

IMPRESSUM

Alle Angaben in diesem Reisebuch sind gewissenhaft geprüft. Preise, Öffnungszeiten usw. können sich aber schnell ändern. Für eventuelle Fehler übernimmt der Verlag keine Haftung.

© 2019 GRÄFE UND UNZER VERLAG GmbH, München

HOLIDAY ist eine eingetragene Marke der GANSKE VERLAGSGRUPPE.

1. Auflage 2019
ISBN: 978-3-8342-2961-8

Alle Rechte vorbehalten. Nachdruck, auch auszugsweise, sowie die Verbreitung durch Film, Funk, Fernsehen und Internet, durch fotomechanische Wiedergabe, Tonträger und Datenverarbeitungssysteme jeglicher Art nur mit schriftlicher Genehmigung des Verlages.

B2B-Editionen schneidern wir maß nach Ihren Wünschen. Bei Interesse: gabriella.hoffmann@graefe-und-unzer.de

Bei Interesse an Anzeigenschaltung:
KV Kommunalverlag GmbH & Co. KG
Tel. 089/9280960
info@kommunal-verlag.de

GRÄFE UND UNZER VERLAG
Postfach 86 03 66
81630 München
Tel. +49 89/41 98 19 00
holiday@graefe-und-unzer.de
www.holiday-reisebuecher.de

Reihenidee/-konzept
Verónica Reisenegger

Idee/Konzept dieses Buchs
Eva Stadler, Simon P. Hecht

Redaktion
Eva Stadler, Wilhelm Klemm, Viktoria Paschke, Jasmin Nowak

Lektorat
Janette Schroeder, wort und art

Layout
Natalia Gospodarek

Bildredaktion
Dr. Nafsika Mylona, Eva Stadler, Wilhelm Klemm, Marie Danner (Cover)

Schlussredaktion
Désirée Schoen

Kartografie
Kunth Verlag GmbH & Co. KG

Produktion
Anna Bäumner

Repro
Repro Ludwig, Zell am See

Druck und Bindung
Printer Trento, Italien

PEFC/18-31-506

GRÄFE UND UNZER

Ein Unternehmen der
GANSKE VERLAGSGRUPPE

Liebe Leserinnen und Leser,

hat Ihnen unser Buch gefallen? Falls ja, freuen wir uns, wenn Sie es weiterempfehlen – Ihren Freunden, Verwandten, Kollegen, Nachbarn, dem Buchhändler Ihres Vertrauens und allen, die auf der Suche nach einem Reisebuch-Tipp sind, z. B. bei Onlinehändlern.

Wenn Sie Kritik oder Korrekturen haben, schreiben Sie uns gerne an holiday@graefe-und-unzer.de – und natürlich auch, wenn Sie uns Ihr Lob auf direktem Weg zukommen lassen möchten. Sie erreichen uns auch telefonisch unter Tel. 0 800/72 37 33 33 (gebührenfrei in D, A, CH), Mo–Do 9–17 Uhr, Fr 9–16 Uhr.

Ihre HOLIDAY-Redaktion

Draußen essen

Für Kocher, Grill und Lagerfeuer – die besten Rezepte für unterwegs

HOLIDAY

Rezepte für ...

... den Campingkocher

... den Gasgrill

... den Holzkohlegrill

... das Lagerfeuer

Aufgrund der hochwertigen Zutaten nicht ganz günstig, aber es lohnt sich!

Kocher

Risotto alla Saltimbocca

 2 Personen  40 Min.

Zutaten

125 g Risottoreis
200 g Kalbsschnitzel
aus der Oberschale
200 ml trockener Weißwein
6 Scheiben Parmaschinken
1 Knoblauchzehe
12 Salbeiblätter
Olivenöl
40 g geriebener Parmesan
Salz und Pfeffer
zum Abschmecken
Zitronenzesten

Zubereitung

1 Vier Scheiben Parmaschinken in kleine Stücke schneiden, die restlichen zwei Scheiben in Streifen von ca. 1 cm Breite.

2 Das Kalbsschnitzel mit Küchenpapier trocken tupfen und in fingerdicke Streifen schneiden.

3 Topf auf dem Kocher heiß werden lassen und die breiteren Parmaschinkenstreifen in Olivenöl knusprig braten. Dadurch wird das Öl aromatisiert und man hat später krosse Schinkenstreifen als Topping für das Risotto. Schinkenstreifen herausnehmen und auf einen Teller legen.

4 In den Topf mit dem aromatisierten Öl die Kalbfleischstreifen geben und golden anbraten. Immer wieder umrühren, damit nichts anbrennt.

5 In der Zwischenzeit den Reis abwiegen, in eine Schüssel geben, Wasser zugeben und 20-mal im Kreis schwenken (schleifen). Das trübe Wasser abgießen, den feuchten Reis ebenfalls in den Topf geben und umrühren. Bis der Reis gar ist – Packungsangabe beachten –, immer wieder umrühren.

6 Die Knoblauchzehe schälen, in dünne Scheiben schneiden und in den Topf geben. Wasser zugeben, sodass alle Zutaten damit bedeckt sind. Eine Prise Salz zugeben. Alles zusammen zum Kochen bringen. Sobald das Wasser etwas reduziert ist, den Weißwein zugeben und unter Rühren nochmals aufkochen. Die Hälfte des klein geschnittenen Schinkens zugeben.

7 Bei Bedarf immer wieder etwas Wasser zugeben, sodass das Risotto die Konsistenz einer dicken Suppe hat, aber nicht mit Flüssigkeit überdeckt ist. 5 Min. bevor der Reis gar ist, Salbeiblätter abzupfen, waschen und in den Topf geben. Wenn der Reis gar ist, vom Herd nehmen und die Hälfte des Parmesans dazugeben.

8 Risotto auf die Teller verteilen, den noch übrigen klein geschnittenen Parmaschinken darüberstreuen und die kross gebratenen Schinkenstreifen und je ein Blatt Salbei und Zitronenzesten auf das Risotto geben. Etwas pfeffern und mit dem restlichen Parmesan servieren.

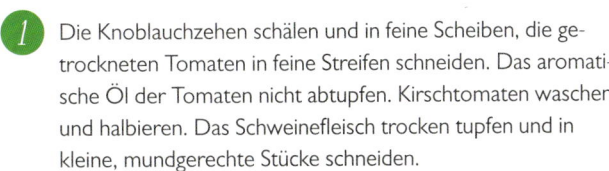

Kocher

Pasta mit Schweinefleisch

2 Personen **35 Min.**

Zutaten

175–250 g kleinformatige
Nudeln wie Penne oder
Orecchiette
200 g Schweinefleisch
4–5 getrocknete Tomaten
in Öl
2 Knoblauchzehen
5 Kirschtomaten
Handvoll frisches Basilikum
(½ TL getrocknet)
1 EL Kapern in Lake
Olivenöl
Hartkäse, z. B. Pecorino
Salz, Pfeffer

Zubereitung

1 Die Knoblauchzehen schälen und in feine Scheiben, die getrockneten Tomaten in feine Streifen schneiden. Das aromatische Öl der Tomaten nicht abtupfen. Kirschtomaten waschen und halbieren. Das Schweinefleisch trocken tupfen und in kleine, mundgerechte Stücke schneiden.

2 Topf auf den Herd stellen und einen Esslöffel Olivenöl darin erhitzen. Um die Temperatur des Öls zu prüfen, ein kleines Stückchen Fleisch in den Topf geben: Wenn es sofort zu brutzeln anfängt, ist genügend Hitze vorhanden – jetzt das gesamte Fleisch im Topf anbraten, bis es rundherum goldbraun ist. Den Knoblauch und die getrockneten Tomaten zugeben, ca. eine Minute und unter ständigem Rühren weiterbraten, damit sich die Aromen verbinden. Danach die halbierten Kirschtomaten zugeben und alles eine weitere Minute auf der Hitze verrühren. Diese Mischung in einen tiefen Teller füllen.

3 In dem nun leeren Topf (nicht auswaschen) Salzwasser zum Kochen bringen, die Nudeln nach Packungsangabe darin bissfest kochen.

4 Frische Basilikumblätter abzupfen, waschen und auf Küchenpapier abtropfen lassen. 6–7 Esslöffel vom Nudelwasser zur Fleischmischung in den tiefen Teller geben, untermischen, kurz abkühlen lassen und das Basilikum unterrühren.

5 Wasser abgießen, den Fleisch-Tomaten-Mix und die Kapern in den Topf zu den Nudeln geben. Einen Esslöffel Olivenöl zugeben und alles verrühren. 1–2 Minuten ziehen lassen. Mit Salz und Pfeffer abschmecken, mit Hartkäse servieren.

Tipp

Veggies wählen statt
Fleisch den pikanten
Grillkäse Halloumi.

Gasgrill

Gefüllter Auberginenfächer

1 Aubergine | 1–2 Tomaten | geriebener Pecorino |
Pesto Genovese | 50 g Feta | Salz, Pfeffer | Alufolie

1 Aubergine waschen, trocken tupfen. Der Länge nach bis ca. 5 cm vor dem Strunk in ca. ½–1 cm dicke Streifen einschneiden. Zwischen jeden Streifen reichlich Salz geben und die Aubergine zum Wasserziehen für 20 Min. zur Seite legen. Gasgrill auf kleinster Flamme vorwärmen.

2 Aubergine trocken tupfen, auch zwischen den Streifen. Alle Flächen mit Pesto einreiben. Im Anschluss die Aubergine eng mit Alufolie einwickeln, auch seitlich einschlagen, damit keine Flüssigkeit heraustropft.

3 Für ca. 10–12 Min. auf den Grill legen und alle 3–4 Min. etwas drehen, damit die Hitze von allen Seiten kommt. Falls der Grill einen Deckel hat, drauflegen.

4 In der Zwischenzeit die Tomate(n) in Scheiben schneiden und den Fetakäse zerkrümeln.

5 Die Aubergine vom Grill nehmen, die Alufolie entfernen, wie einen Fächer ausbreiten. Zwischen die Scheiben geriebenen Pecorino streuen und je eine Tomatenscheibe legen.

6 Auberginenfächer auf dem Grill bei kleiner bis mittlerer Hitze gar grillen. Auf Tellern anrichten und mit Feta bestreuen. Salzen und pfeffern.

2 Personen

35 Min.

8

Tipp

Super als Beilage, z. B. zum Limettenhühnchen – siehe nächste Seite!

3

Angerichtet mit dem Au-
berginenfächer von Seite 8
und geröstetem Weißbrot.

Tipp

Gasgrill

Limettenhühnchen

2 Hühnchenbrustfilets | 3 Knoblauchzehen |
1 Limette | Olivenöl | Salz, Pfeffer

1 Knoblauchzehen klein schneiden und mit dem Messerrücken oder
einer Gabel zusammen mit einer kleinen Prise Salz zerdrücken.
Den Knoblauch in ein kleines Gefäß geben. Die Limette zur Hälfte
schälen, dabei so wenig Weiß wie möglich entfernen. Die Limetten-
schale sehr klein schneiden, etwas mit dem Messerrücken quetschen
und zum Knoblauch geben. Die Knoblauch-Limetten-Mischung mit
2 Esslöffeln Olivenöl verrühren.

2 Jedes Filet einmal waagrecht durchschneiden, sodass vier ca. 1 cm
dicke Schreiben entstehen. Mit einem Pinsel in die Knoblauch-Limet-
ten-Olivenöl-Mischung dippen und das Fleisch damit einstreichen.
Der Rest der Marinade wird erst nach dem Grillen dazugegeben.
Gasgrill auf kleinster Flamme vorwärmen.

3 Hühnchenfleisch bei kleiner bis mittlerer Hitze gar grillen.

4 Fleisch auf Tellern anrichten, mit der restlichen Knoblauch-Limetten-
Olivenöl-Mischung beträufeln, salzen und pfeffern.

2 Personen

25 Min.

Feurige Hühnchenschenkel

 2 Personen

 45 Min.

Zutaten

2 Hühnchenschenkel
Saft von 1 Limette
2–3 EL Olivenöl
cremiger Honig
1 Messerspitze edelsüßes
Paprikapulver
4 Knoblauchzehen
2 Chili oder Peperoni
Salz, Pfeffer

Zeit fürs Marinieren einplanen!

Zubereitung

1 Für die Marinade erst Olivenöl und Honig in einer Rührschale vermengen, dann den Saft einer Limette einrühren.

2 Die Knoblauchzehen schälen, fein schneiden und mit dem Paprikapulver und etwas Salz mit einer Gabel zerdrücken.

3 Die Chilischoten waschen, trocken tupfen und in feine Scheibchen schneiden. Chili und Knoblauchmasse in die Marinade rühren.

4 Hühnchenschenkel waschen, trocken tupfen. Mit der Marinade einreiben und in der restlichen Marinade einlegen und für 2–4 Stunden kühl stellen. Grill anheizen, bis die Kohle zur Glut runtergebrannt ist.

5 Die Hühnchenschenkel mit gutem Abstand zur Glut gar grillen (dauert 20–25 Min.). Häufig wenden, damit die Haut nicht verkohlt, während das Fleisch innen roh bleibt.

13

Tipp

Was bei diesem Rezept übrig bleibt, kann direkt zu Röstitalern zubereitet werden, siehe Seite 18!

Lagerfeuer

Herzhafte Kartoffelpralinen

4 Personen 70 Min.

Zutaten

12 mehlig kochende
Kartoffeln (faustgroß)
1 Scheibe (½ cm dick)
geräucherter Bauchspeck
1 mittleres Glas oder
Dose Sauerkraut
2 rohe Bratwürste (z. B. Sal-
siccia, Thüringer, Fränkische)
100 g Raclettekäse
Olivenöl
Salz, Pfeffer
Alufolie

Zubereitung

1 Kartoffeln waschen und von jeder Kartoffel der
Länge nach ein Viertel herausschneiden. Die
Kartoffeln mit einem Messer aushöhlen, bis ca.
1–2 cm »Kartoffelhülle« stehen bleiben. Auch die
ausgelösten Viertel aushöhlen.

2 Füllung 1: Den Speck in kleine Würfel schneiden
und mit dem Sauerkraut vermengen.
Füllung 2: Das Brät aus den Würstchen drücken.
Füllung 3: Den Käse in kleine Würfel schneiden.

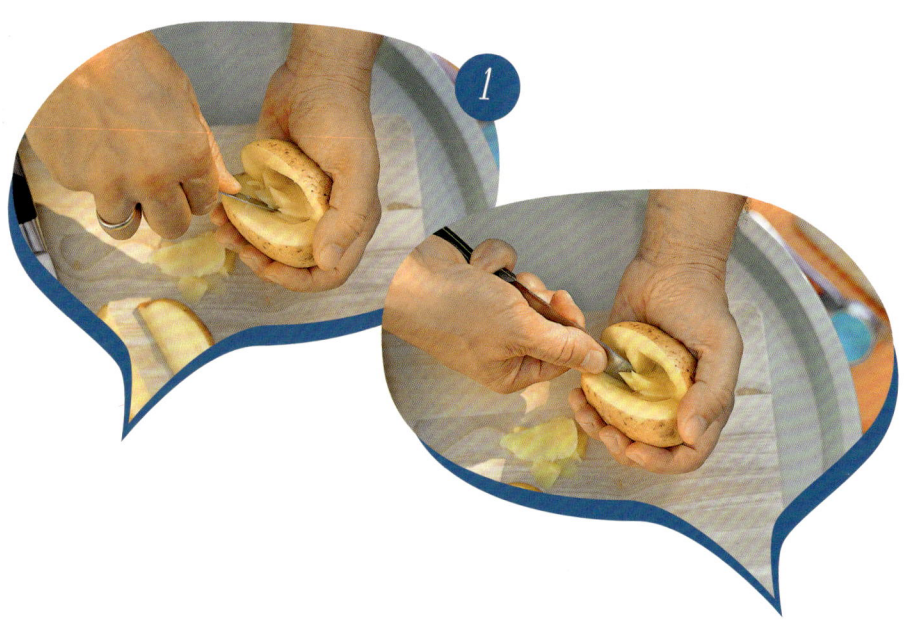

3 Je 4 Kartoffeln mit einer Füllung versehen und mit den passenden Vierteln verschließen.

4 Alufolie auf der glänzenden Seite einölen und in jedes Blatt eine Kartoffel wickeln. Für 30–45 Min. in die Glut legen. Alle 10 Min. eine Vierteldrehung.

5 Kartoffeln aus der Glut nehmen, Alufolie entfernen. Zum Servieren aufschneiden, mit Salz und Pfeffer würzen.

Lagerfeuer
Röstitaler aus der Glut

Hier können dieselben Zutaten wie bei den Kartoffelpralinen verwendet werden, verfeinert z. B. mit roten Zwiebeln und Petersilie

1 Kartoffeln waschen, schälen, reiben oder fein hacken. Speck und Käse fein schneiden, Wurstbrät ausdrücken. Alle Zutaten mit etwas Öl vermengen.

2 Alufolienblätter auf der glänzenden Seite einölen und auf jedem Blatt einen Taler mit etwa 10–15 cm Durchmesser formen. Mit Alufolie umhüllen und für 20–30 Min. in die Glut legen. Mehrmals wenden.

3 Taler aus der Glut nehmen. Zum Servieren aus der Folie nehmen und auf einem Teller anrichten, mit Salz und Pfeffer würzen.

2 Personen

40 Min.

Lagerfeuer

Gemüsetaschen

40 Min.

Zucchini | Paprika | Zwiebeln | Rucola | Basilikum |
Salz, Pfeffer | Alufolie | Olivenöl

1. Gemüse in mundgerechte Stücke schneiden, Rucola und Basilikum zerrupfen und dazugeben. Salzen und pfeffern.

2. Alufolie auf der glänzenden Seite einölen und auf jedem Blatt eine Handvoll Gemüse verteilen. Oben zu einer Tasche zusammendrücken und für ca. 20 Min. in die Glut legen.

Lagerfeuer
Stockbrot

 6 Personen

 80 Min.

Zutaten

400 g Mehl
170–190 ml Milch
½ Päckchen Trockenhefe
1 EL Zucker
½ TL Salz
Haselnuss- oder
Weidenholz-Stöcke,
1,20 m lang, nicht zu glatt

Zubereitung

1 Teig ansetzen: 3 Esslöffel Mehl in eine Schüssel sieben, mit Hefe und Zucker vermengen und mit 5 Esslöffeln lauwarmer Milch mischen. Teigling 30 Min. dunkel und warm stellen.

2 Teigansatz aufrühren, restliches Mehl einsieben, unter Rühren nach und nach lauwarme Milch zugeben, dann 10 Min. zu einem gleichmäßigen Teig kneten. Er sollte nicht mehr an den Fingern kleben. Salz zugeben, 5 Min. weiterkneten. Teig 1–2 Std. gehen lassen (warmer Raum, Schüssel zudecken).

3 Am Lagerfeuer: Teig in 6 Portionen aufteilen und zu 3–4 cm dicken Schlangen rollen. Jede von ihnen spiralförmig um das Ende eines Stocks wickeln.

4 Unter gleichmäßigem Drehen über der Glut goldbraun backen.

Mit Olivenöl bestrichen, schmeckt das Brot noch besser. **Tipp**

Tipp

Der Teig muss ruhen – Zeit zusätzlich einplanen!

Rinderlende »Shabu shabu«*

Zutaten

pro Person 2–3 dünne
Scheiben Rinderlende
(½ cm dick)
Sesamöl
Salz
Pfeffer
Grillspieße

Zubereitung

1 Fleisch 20–40 Min. vor dem Grillen in Sesam- oder ein anderes Pflanzenöl einlegen. Die Fleischscheiben im Zickzack aufspießen. Durch die so entstehende Wellenform wird vermieden, dass Teile des Fleischs beim Drehen über dem Feuer nach unten hängen und zu dunkel werden.

2 Fleisch kurz über der Glut erhitzen. Es darf durchaus an manchen Stellen noch etwas roh sein. Vom Spieß auf einen Teller geben, salzen, pfeffern und mit etwas Sesamöl beträufeln.

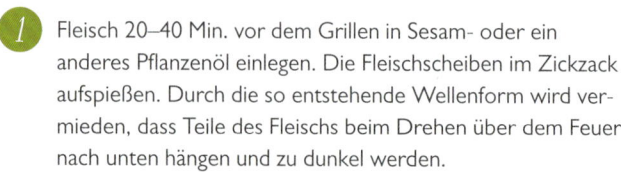

1

> Funktioniert auch mit Stöcken aus nicht zu trockenem Holz. **Tipp**

2

* Shabu shabu ist ein japanisches Fondue, bei dem das Rindfleisch kurz durch die kochende Suppe gezogen wird – wie hier durch die Flammen.

Würstchen

Würstchen am Feuer zu braten macht Erwachsenen wie Kindern Spaß und ist ganz einfach. Man kann Grillspieße genauso gut verwenden wie frische Haselnuss- oder Weidenholzstöcke, die natürlich noch angespitzt werden müssen.

Schokobanane und Marshmallows

Bananen können ohne weitere Vorbereitung oder Hitzeschutz direkt in die Glut gelegt werden. Noch leckerer ist es, sie der Länge nach aufzuschneiden und mit Schokoladenstückchen zu füllen. Marshmallows aufspießen, rösten – fertig!

Tipp
Schokobanane von Seite 23
in Scheiben schneiden und
auf der Waffel servieren.

Lagerfeuer

Waffeln

125 g weiche Butter | 100 g Zucker | 1 Prise Salz | 1 Päckchen Vanillezucker |
3 Eier aus Freilandhaltung | 250 g Mehl | 1 TL Backpulver | 70 ml Milch |
50 g Sahne | Rapsöl zum Einfetten des Waffeleisens

1 Waffelteig: In einer Schüssel Butter, Zucker, Salz und Vanille-
zucker mit dem Handrührer ca. 5 Min. schaumig rühren. Die
Eier jeweils einzeln ca. 1 Min. gut unterrühren. Mehl und Back-
pulver vermischen, abwechselnd mit Milch und Schlagsahne
unter die Eiermasse rühren. Darauf achten, dass keine Klümp-
chen im Waffelteig entstehen.

2 Das Waffeleisen in der Glut aufheizen ...

3 ... und gut einölen.

4 Das geöffnete Waffeleisen waagrecht halten und den Waffelteig
einfüllen. Warten, bis der Teig an der Oberfläche fast stockt,
dann das Waffeleisen zusammenklappen, wenden und für eine
kurze Zeit in die Glut legen.

8 Stck.

60 Min.

IMPRESSUM

Dieses Booklet gehört zum Buch
»Yes we camp! Deutschland«
ISBN: 978-3-8342-2961-8
Preis: (D) 19,90 €, (A) 20,60 €

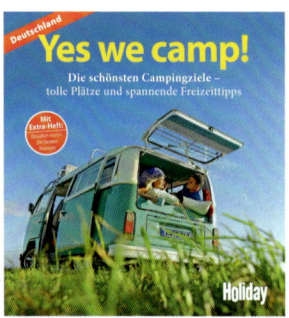

Alle Angaben in diesem Reisebuch sind gewissenhaft geprüft.
Preise, Öffnungszeiten usw. können sich aber
schnell ändern. Für eventuelle Fehler übernimmt der
Verlag keine Haftung.

**© 2019 GRÄFE UND UNZER VERLAG GmbH,
München**

HOLIDAY ist eine eingetragene Marke
der GANSKE VERLAGSGRUPPE.

1. Auflage 2019

Alle Rechte vorbehalten. Nachdruck, auch auszugsweise,
sowie die Verbreitung durch Film, Funk, Fernsehen und
Internet, durch fotomechanische Wiedergabe, Tonträger
und Datenverarbeitungssysteme jeglicher Art nur mit
schriftlicher Genehmigung des Verlages.

B2B-Editionen schneidern wir maß
nach Ihren Wünschen. Bei Interesse:
gabriella.hoffmann@graefe-und-unzer.de

Bei Interesse an Anzeigenschaltung:
KV Kommunalverlag GmbH & Co. KG
Tel. 0 89/92 80 90 60
info@kommunal-verlag.de

GRÄFE UND UNZER VERLAG
Postfach 86 03 66
81630 München
Tel. +49 89/41 98 19 00
holiday@graefe-und-unzer.de
www.holiday-reisebuecher.de

Layout
Natalia Gospodarek

Schlussredaktion
Désirée Schoen

Produktion
Anna Bäumner

Repro
Repro Ludwig, Zell am See

Druck und Bindung
Printer Trento, Italien

Wir danken Bettina Soria Parra, Hiltrud und
Falko Stadler für ihre tatkräftige Mithilfe und ihre
Tipps, Tricks und Ideen.

BILDNACHWEIS

Alle Fotos von Eva Stadler, außer:
Seite 7, Umschlag hinten rechts: Franz Sußbauer
Papierhintergrund auf den Seiten 5, 6, 8, 11, 18, 19, 23, 25:
Shutterstock/Picsfive

Nach einer langen Wanderung, einer Radtour oder einem
ganzen Tag am Strand haben alle Hunger. Jetzt kommt das
i-Tüpfelchen eines erfüllten Outdoor-Tags: draußen essen.

Holz aufschichten, Kohle aus der Papiertüte schütten, den
Gasgrill anwärmen ... und schon geht's los. Wer schnell was
in den Magen braucht, ist mit Kocher oder Gasgrill am besten
bedient. Am stimmungsvollsten ist das Lagerfeuer – es braucht
relativ lange, bis man was zu essen hat, dafür ist es für Kinder
wie Erwachsene ein echtes Ferien-Happening.

ISBN 978-3-8342-2961-8